智慧村落建设：理论与实践

◎ 李乔杨 著

ZHIHUICUNLUO JIANSHE　LILUN YU SHIJIAN

中央民族大学出版社
China Minzu University Press

图书在版编目（CIP）数据

智慧村落建设：理论与实践 / 李乔杨著. —北京：中央民族大学出版社，2023.9（2024.11 重印）

ISBN 978-7-5660-2243-1

Ⅰ.①智⋯ Ⅱ.①李⋯ Ⅲ.①村落—建设—研究—中国 Ⅳ.①F320.3

中国国家版本馆 CIP 数据核字（2023）第 180603 号

智慧村落建设：理论与实践

著　　者	李乔杨
责任编辑	舒　松
封面设计	布拉格
出版发行	中央民族大学出版社
	北京市海淀区中关村南大街 27 号　邮编：100081
	电　话：(010)68472815(发行部)　传真：(010)68932751(发行部)
	(010)68932218(总编室)　　　　(010)68932447(办公室)
经 销 者	全国各地新华书店
印 刷 厂	北京鑫宇图源印刷科技有限公司
开　　本	787×1092　1/16　　　印张：15.75
字　　数	250 千字
版　　次	2023 年 9 月第 1 版　2024 年 11 月第 2 次印刷
书　　号	ISBN 978-7-5660-2243-1
定　　价	68.00 元

版权所有　翻印必究

前　言

笔者作为农民的儿子,《智慧村落建设：理论与实践》为乡村发展、改善提高农民生活福祉而作。本书基于以下两个目的：

一、为接续乡村振兴尽一份微薄之力。乡村振兴的成败关乎中华民族伟大复兴、关乎中华民族立足于世界民族之林；中国14余亿人口，9亿多农民。尽管在2020年年底彻底消除了绝对贫困，但是相对贫困还会长期存在。本书从理论与实践两个维度对乡村振兴的载体之一——智慧村落进行论述。

二、为数字乡村建设提供相关参考。数字乡村建设是国家战略，更多地关注"硬实力"，比喻大数据、物联网、人工智能等科技层面开发、使用与管理；智慧村落是一个发展概念，更多地关注乡村的"软实力"，除了科技的因素以外，还要关注文化、环境、生态、幸福感等。

本书探讨的对象是"智慧村落"，村落是"智慧"的载体，智慧是发展的方向。但是，到底什么是智慧呢？到目前为止，还没有一个真正能够说得清晰明白的概念，实际上其核心就是过去人们常说的"技术"，但是，仅仅用"技术"却又不能表达它的真实含义，很难一两句话把它讲清楚。

《汉语大字典》（缩印本）对"智"的解释第一个意思是"智慧""聪明"。《释名言语》："智，知也，无所不知也。"《孟子·公孙丑上》："是非之心，智之端也。"汉贾谊《治安策》："凡人之智，能见已然，不能见将然。"第二个意思是"机智""谋略"。《孤子·作战》："故智将务食于敌。"《史配·项羽本纪》："汉王笑谢曰：吾宁斗智，不能斗力。"《天工开物·物害》"防驱之智，是不一法，唯人所行也"。第三个意思是："聪明""有智慧的人"。《战国策·燕策三》"语曰：仁不轻绝，智不轻怨"。唐柳宗元《断刑论》："果以为仁必知经，智必知权，是又未尽于经权之道也。"宋王安石《上仁宗皇帝言事书》："此朝廷所以多不肖之人，而虽有贤智，往往困于无助，不得行其意也。"第四个意思是"知识"。《荀子·正名》"所以知之在人者谓之知，知有所合谓之智。"杨倞注"知有所合，谓所知能合于物也"。"智"古代还通"知"，即，知道。《墨子·耕柱》"岂能智数百之后哉！"；而"慧"第一个意思为"聪明""智慧"。《说文·心部》："慧，儇也。"徐楷系传："儇，敏也"，《广韵·齐韵》："慧，解也。"《论语·卫灵公》"言不及义，好行小慧"。第二个意思是"狡黠"。《增韵·齐韵》："慧，妍黠也"，《三国志·蜀志·董允传》："后主渐长大，爱宦人黄皓。皓便辟佞慧，欲自容入。"第三个意思是"了悟"。《正字通·心部》："慧，梵书言了悟也。"《五灯会元·章敬晖禅师法嗣》："帝曰：'云何慧？'对曰：'心境俱空，照览无惑名慧'。"由此看来，欲把"智慧"两个字讲清楚的确不容易。但是，可以知道，"智慧"是指人有天赋，在处理事情的时候脑子灵活，甚至还有耍小聪明的意思，如《孟子·公孙丑上》："虽有智慧，不如乘势。"智慧是生命所具有的基于生理和心理器官的一种高级创造思维能力，包含对自然与人文的感知、记忆、理解、分析、判断、升华等所有能力。

把"智慧"与"村落"或"乡村""城市"等联系起来的确是人类的"智慧"。"智慧村落"或"智慧乡村"或"智慧城市"这些词组中，不妨把智慧理解为人对人类社会的一种"理想"状态。简而言之，是人类对村落发展寄予的一种美好"愿景"，代表着一切即将来临的可能性和未来的可能性的前景。那么，智慧村落建设就是从人们对农村发展的美好愿景出发，启迪于智慧城市建设，鉴于日益恶化的气候环境，基于目前业已发展成熟的互联网技术，聚焦"产业、生态、乡风、治理、民生"五大建设，旨在解决"三农"问题的农村发展策略。因此，智慧村落有如下特点：以智慧城市建设为参照对象，形塑村落人居环境，包括"厕所革命"，即，美丽乡村建设；发展智慧农业，建设高标准农田，推广农业机械化作业，将循环经济应用于农业废弃物，把农民从繁重的体力劳动中解放出来，有更多时间去从事其他如第三产业的工作，实施和充分利用智能专业化新型农业项目、增加农民收入；乡风方面移风易俗，传承优秀文化，注重农民的身心健康及精神文明的建设，培养新型农民；社会治理方面，以数字技术赋能乡村公共服务，推动"互联网+政务服务""互联网+医疗健康"向乡村延伸覆盖；以智慧农业生产保障民生。建立健全城乡融合发展体制机制和政策体系，统筹推进农村经济、政治、文化、社会、生态文明建设。

然而，智慧村落是本书的说法，方便与学科倡导的研究方法体系相关联。"智慧村落"大多数情况下也称为"智慧乡村"。本书之所以选用"智慧村落"而不选择使用"智慧乡村"作为行文概念，与人类学的学科特点相关。人类学研究方法要求人类学家或研究者在人类学的理论和方法论指导下，运用系统的经验观察和逻辑推理方法，通过个案研究、调查研究、民族志研究、实验研究、扎根理论研究、文献研究、叙述性研究等经典方法理论来解释具体的人类社会现象，力图说明普遍的因果规律。具体来说，人类学研究方法包括人类学的方法论、研究方式和具体研究技术。人类学的研究方法还可以分为定量研究和定性研究方法。研究者可以根据研究需要选择相应的研究方法，因为每一种方法都有其优缺点，而且每一种方法都有其特定的适应环境，采用何种方法和如何选择数据取决于调查研究的特征和所需要的信息类型。人类学不同的分支学科有各种可供选择的方法论、研究途径和判断标准，具体应遵循何种方法是一个实践的问题。例如，环境人类学、人口人类学适用于自然科学量化分析方法，文化人类学适用于跨文化比较研究法、历史文献研究法等，在具体研究时，研究者要根据研究课题的性质来选择适用于自己的理论和方法。其中个案研究主要是指人类学研究者对一个村庄、一个家庭或一个社区进行深度调查，从而研究其行为发展变化的过程。它包括对一个或几个个案材料的搜集、记录，并写出个案报告。个案研究通常采用观察、面谈、搜集文件证据、描述统计、测验问卷、图片、影片或录像资料等方法来研究变量之间的关系，其目的可能是描述性的。由于个案研究容易深入，在短时间内可以掌握丰富可靠的第一手资料，因而受到研究者的欢迎而被普遍采用。[1] 因此，选择智慧村落概念比较符合人类学学科研究范式；此外，为了表述的方便，有些章节也与数字乡村交换使用。

但是，对于智慧村落建设与人，尤其是对农民群体的关系研究，学界也才刚刚起步，甚至还没有起步，这是一项长期的工作。无论我们对"智慧"赋予一种什么样的意义抑或使命，终究它是一个技术层面的东西，或

---

[1] 王积超. 人类学研究方法 [M]. 北京：中国人民大学出版社，2014：10.

者说"智慧"的核心内容依然是"技术"。由技术的强大动力在我们时代的舞台上造成的巨变引来了一系列的反应。无论这些反应是直接的还是间接的，或是媒体化的，无论它们是"肤浅的"，还是深思熟虑的，都必须给以超越现时代已被卷入了一种沉闷的决策（危机）过程的旋涡，这个过程的机制和趋势尚晦暗不清，必须经过艰巨的努力才能使变得可以理解。这种努力既要求回忆过去，同样也要求注重当前发生的事物的复杂性。[①] 技术在人类社会的发展中有着举足轻重的地位。恩格斯指出，工具的使用是人从动物界中分化出来的决定性因素之一，而技术的发展就始于工具的使用。技术逐渐成为人们认识世界与改造世界的重要工具，同时也带来了对人的塑造。在这一过程中，人与技术的关系也从人们基于技术规则掌握、运用技术，发展为人们的生活世界被技术所规训。[②] 智慧村落建设包括数字乡村建设是中国式现代化命题的一部分，它不仅会给我国解决"三农"问题提供助力，也会对包括农民群体在内的所有中国人带来巨大的变化。

书中材料主要来自文献资料与田野材料。目前，对智慧村落的研究才刚刚开始，很多问题还没有凸显出来，或者笔者没有发现，或者没有来得及深入地思考，这些遗憾只能寄托于后续的研究。

最后，给出了欧盟关于智慧乡村建设的附录，供有兴趣的同学参考。

李乔杨
2023年8月

[①] ［法］贝尔纳·斯蒂格勒. 技术与时间：爱比米修斯的过失 [M]. 南京：译林出版社，2000：02.

[②] 胡锦. 深度反思人与技术的关系 [EB/OL]. （2022-08-09）[2023-08-06]. https://www.cssn.cn/skgz/bwyc/202208/t20220822_5480225.shtml.

目 录

绪 论 ………………………………………………………………… 1

第一章 村落：作为研究对象 ………………………………………… 42
 第一节 传统村落 ……………………………………………… 42
 第二节 现代村落 ……………………………………………… 47
 第三节 智慧村落 ……………………………………………… 49
 第四节 村落文化 ……………………………………………… 51

第二章 乡村建设理论 ………………………………………………… 54
 第一节 梁漱溟乡村建设理论 ………………………………… 54
 第二节 晏阳初乡村建设理论 ………………………………… 58
 第三节 卢作孚乡村建设理论 ………………………………… 62

第三章 智慧村落建设理论 …………………………………………… 65
 第一节 生态村落理论 ………………………………………… 66
 第二节 智慧村落理论 ………………………………………… 73
 第三节 智慧农业理论 ………………………………………… 79

第四章 欧洲智慧村落建设政策与实践 ……………………………… 84
 第一节 德国 …………………………………………………… 84
 第二节 法国 …………………………………………………… 91
 第三节 英国 …………………………………………………… 96
 第四节 芬兰 …………………………………………………… 102

第五章　中国智慧村落建设 …… 109

第一节　浙江：智慧乡村的领航者 …… 109

第二节　江苏：智慧乡村的践行者 …… 124

第三节　福建：智慧乡村的排头兵 …… 133

第四节　广东：智慧乡村的领跑者 …… 147

第六章　建设中的贵州智慧村落 …… 163

第一节　千户苗寨：贵州数字乡村样板 …… 163

第二节　青岩古镇：贵州数字乡村样板 …… 170

第三节　息烽——建设中的智慧乡村 …… 173

第四节　修文——建设中的智慧乡村 …… 180

第五节　黔西——建设中的智慧乡村 …… 185

第六节　金沙——建设中的智慧乡村 …… 191

第七章　余论 …… 199

后记 …… 220

附录　Smart villages Concept, issues and prospects for EU rural areas SUMMARY …… 222

绪　论

一、本书缘起

古人云，仓廪实而知礼节。民不足而可治者，自古及今，未之尝闻。

马克思在考察人类劳动资料遗骸发展变化与经济时代进步的关系后有一句名言："各种经济时代的区别，不在于生产什么，而在于怎样生产，用什么劳动资料生产。劳动资料不仅是人类劳动力发展的测量器，而且是劳动借以进行的社会关系的指示器。"[①]

中国传统农业有着相当悠久的历史，但是几千年来生产力几乎没有根本性的变化。在华北平原，20世纪使用的绝大多数工具早在北魏时代，甚至在汉朝就已经很驰名。尤其令人吃惊的是，至少在14世纪以后，中国任何地方使用的工具都没有什么明显的变化。[②] 不止工具没有什么变化，数千年来农民们使用的肥料也是大同小异，常见的有柴草灰、人畜粪、河泥等，这一类天然的肥料虽然环保，但是肥力与新式的化工肥料有着很大的区别。大凡农家率皆谨愿愚拙，不读书识字之人，其所种之物，种植之法，止系本乡所见，故老所传，断不能考究物产，别悟新理新法，惰陋自甘，积成贫困。保守的生产方式让许多农民甘于墨守成规，从而陷入了一代更比一代贫困的窘境[③]，生产力这一状况一直持续到民国时期。

---

① 新中国成立70年来 我国农业机械化发展的历史性贡献［EB/OL］.（2019-12-05）[2023-08-05］. https://baijiahao.baidu.com/s? id=1652067490538028511&wfr=spider&for=pc.

② 浅谈民国农业推广：从小农经济迈向工业化耕种，民国政府有何措施［EB/OL］.（2019-09-18）[2023-05-15］. https://baijiahao.baidu.com/s? id=1645020636378658616&wfr=spider&for=pc.

③ 浅谈民国农业推广：从小农经济迈向工业化耕种，民国政府有何措施［EB/OL］.（2019-09-18）[2023-05-15］. https://baijiahao.baidu.com/s? id=1645020636378658616&wfr=spider&for=pc.

农业农村农民问题直到民国时期才有了改变农业现状的具体措施,于是有了民国的"乡建三杰"。民国政府认为,封建土地所有制是造成农业发展困境的最主要原因,进行制度变革,实行均分土地。南京国民政府成立了专门的农业机构负责推广工作,同时颁布农业推广政策,制定法规法令,健全农政机构,构架组织系统,设立相应的农业试验机构,全面展开农业推广工作。凡农业生产方法之改进,农业技术之增高,农村组织与农民生活之改善,农业科学知识之普及以及农民生活消费合作之促进,须以全力推行。[①] 但1937年抗日战争全面爆发后,中国农业生产陷入全面停滞状态。

中华人民共和国的诞生标志着我国农业农村农民问题得到理论与实践双重重视。新中国最早把机械装备用于农业的地方就是在东北。这项事业从1948年春开始,到1952年,东北全区已有全部机械化和半机械化的农场40多处,各种新式农机具2000多件,耕地总面积达16万垧。[②] 1958年4月30日,我国第一台18马力蒸汽拖拉机在沈阳农业机械厂试制成功。1959年4月29日,毛泽东在一篇手稿《党内通信:致六级干部的公开信》中提出"农业的根本出路在于机械化。"[③]

农业现代化的根本出路在于"怎样生产",确切地说"在于机械化"。中华文明源远流长,中肯地说应该是中华农耕文明源远流长。然而,由于历史的原因,农业革命却一直缓慢进行,现在很多地方,尤其是偏僻的乡村依然在用牲畜作为耕地的动力。中华人民共和国成立70余年来,一直行走在"怎样生产"的道路上,在践行"机械化"的征途上已经经历了三个阶段:初级阶段历时57年(1949—2006),为我国解决温饱问题提供了农机化物质技术支撑;中级阶段(2007—2018),为我国全面建成小康社会做出了历史性贡献;新时代,农业机械化发展将进入高级阶段,为我国建

---

① 浅谈民国农业推广:从小农经济迈向工业化耕种,民国政府有何措施[EB/OL].(2019-09-18)[2023-05-15]. https://baijiahao.baidu.com/s?id=1645020636378658616&wfr=spider&for=pc.
② 农业的骨骼:中国农业机械化历程掠影[EB/OL].(2022-05-25)[2023-06-20]. https://zhuanlan.zhihu.com/p/609200707.
③ 农业的骨骼:中国农业机械化历程掠影[EB/OL].(2022-05-25)[2023-06-20]. https://zhuanlan.zhihu.com/p/609200707.

成社会主义现代化强国做出新的更大贡献。①

　　智慧村落建设是农村的未来，是实现农业现代化的保障。2012年，党的十八大报告提出，促进四化同步发展。同时提出把生态文明建设放在突出地位，努力建设美丽中国，实现中华民族永续发展。"美丽智慧乡村"建设是在新的历史时期，对如何推动新农村建设和生态文明建设有机结合的理论思考与实践探索。从2014年起，北京市农村经济研究中心、北京市城乡经济信息中心和平谷区政府选取平谷区大兴庄镇西柏店村建设并实施"美丽智慧乡村"集成创新试点项目，试图找到一条在广大农村落实十八大精神、建设美丽中国、推动农业和农村可持续发展的新路径。② 国家互联网信息办公室于2018年4月22日在首届数字中国建设峰会上发布了《数字中国建设发展报告（2017年）》。明确了数字中国建设发展的路线图和时间表，推动数字中国建设取得重大进展。智慧村落建设经过5年的探索，随着脱贫攻坚任务期限的临近，中共中央办公厅、国务院办公厅于2019年5月发布《数字乡村发展战略纲要》（以下简称《纲要》），《纲要》指出：数字乡村是伴随网络化、信息化和数字化在农业农村经济社会发展中的应用，以及农民现代信息技能的提高而内生的农业农村现代化发展和转型进程，既是乡村振兴的战略方向，也是建设数字中国的重要内容③，数字乡村建设正式问世。

　　虽然，《纲要》并不是以"智慧村落"来命名，但是"智慧乡村"在普通大众间已经耳熟能详了。笔者认为，无论是智慧村落还是数字乡村，其宗旨都是为了发展农业，解决"三农"问题。

　　农业是一个国家立足的根基，"三农"问题，即，农业农村农民问题是农业文明向工业文明过渡的必然产物。农村现代化是建设农业强国的内

---

① 新中国成立70年来 我国农业机械化发展的历史性贡献［EB/OL］．（2019-12-05）［2023-05-26］．https://author.baidu.com/home?from=bjh_article&app_id=1599413814370454．
② 中国农业农村部："互联网+"优秀案例：一二三产融合 打造美丽智慧乡村——北京派得伟业科技发展有限公司［EB/OL］．（2016-09-05）［2023-05-26］．http://www.moa.gov.cn/ztzl/scdh/sbal/201609/t20160905_5265181.htm．
③ 数字乡村发展战略纲要［EB/OL］．（2023-06-21）［2023-08-05］．https://baike.baidu.com/item/数字乡村发展战略纲要/23495695?fromModule=lemma_inlink．

在要求和必要条件。农业农村仍然是我国现代化建设的短板。① 农业强国是社会主义现代化强国的根基，推进农业现代化是实现高质量发展的必然要求。全面推进乡村振兴是新时代建设农业强国的重要任务，依靠科技和改革双轮驱动加快建设农业强国，乡村振兴的前提是巩固脱贫攻坚成果。因此，智慧村落（数字乡村）建设是解决"三农"问题的不二选择。从2019年到现在，已经实践了四年之久，现在有必要对智慧村落从理论到实践进行必要的总结。

二、研究的理论与现实意义

本书通过对国内外关于智慧乡村建设理论与实践研究的文献梳理，发现目前学界的研究主要集中围绕农村可持续发展这一宏大理论的应用研究，在理论研究方面关注的不够；历史和实践证明，理论只有在不断探索时代发展提出的新课题、回应人类社会发展面临的新挑战中才能永葆活力。本书将在这一理论的基础之上，对涉及智慧村落研究的理论总结出了三个基本理论范式，一是围绕村落发展的生态村落理论范式，二是围绕村落发展技术支撑的智慧村落理论范式，三是智慧农业理论范式。

理论只有回到实践中去，为群众所掌握，才会变成巨大的物质力量，真正实现对客观实践的改造，显示出理论的作用来；智慧村落的研究目前主要集中在农业科学领域，村落的保护与发展、村落资源的保护性利用；村落发展规划、水资源管理；物流电商；智慧农业。本书在总结智慧村落三个基本研究范式的基础上，对照、运用实践案例，在今后的智慧村落研究中为智慧村落建设共同提供理论与实践的指导，推动智慧村落建设领域的发展与完善。

三、研究内容

本书分为六个部分，研究内容主要包括：第一，对国内外村落及智慧

---

① 习近平：加快建设农业强国 推进农业农村现代化［EB/OL］.（2023-03-15）［2023-08-05］. http://www.moj.gov.cn/pub/sfbgw/gwxw/ttxw/202303/t20230315_474438.html.

村落的研究进行了文献综述，村落研究方面包括村落的生态保护与利用、村落发展及振兴；智慧村落研究方面包括智慧农业研究、村落电商、村落快递物流、村落金融发展、村落信息公路建设等；国外村落发展研究包括村落水资源管理、村落能源研究包括可持续发展，智慧村落政策、智慧村落技术、智慧农业、智慧社区及物联网智慧应用等。第二，把村落作为一个研究对象进行了论述，系统地梳理总结了传统村落与智慧村落的特征。第三，对民国的乡村建设理论"三杰"的思想与理论做了回顾与梳理。第四，集中论述了近些年围绕村落及智慧村落研究而形成的相关理论，做了理论上的梳理、归纳与总结。第五，选取了欧洲几个国家的智慧村落建设的政策与相关案例进行论述与分析。第六，对我国智慧村落建设的几个样板进行了论述，最后落脚于贵州本土的智慧村落实践，涉及智慧村落（数字乡村）的基础设施建设及文化保护与发展；余论部分就正文中没有谈到的一些文化问题进行了相关追述。通过对上文涉及的中外案例的分析、对智慧村落建设中的技术因素、社会文化因素等进行综合分析。

四、国内外相关研究动态

（一）国内村落发展研究

1. 村落保护与利用研究

（1）村落文化保护与利用

2020年10月，《中共中央关于制定国民经济和社会发展第十四个五年规划和二〇三五年远景目标的建议》提出，传承弘扬中华优秀传统文化，通过加强对文物古籍保护和利用，强化重要文化和自然遗产，各民族优秀传统手工艺保护和传承，将非物质文化遗产纳入公共文化事业发展，推动非物质文化遗产融入当代社会文化的创造性转化和创新性发展。[①] 2021年3月，《"十四五"规划纲要》将非物质文化遗产系统性保护与中华优秀传统文化"两创"实践紧密联系起来，强调"深入实施中华优秀传统文化传承发展工程，强化重要文化和自然遗产、非物质文化遗产系统性保护，推

---

① 中共中央关于制定国民经济和社会发展第十四个五年规划和2035年远景目标的建议[N]. 人民日报，2020-11-04（1）.

动中华优秀传统文化创造性转化、创新性发展"①。

  林继富认为，要实现非物质化遗产的创造性转化、创新性发展，其传承方式要适应现代社会，实行生产性保护，重视高等教育，培养非物质文化遗产保护专门人才和促进我国非物质文化遗产保护专业化等等。②倪钰以西南地区古村落为例，分析了西南地区的古村落划分标准、类型和保护特点，认为古村落遗产资源保护及利用要实现静态保护和活态化传承。挖掘和打造极具特色的文化、旅游产品，发展旅游产业是当前古村落遗产资源利用的主要路径。③刘志宏认为，通过"文旅融合"的形式带动少数民族特色古村落的文化资源保护与利用，以古村落山水文化为基础、文化资源价值提升为目标，彰显古民居的文化价值特色，实现古村落文化遗产资源的活化。④张坤以对保定市南腰山古村落为例，通过对其传统文化保护和传承进行了介绍和分析，认为提供村落资金支持、制度支持、加强村民、政府及社会的保护意识是保护古村落传统文化的主要方法。⑤姜波以山东传统村落为例，分析了现实传统村落保护仅局限于传统建筑的保护，忽视了对传统建造技艺的保护问题，应加强建造技艺的保护。⑥王思雅、孙九霞认为，国家是传统村落保护的决定性主体，在村落保护中具有超然性。地方传统村落保护的实践效果受到宏观政策的影响，各主体在资源有限的背景下应对其他公共利益的优先维护。⑦韩雪娇认为，传统村落的民俗文化的保护与利用是乡村振兴战略推进过程中的重要环节，民俗文化在

---

① 中华人民共和国国民经济和社会发展第十四个五年规划和2035年远景目标纲要［N］．人民日报，2021-03-13（1）．

② 林继富，王祺．非物质文化遗产保护领域的"两创实践研究"［J］．中国非物质文化遗产，2023，（02），14-30．

③ 倪钰．加强古村落遗产资源保护及利用［J］．中国农业资源与区划，2023，44（03），69-69+78．

④ 刘志宏．西南少数民族地区特色古村落保护与申遗研究［J］．广西社会科学，2021，（04），64-67．

⑤ 张坤．传统村落保护与非遗保护研究——以保定南腰山古村为例［J］．文化产业，2020（14）：45-46．

⑥ 姜波．传统村落保护与建造技艺非遗传承的思考——以山东国家级传统村落为例［C］．山东省社会科学界联合会．2017年山东社科论坛——首届"传统建筑与非遗传承"学术研讨会论文集．《中国儒学年鉴》社，2017：29-33．

⑦ 王思雅，孙九霞．乡村振兴视域下传统村落保护的国家话语与地方实践［J］．广西民族大学学报（哲学社会科学版），2021，43（05）：124-131．

发展的过程中所出现的商业化、趋同化现象，应在保护与利用民俗文化的基础上充分发挥民俗文化的教化民风、凝聚人心等作用。[1] 于静静、蒋守芬通过对胶东地区非物质文化遗产的主要内容的介绍和分析，认为针对该地区的实际情况提出适合胶东非物质文化遗产保护和开发的出路——与休闲旅游市场开发相结合。[2] 魏明、张萍认为，加强青岛市非物质文化遗产的保护与利用应做到六点：一要尽快制定出台相关法规或工作条例，建立考核激励机制；二要加强专业队伍建设和资料库建设；三要确保落实专项保护资金，拓宽筹资渠道；四要建立对代表性传承人的扶持和奖励机制；五要提高全社会对非物质文化遗产的保护意识，落实保护措施；六是对非物质文化遗产的保护与利用应因人而异、因地制宜、因项目而异。[3] 李颖科认为，文化遗产保护以人为本在意涵上要从两个方面深化思想认识，丰富人与遗产关系的内涵。一是从主体（人）到客体（文化遗产），做到人正确对待遗产，包括理性认识接受遗产、积极保护传承遗产、努力发展创造遗产三个维度；二是从客体到主体，实现遗产为人服务，服务人的素养提升、文化生活、精神需求。做好文化遗产保护以人为本，首先必须重构文化遗产不断满足人民群众多样化、多层次、多方面需求的社会功能，努力兑现文化遗产的文化、经济、社会等多重价值，同时还要通过转变思想观念、加强文化创意、广泛运用新科技等方法、渠道和平台，推动文化遗产内涵活化和向文化资产、文化资本转化。[4] 何志明分析了湘西土家族村落在保护文化传承开发方面所存在的问题，给出了相应建议，能有效帮助土家族传统村落保护与发展，促进民族地区的乡村振兴发展。[5]

（2）村落主体"人"的保护与利用

万兆彬在分析非物质文化遗产传承人协同创新培养的必要性与意义的

---

[1] 韩雪娇. 乡村振兴战略中村落民俗文化的保护与利用 [J]. 山西省社会科学院历史研究所, 2018.

[2] 于静静, 蒋守芬. 胶东地区非物质文化遗产的保护与利用 [J]. 桂林旅游高等专科学校学报, 2006 (04): 505-508.

[3] 魏明, 张萍. 青岛市非物质文化遗产的保护与利用 [J]. 中共青岛市委党校. 青岛行政学院学报, 2012 (05): 85-88.

[4] 李颖科. 文化遗产保护以人为本：意涵、目的及路径——遗产多重价值的实现与转化 [J]. 中国文化遗产, 2023 (02): 25-35.

[5] 何志明. 困境与出路：乡村振兴视角下湘西土家族传统村落保护问题与应对策略研究——基于湘西龙山老洞村的实地调查 [J]. 牡丹江大学学报, 2022, 31 (06), 88-94.

基础上，认为应从增强传承人传承意愿、提升传承人传承能力、优化传承的外部环境三方面通过多方协同合作，创新传承人培养模式。①林继富以湖北下堡坪民间故事传承人刘德方为例，发现作为乡村文化代表获得"非遗"代表性传承人在获得"非遗"传承人称号后，其物质生活与身份地位发生变化，产生了重构身份的焦虑和与传统乡土社会和现代城市生活社会发生脱节与冲突，游离于"农民"与"城市人"之间，出现了文化转型的明显趋势。②孙正国运用民俗谱系学方法，引入乡贤视角思考新时代传承人的价值与内涵，旨在"为国家'非遗'保护的文化使命回归人的意义提供理论依据"，他认为"在乡村文化建设的历史脉络中，'非遗'传承人的杰出代表就是中华文化传统的乡贤主体"③。孙正国根据传承人不同层次的保护需求，提出类型化保护——"扶持性保护、引导性保护和开发性保护"，对政府在传承人保护中的不同作用进行规范。④黄永林提出要根据传承人不同状况，实施三种不同保护模式——"静态保护、活态保护和生产性保护模式"⑤。林继富以《传承人保护策略研究》为题，提出"未来的传承人保护应做到：在改善传承人困窘生活的同时，保护好传承人的家庭文化环境；培育良好的故事听众；加强村落或社区故事环境建设；采用多种手段搜集记录传承人的故事和文化"⑥。户晓辉认为，非物质文化遗产保护的根本意义在于保护共同体、群体和个人创造与传承非物质文化遗产的权利，防止公权力侵犯个人的权利，并在保护的过程中尊重人的权利与尊严"⑦。彭振坤认为，文化本身就是人类社会特有的现象，是为人所创造，为人所享用的，文化资源开发与文化产业发展，人力资源是最基本、最重

---

① 万兆彬. 基于协同创新的少数民族非物质文化遗产传承人培养模式研究 [J]. 青海民族研究，2017，28（02）：71-75.

② 林继富. "非遗"项目代表性传承人的文化身份——基于刘德方的分析 [J]. 中央民族大学学报，2011（04）.

③ 孙正国，熊浚. 乡贤文化视角下非遗传承人的多维谱系论 [J]. 湖北民族学院学报，2019（02）.

④ 孙正国. 论非物质文化遗产传承人的类型化保护 [J]. 求索，2009（10）.

⑤ 黄永林. 非物质文化遗产传承人保护模式研究——以湖北宜昌民间故事讲述家孙家香、刘德培和刘德方为例 [J]. 中国地质大学学报（社会科学版），2013（02）.

⑥ 张晓舒. "非物质文化遗产保护国际学术研讨会暨第四届民间文化青年论坛"综述 [J]. 民间文化论坛，2006（04）.

⑦ 户晓辉.《保护非物质文化遗产公约》的实践范式 [J]. 民族艺术，2017（04）.

要、最关键的要素。[①]

(3) 村落生态保护与利用

周心琴认为，村落生态的保护不能只是某个地方的单独行动，只有各国、各地区联合起来才能维持整个村落景观的多样性与稳定性。村落生态保护也不仅是环境问题，更多的是社会与经济问题。[②] 李玉凤、王广金基于经济学理论分析了农村生态环境和经济发展的矛盾，提出了在生态环境保护下的农村经济的可持续发展措施。[③] 陈美英、林曼婷以 ZS 市为例，分析其农村生态环境保护的成效及问题，探讨构建面向美丽乡村建设的农村生态环境保护对策体系。[④]

学术界对古村落保护与利用的研究中，多从保护"人"和保护"物"上提出相关政策建议。有部分学者发现，村落民俗文化出现趋同、过度商业化现象，呼吁保护时应当因地制宜，凸显其独特文化。也有学者通过案例说明保护村落文化要结合乡村振兴战略和文旅融合；还有学者指出，在保护传统村落过程中，人们将重点放在古村落建筑的修缮上，忽略了建筑技艺也是保护的重点。在保护传承人方面，学者们多在强调保护传承人的重要性，认为应当提高传承人的福利待遇。因此，学术界探讨古村落保护与利用问题时，都在强调国家在当中的主体作用，学者们也都普遍提倡村落应当在保护中发展，在发展中保护的这一村落发展理念。

2. 村落可持续发展研究

刘志宏认为，少数民族特色古村落可依据自身特色文化，发展成为旅游观光型、科技智慧型和绿色产业型古村落，将无形文化遗产和有形文化遗产相结合构建发展体系，发挥少数民族特色古村落传统地域文化的特色价值与作用。[⑤] 费胜章通过对易地搬迁土族村落——互助县班彦村文化产

[①] 彭振坤. 土家族文化资源开发的战略构想——构建中国武陵地区文化生态旅游经济走廊[J]. 湖北民族学院学报（哲学社会科学版），2005 (03)：1-5+15.

[②] 周心琴. 西方国家乡村景观研究新进展[J]. 地域研究与开发，2007 (03)：85-90.

[③] 李玉凤，王广金. 我国农村生态环境保护与农村经济可持续发展的探讨[J]. 农业环境与发展，2010，27 (01)：19-21.

[④] 陈美英，林曼婷. 面向美丽乡村建设的农村生态环境保护对策研究——以 ZS 市为例[J]. 农村经济与科技，2022，33 (01)：35-37.

[⑤] 刘志宏. 西南少数民族地区特色古村落保护与申遗研究[J]. 广西社会科学，2021，(04)，64-67.

业发展现状及存在问题的原因分析，认为民族传统文化产业是成为村落可持续发展的重要途径之一。[①] 许少辉、董丽萍认为，中国传统村落应抓住机遇，主动作为、顺势而为、随时而动，唤醒中国村落文化与人类文化互联、互通、互鉴的命运共同体意识。通过贯彻新发展理念，规划实施可持续性地创新、协调、绿色、开放、共享发展。[②] 彭振坤认为，要实现文化产业的可持续发展，第一，文化资源的永续利用；第二，自然、人、社会的协调发展；第三，坚持文化的公平性和多样性；第四，人的可行能力的持续发展。[③] 唐乐乐、傅玮芸认为，传统村落的保护与可持续发展的目标是文化遗产的保护性活化，传统村落的发展不应过度旅游开发和一味封闭性保护，应精准把握其发展定位，契合地域文化特色的可持续性开发利用。[④] 金晨通过对汉长安城遗址区东部四个村落的研究分析，引入景观生态学的"斑块-廊道-基质"模式，结合"连点成线+点线成网"的遗产保护模式，提出"边缘增长极-点轴连绵区-网络综合体"的村落可持续发展模式。[⑤] 肖茹、冯悦在文化传统村落的社区属性、遗产属性和旅游属性之间的促进关系是传统村落可持续发展的关键，有利于系统性地保护传统村落。[⑥] 吴必虎、徐小波在旅游基因视角下，通过可持续发展评价指标对已经改造的古村落进行分析，认为文化基因与活化是传统村落建设的有效方式，主要流程归结为活化传统村落的特色、延续传统村落的脉络、营造可持续利用的方式和建构融洽的模式四个方面，让原住民有动力、意愿与能力去参与乡村旅游，实现村落旅游可持续发展。[⑦]

---

① 费胜章. 易地搬迁土族村落文化产业可持续发展研究——以青海省互助土族自治县班彦村落为例 [J]. 青海民族研究, 2019, 30 (02): 50-54.

② 许少辉, 董丽萍. "一带一路"倡议下中国传统村落的可持续发展 [J]. 西南林业大学学报（社会科学版）, 2021, 5 (05): 50-53.

③ 彭振坤. 土家族文化资源开发的战略构想——构建中国武陵地区文化生态旅游经济走廊 [J]. 湖北民族学院学报（哲学社会科学版）, 2005 (03): 1-5+15.

④ 唐乐乐, 傅玮芸. "游栖山水之间, 品读宋风雅韵"——诸暨十四都村传统村落保护与可持续发展 [J]. 建筑与文化, 2022 (03): 172-173.

⑤ 金晨. 景观生态学视角下汉长安城遗址区村落的可持续发展研究——以东部四村落为例 [J]. 建筑与文化, 2022 (02): 177-180.

⑥ 肖茹, 冯悦. 文化基因视角下传统村落的可持续发展策略 [J]. 文化产业. 2023 (12): 138-140.

⑦ 吴必虎, 徐小波. 传统村落与旅游活化：学理与法理分析 [J]. 扬州大学学报（人文社会科学版）. 2017 (01): 5-21.

村落可持续发展的关键是传统文化的可持续发展，在村落可持续发展研究中多数学者强调村落特色文化在其中的作用，通过发展文化产业实现村落的可持续发展。

3. 村落振兴研究

早期对乡村发展研究理论有：吴文藻先生的"社区研究论"[①]；梁漱溟、晏阳初的"乡村建设论"[②]；费孝通的"乡土重建论"[③]；林耀华的"本土宗族家庭研究论"[④] 等诸多理论奠定了乡村发展的理论基础。黄琪认为乡村产业发展可以推动乡村振兴；[⑤] 沈费伟认为村庄精英可以带动乡村发展；[⑥] 张合成的农业农村优先发展可以实现乡村振兴；[⑦] 李智等认为城乡融合发展是未来乡村发展的主要趋势。[⑧] 陈雅静认为，全面推进乡村振兴是新时代建设农业强国的重要任务，需要坚持农业农村优先发展，坚持城乡融合发展，畅通城乡要素流动，全面推进产业、人才、文化、生态、组织振兴。[⑨] 时家贤、赵耀认为，要实现乡村更高水平发展，不仅要推动乡村在经济上的振兴，也要以文化产业发展为乡村全面振兴赋能，应以文化产业发展为手段、以重点领域为突破、以制度建设为保障，因地制宜，发展乡村文化产业，推进乡村文化建设，使文化产业激发乡村动力、释放乡村活力、挖掘乡村潜力，使文化产业持续赋能乡村产业振兴、人才振兴、文化振兴、生态振兴、组织振兴。[⑩] 苏海洋、陈朝隆以梅州蕉岭县传统村落石寨村为案例研究对象，基于产业振兴角度，通过分析传统村落的优势条件与劣势挑战，提出石寨村保护与发展的产业策划：完善产业发展的配套基础设施，传统产业转型发展新动能，村落旅游业多模式发展以及建立

---

① 吴文藻. 吴文藻自传 [J]. 晋阳学刊，1982 (06)：44-52.
② 山东政协文史资料委员会编. 梁漱溟与山东乡村建设 [M]. 济南：山东人民出版社，1991：24.
③ 费孝通. 乡土中国·乡土重建合编版 [M]. 北京：作家出版社，2019：275.
④ 林耀华. 林耀华学述 [M]. 杭州：浙江人民出版社，1999：30-56.
⑤ 黄璜，杨贵庆，菲利普·米塞尔维茨、汉内斯·朗古特. "后乡村城镇化"与乡村振兴——当代德国乡村规划探索及对中国的启示 [J]. 城市规划，2017，41 (11)：111-119.
⑥ 沈费伟，刘祖云. 精英培育、秩序重构与乡村复兴 [J]. 人文杂志，2017 (03)：120-128.
⑦ 张合成. 推动落实农业农村优先发展战略 [N]. 学习时报，2017-11-29 (007).
⑧ 李智. 基于城乡相互作用的中国乡村复兴研究 [J]. 经济地理，2017，37 (06)：144-150.
⑨ 陈雅静. 多路径探索传统村落振兴模式 [N]. 中国社会科学报，2023-04-24 (002).
⑩ 时家贤，赵耀. 文化产业赋能乡村振兴的机制与路径 [J]. 社会科学家. 2022 (12)：65-70.

产业发展的保障与协作机制等，为实施具有可持续性传统村落的保护与发展提供一定借鉴。[①] 韩光明分析了赫哲族文旅产业发展现状及其取得的初步成效，为进一步发展文旅产业、实现乡村振兴提出了对策建议。[②] 吴金、傅东兴、王军等人认为，乡村产业振兴具体要做到：优化乡村产业布局、重点发展农产品加工业、找出地方特色产业、持续推进产业扶贫工作、重视乡村第三产业、乡村休闲旅游业、乡村服务业的发展等，实现乡村振兴。[③] 胡国杰在对乡村产业振兴相关基础理论、国内外实践探索的先进经验进行阐述，以辽西地区乡村为例对乡村产业发展现状及面临困境进行分析，对辽西地区乡村产业发展中存在的主要问题，提出切实可行的对策建议。[④]

关于村落振兴的研究成果较多。费孝通、吴文藻等人对村落振兴的研究中透露出典型的人类学民族学学科背景。有学者认为村落振兴不仅要经济振兴，文化也要振兴；也有学者通过个案分析乡村产业发展过程中的经验与得失；还有学者试图总结国内外关于村落振兴的先进经验。

4. 村落发展规划研究

王晓梅认为，休闲旅游型乡村在快速发展的过程中出现的问题也日益显露，为适应游客消费需要，发展绿色环保休闲旅游型乡村是提升休闲旅游型乡村发展水平的有效途径，也是休闲旅游型乡村能够长期可持续发展的必然需要。[⑤] 郑有旭、谭江迪、谢来荣等从我国乡村发展历程出发，对1949年以来乡村规划各个阶段进行了划分并分析了其特征问题，认为乡村发展主要受政策调控和规划引导的驱动。在当前乡村振兴战略背景下，分析乡村规划特色化发展内涵及其动力机制，展望未来乡村与城市差异化互

[①] 苏海洋，陈朝隆. 基于产业振兴角度的客家传统村落保护与发展研究——以梅州蕉岭县石寨村为例 [J]. 重庆建筑，2019, 18 (05): 30-34.

[②] 韩光明. 乡村振兴背景下赫哲族文旅产业发展路径研究 [J]. 黑龙江民族丛刊，2022 (03): 48-55.

[③] 吴金，傅东兴，王军. 我国乡村产业振兴发展的现状与建议 [J]. 农机使用与维修，2023 (01): 77-79.

[④] 胡国杰. 辽西地区乡村产业振兴发展的对策研究 [J]. 辽宁工业大学学报（社会科学版），2023, 25 (02): 24-26.

[⑤] 王晓梅. 绿色环保休闲旅游型乡村的可持续发展规划研究 [J]. 现代农机，2022 (04): 44-46.

补发展模式。① 孙瑞丰通过对乡村旅游发展在乡村规划中的作用分析，提出绿色环保的休闲旅游型乡村可持续发展规划。② 孙瑞丰、翟剑辉以洛阳市伊滨区诸葛镇下徐马村为例，对该村的具体情况和主要问题进行了概括和梳理，对存在的问题对该村落的弊端提出了规划实施方案，旨在提升村庄整体风貌，推动村庄全面发展给出技术指导。③ 高佳莉以浙江省桐乡市洲泉镇青石村为研究对象，探索研究以全域土地综合整治为切入点的村庄建设发展，总结了国内外乡村复兴的成功经验。分析了全域土地综合整治与乡村发展间的内在联系，发现两者能耦合促进，阐明了其在乡村振兴过程中对农村生产、生活、生态三方面起到的引领推动作用。④

村落发展规划的研究中，多数学者都提倡发展旅游型乡村。对于乡村的空间、资源等规划研究较少；部分学者认为乡村规划发展多是受到政策的调整和驱动，当然也有学者从个案入手，对某一村落的具体情况进行总结并就其中发现的问题给出相关建议。

（二）国内智慧村落研究

1. 智慧农业研究

陈健、高歌韵函、吕海燕、蔡盈莹等人认为，在我国农业现代化进程中，智慧农业是农村发展的新方向，科学发展农业生态园是促进农业转型升级的重要抓手，通过分析增城创鲜智慧农业示范园的案例，分析其在引入智慧农业后仍存在的问题，提出相关建议。⑤ 范新民认为，在乡村振兴战略实施的背景下，数字经济的发展与智慧农业紧密相连，为实现数字经济与乡村振兴携手共进，需要找准数字经济和乡村振兴之间的"契合点"。

---

① 郑有旭等. 乡村发展历程视角的乡村规划特点及发展思考 [C] //中国城市规划学会，杭州市人民政府. 共享与品质——2018 中国城市规划年会论文集（18 乡村规划）. 北京：中国建筑工业出版社，2018：307-315.

② 孙瑞丰，翟剑辉. 绿色环保休闲旅游型乡村的可持续发展规划研究 [J]. 环境与发展，2018，30（08）：198+200.

③ 张洁等. 美丽乡村发展规划设计研究——以洛阳伊滨区诸葛镇下徐马村为例 [J]. 现代园艺，2019（05）：113-114.

④ 高佳莉. 乡村振兴背景下基于全域土地综合整治的村庄建设发展规划 [D]. 浙江大学，2019.

⑤ 陈健等. 智慧农业背景下农业生态园的建设现状研究——以增城创鲜智慧农业示范园为例 [J]. 生态经济. 2023，39（05）：140-147.

在分析智慧农业赋能乡村振兴的动因、模式和意义的基础上，提出了智慧农业实现路径。[1] 刘振广概述了智慧农业的成果和意义，分析了智慧农业的核心技术，探究了通过提升农机智能化水平，推动智慧农业应用发展的路径。[2] 伍珺、王作栋、云微通过对吉林省梅河口市智慧农业建设现状进行调查和分析，提出要加大智慧农业发展的政策支持力度，加快建立"互联网+"智慧农业发展模式，加大对农民的培训力度，完善人才培养机制，加大宣传力度，建设集农业和旅游业为一体的观光系统等措施。[3] 张振乾、汪澍、宋琦、高云龙等人通过对人工智能大模型基本原理和发展现状的介绍，分析其在农业知识查询、农业数据处理与分析、智能农机装备控制、农情诊断及农业培训教育等领域的应用前景。[4] 曾庆芬通过对智慧农业的金融效能进行理论和实践分析，认为应鼓励农业企业采用先进的数字技术采集企业经营过程的多维度数据，提高农业企业技术配置和智能化管理水平，强化数字科技对农业场景的监督，提升金融需求主体的数字素养，激励金融机构依托农业数字资产增加金融供给。[5] 王新忠、顾开新、陆海燕等人在果园灌溉中应用了无线传感网络等技术，采集温室环境参数，在这期间将采集到的数据传递到 PC 端的数据库中完成存储。[6] 陈治瑀分析了智慧温室大棚的运作原理和自动控制技术的应用情况，说明了环境监测与控制总体技术的原理和流程，研究环境监测的关键技术特征、实施方式与特点。[7]

学者们研究智慧农业的同时都会将数字经济、数字技术等与之联系。

---

[1] 范新民. 脱贫攻坚与乡村振兴"链"接者——智慧农业 [J]. 天津科技. 2023, 50 (05)：57-60.

[2] 刘振广. 提升农机智能化水平助推智慧农业发展 [J]. 南方农机, 2023, 54 (12)：188-190.

[3] 伍珺等. 智慧农业助力乡村振兴研究——以吉林省梅河口市为例 [J]. 智慧农业导刊. 2023, 3 (10)：18-21.

[4] 张振乾等. 人工智能大模型在智慧农业领域的应用 [J]. 智慧农业导刊, 2023, 3 (10)：9-12+17.

[5] 曾庆芬. 智慧农业改善农业金融效能：机理及典型实践 [J]. 四川师范大学学报（社会科学版），2023, 50 (02)：99-108.

[6] 王新忠等. 基于无线传感的丘陵葡萄园环境监测系统研究 [J]. 农机化研究, 2011, 33 (11)：191-194.

[7] 陈治瑀. 智慧温室大棚的环境监测与控制技术研究 [J]. 农机使用与维修, 2022 (05)：123-125.

有学者通过案例探寻智慧农业发展的路径，也有学者提议人工智能在智慧农业中的应用前景。但是总体来看，国内学术界对于智慧农业的研究还在起步阶段，多是提出智慧农业的发展路径，但是对于智慧农业具体的实施和应用以及农民和智慧农业的关系等方面的研究较少。

2. 村落电商发展研究

刘琦、李百秀分析了当前农产品电商直播营销中存在的人才缺乏、物流体系不完善、行业管理混乱和品牌营销意识差等现实问题，通过增强农村电商直播的人才培育、健全农村电商直播配套冷链设施、规范农村电商直播过程、挖掘各地资源建设农村电商品牌等策略优化农产品电商直播营销。① 胡玲玲立足于我国乡村振兴战略，从农产品电子商务致力于农村地区产业振兴这一角度阐述了农产品电商的形成背景，介绍了我国农产品电商发展的五个历史阶段和我国农产品电商运用的六大模式，通过分析现阶段我国农产品电商发展的现实困境，对我国农产品电商发展的不足之处提出优化措施，以促进我国农产品电商的进一步发展。② 曹晓鹏认为，乡村振兴、产业振兴是基础，应牢牢把握电子商务这个灵活多样的有力抓手和有效工具，多途径培养和引进专业电商人才，完善农村电商基础设施建设和物流体系，加强农产品品牌培育，构建农村电商绿色、可持续发展体系，促进农村电商产业高质量发展，助力乡村振兴。③ 李娜娜分析了农村电商产业发展与审计现状，结合近年农村电商产业在发展过程中出现的问题，总结出未来有效推进农村电商产业与审计工作开展的对策，旨在提高农村电商产业与审计的整体水平，促进农村经济发展。④ 杜荣提出，通过完善农村电商配套基础设施、发展特色农业品牌打造完整产业链、加强职业教育培养本土电商直播人才、加强顶层设计建立健全行业制度体系等方式，加快解决电商直播在发展中存在的问题，以此推动乡村产业发展、助

---

① 刘琦，李百秀. 乡村振兴背景下农产品电商直播营销策略研究 [J]. 山东农业工程学院学报，2022, 39 (09): 76-81.

② 胡玲玲. 乡村振兴背景下我国农产品电商发展探究 [J]. 产业创新研究，2022 (13): 111-113.

③ 曹晓鹏. 乡村振兴背景下农村电商产业创新发展研究——以山东省德州市为例 [J]. 当代县域经济，2023 (05): 68-71.

④ 李娜娜. 乡村振兴背景下我国农村电商产业发展与审计研究 [J]. 赤峰学院学报（哲学社会科学版），2023, 44 (04): 85-88.

力乡村振兴。①

对农村电商发展的研究有两大趋势，一是结合乡村振兴战略探讨农村电商发展的途径，二是历时看待我国农商发展的历史阶段总结经验。

3. 村落快递物流发展

华慧婷、郝渊晓以农村某一县域为对象，基于物流供求均衡视角研究发现，一个县域选择自建物流模式或第三方物流模式受农村电商企业收益与交易规模大小的影响，认为农村电子商务物流应以配送资源整合实现企业物流效率提升，选择差异化的物流模式，塑造双向、低碳与绿色物流价值链，建立第四方物流生态体系。②卫宗超基于互联网环境研究农村电子商务和物流配送运营服务机制建设，结合当下我国农村电子商务发展现状和物流配送运营服务机制发展实际，提出问题、分析问题，寻求最佳解决路径。③胡亚兰、鲍金红认为，农业发展矛盾已经由生产矛盾转向流通矛盾，当前农村物流利好政策的不断颁布以及物流技术的不断提升，虽推动了我国农村物流业的升级转型，但仍存在基础设施建设不完善、缺乏农业保险保障机制、运营成本高等一系列问题。需要政府通过政策引导吸引物流企业积极参与农村物流建设，创新农村物流商业模式。④柳思维认为，对发展农村电商的短板与瓶颈要有充分估计，借助农村电商按现代农业要求重构农产品流通体系是农村流通体创新的重中之重，突出发展农村流通中介组织及龙头企业是农村流通体系组织创新的重点，充分融合和发挥农村邮政网络的优势，突出农村重点小城镇即中心镇建设，借助县级政府的公信力整合农村分散流通资源。⑤储涛、贾伟强通过分析农村快递物流的发展现状，剖析农村快递物流配送存在的问题，提出以政府合理规划为指导，重视人才培养为抓手，加速信息化建设为支撑，实现资源共享为手段

---

① 杜荣. 电商直播助推乡村产业振兴路径研究［J］. 南方农机, 2023, 54（06）: 108-110.
② 华慧婷, 郝渊晓. 基于利润最大化的农村电商物流模式选择［J］. 中国流通经济, 2018, 32（04）: 70-76.
③ 卫宗超. 互联网环境下农村电子商务和物流配送运营服务机制建设研究［J］. 商业经济研究, 2017, No. 720（05）: 64-66.
④ 胡亚兰, 鲍金红. 我国农村物流发展现状、商业保险模式与优化策略——基于供给侧改革视角的研究［J］. 现代经济探讨, 2018, No. 444（12）: 127-132.
⑤ 柳思维. 发展农村电商加快农村流通体系创新的思考［J］. 湖南社会科学, 2017, No. 180（02）: 108-114.

构建农村快递物流的末端配送模式，促进农村快递物流末端配送科学健康发展。① 刘德武、刘昱岗认为，物流效率提升是农村电商发展的必要条件。影响农村物流效率的因素主要包括交通基础设施、人才队伍建设、信息化水平、物流体系建设等方面。②

学者们对于村落快递物流的发展研究集中于两点，一是认为农村物流应与企业联动发展，二是政府应当合理规划积极引导农村物流。

4. 村落金融发展

孟维福、任碧云通过测度2011—2020年30个省份的农村产业融合指数，从理论和实证角度探讨了数字金融对农村产业融合的影响效应及其背后的作用机制。对如何进一步提高数字金融对农村产业融合的推动作用提出了相应的政策建议。③ 韩佳霖、蒋志辉、程思维等以马克思主义金融思想为指导核心，以目前农村金融发展中存在的金融机构产品单一、农村信贷服务效率低、农户贷款难等问题为出发点，提出强化农村金融体制、完善农村金融监督管理体系、创新农村金融产品等建议。④ 于润琦对乡村振兴战略背景下农村金融创新的内容进行阐述，对促进农村金融发展的重要性进行深入分析，最后在乡村振兴战略背景下对农村金融改革和创新提出几点建议。⑤ 高泽禹在分析农村金融现状的基础上，深刻剖析农村金融素养、产品标准化、资金使用效率和农村金融创新力等方面的问题，结合数智技术提出具体的解决措施，助力农村金融发展。⑥ 孟令国、陈烜基于2012—2020年广东省20个地级市的面板数据，利用熵值法计算乡村振兴和金融发展两个系统各指标的权重，分析乡村振兴和金融发展之间的耦合

---

① 储涛，贾伟强. 农村快递物流配送发展现状及对策分析［J］. 南昌航空大学学报（社会科学版），2019，21（01）：12-17.

② 刘德武，刘昱岗. 物流效率提升对农村电商发展的影响——基于农村经济发展角度［J］. 商业经济研究，2018，No. 762（23）：117-119.

③ 孟维福，任碧云. 数字金融对农村产业融合的影响机制和空间效应［J］. 西南民族大学学报（人文社会科学版），2023，44（03）：96-106.

④ 韩佳霖，蒋志辉，程思维等. 农村金融发展研究［J］. 合作经济与科技，2022，No. 672（01）：68-69.

⑤ 于润琦. 乡村振兴战略背景下农村金融发展创新改革分析［J］. 中国集体经济，2022（18）：33-35.

⑥ 高泽禹. 乡村振兴战略下农村金融数智化发展分析［J］. 智慧农业导刊，2023，3（07）：94-97.

协调发展关系，以及金融发展对乡村振兴的空间溢出效应。① 鲁钊阳认为，我国东部、中部、西部地区农村金融发展与农业碳排放之间关系密切，且农村金融发展与农业碳排放之间的关系存在显著的区域差异。② 鹿角在简要概述我国农村金融发展历程及特征的基础上，分析农村金融发展对农业经济增长的正向影响及实际运行中面临的问题，结合实际提出农村金融发展的优化措施。③ 王璐从目前农村金融发展的现状和农村金融面临的种种危机与挑战切入，探讨了如何利用农村金融优势全面推进乡村振兴，实现乡村振兴战略目标。④

综上所述，部分学者关注了农村金融发展的几个重要环节，就其中出现的问题提出建议。就研究方法而言学者们多是将定性研究和定量研究方法结合说明问题，有学者使用熵值法对研究对象的各项指标进行计算。但是由于乡村金融发展处于起步阶段，多是从宏观层面研究几个区域的发展情况，因此，缺乏微观细致的个案研究。

4. 村落信息公路建设研究

Zhong Hou Bing, Pei Wen Hao 通过实例分析表明，可视化项目管理系统可以更好地为高速公路改造项目管理服务。⑤ Rong Rongduan 以问卷调查和现场访谈的形式，对 BIM 技术在公路建设管理中的应用进行了调查，全面反映了 BIM 在公路工程中应用的实际情况。⑥ Xingli Jia 等人通过比较公路实施前后的生态环境质量，确定扎岛公路建设对青藏高原生

---

① 孟令国，陈烜. 农村金融发展和乡村振兴的耦合分析及空间溢出效应——以广东省20个地级市为例 [J]. 广东财经大学学报，2022，37（05）：100-112.
② 鲁钊阳. 农村金融发展与农业碳排放关系区域差异实证研究 [J]. 思想战线，2013，39（02）：119-123.
③ 鹿角. 农村金融发展对农业经济增长的影响分析 [J]. 中国市场，2022，No.1118（19）：10-12+18.
④ 王璐. 乡村振兴战略下农村金融发展现状分析 [J]. 统计与咨询，2022（03）：35-37.
⑤ Zhong, Hou Bing, and Pei Wen Hao. "Visible Project Management System for Highway Construction Based on 3D Virtual Reality and Information Technology." Advanced Materials Research, vol. 1030-1032, Trans Tech Publications, Ltd., Sept. 2014, pp. 2170-2177. Crossref, doi: 10.4028/www.scientific.net/amr.1030-1032.2170.
⑥ Rong Rong Duan, "Research on Information Management of Traffic Highway Construction Safety Based on BIM Technology", 2021 IOP Conf. Ser.： Earth Environ. Sci. 638 012119. https://iopscience.iop.org/article/10.1088/1755-1315/638/1/012119/pdf.

态环境的影响。① Jordaan，G. J 等人以实际成本效益论证纳米硅烷改性乳液在最高等级道路建设中的普遍应用，即城际多车道公路、低等级公路（包括低容量公路），甚至是通往农场和乡镇的地方通道。NME 技术的实施与易用性、时间和成本节约以及解决和减少适用于其使用的风险直接相关。② 部分学者根据政府公共职能、信托责任和公共财政等理论研究农村公路与公共财政的关系，运用马斯洛的需求水平理论分析农村公路项目绩效评价对象之间的相互关系，在此基础上结合 SWOT 分析方法，提出了农村公路项目绩效评价的要求和目标。③ Zhenyu Luo 等人对道路施工场景中的 RMC 调度优化进行了建模④，也有学者从全局出发，系统地分析公路工程建设的社会责任，阐述企业社会责任理论与实践的发展历程⑤，L. Liu，Z. f. Liang 对河北省 173 个村庄进行了抽样调查。根据 687 份调查问卷，以道路硬化程度、道路宽度等 10 个因素为影响变量，建立了河北省农村公路建设的评价体系，运用层次分析法对选取的指标进行了排序，通过对河北省农村公路建设的科学评价，为完善河北省农村高速公路建设政策提供了科学依据。⑥

---

① Xingli Jia, Dang Wang, Fabao Liu, Qingmiao Dai. "EVALUATION OF HIGHWAY CONSTRUCTION IMPACT ON ECOLOGICAL ENVIRONMENT OF QINGHAI-TIBET PLATEAU" Environmental Engineering and Management Journal[J]. July 2020, Vol. 19, No. 7, 1157-1166 http://www.eemj.icpm.tuiasi.ro/; http://www.eemj.eu.

② Jordaan, G. J.; Steyn, W. J. v. Practical Application of Nanotechnology Solutions in Pavement Engineering: Construction Practices Successfully Implemented on Roads (Highways to Local Access Roads) Using Marginal Granular Materials Stabilised with New-Age (Nano) Modified Emulsions (NME). Appl. Sci. 2022, 12, 1332. https://doi.org/10.3390/app12031332.

③ Wang, Wu Gong, et al. "The Theoretical Analysis of Performance Evaluation Connotation of Rural Highway Projects." Applied Mechanics and Materials, vol. 204-208, Trans Tech Publications, Ltd., Oct. 2012, pp. 1848-1856. Crossref, doi:10.4028/www.scientific.net/amm.204-208.1848.

④ Zhenyu Luo, Guoqing Zou, Zhiyong Li, Shaomiao Chen, Jianbo Xu. "A memetic ready-mixed concrete scheduling method based on bidirectional collaborative optimisation for highway construction"[J]. International Journal of Embedded Systems, Vol. 15, No. 6. https://www.inderscienceonline.com/journal/ijes.

⑤ L. Liu and Z.-f. Liang, "The Study of Social Responsibility for Construction of Highway Engineering," 2008 Third International Conference on Convergence and Hybrid Information Technology, Busan, Korea (South), 2008, pp. 1031-1036, doi:10.1109/ICCIT.2008.356.

⑥ Rao, G., Qi, L., Zhang, R., Deng, L. (2011). Research on Evaluation of Rural Highway Construction in Hebei Province. In: Li, D., Liu, Y., Chen, Y. (eds) Computer and Computing Technologies in Agriculture IV. CCTA 2010. IFIP Advances in Information and Communication Technology, vol 345. Springer, Berlin, Heidelberg. https://doi.org/10.1007/978-3-642-18336-2_41.

学者们研究此类问题时，研究方法多样。有使用问卷调查和访谈法了解 BIM 技术在公路建设管理中的应用，也有利用量化分析使用 SWOT、建模等方式分析村落公路建设和使用的情况。从研究角度上看，有从宏观层面对公路建设进行评价再依据现有数据为公路建设提出建议，也有从微观角度分析某一地区建设公路对生态环境造成的影响。

（三）国外村落研究

1. 国外村落发展研究

（1）村落水资源管理研究

有学者评估了两个巴西生态村用于保护水资源的做法，以评估这种新的生活概念是否确实成功地实现了可持续性目标。[①] Sanna–Leena Rautanen 等人研究了尼泊尔远郊西部和中西部发展地区农村村庄水资源管理项目（RVWRMP）中的多用途水服务（MUS），认为这个项目是嵌入在地方政府内部的，关键的项目切入点是权力下放、参与和赋权。[②] 文章探讨了水资源管理者今天所面临的问题以及未来所需。[③] Ramesha Naika 论述了在提高村民对水管理的认识、确定村里的缺水情况和寻找替代水源方面所做的努力。研究者通过社区参与村里的水管理，采用了长期可持续发展的基本策略，因此，有机会在农村使用安全和可持续的饮用水设施。[④] Richard Y. M. Kangalawe, Emma T. Liwenga 研究了坦桑尼亚基隆贝罗河谷湿地自然资源利用和农业的动态和效益，以及与

[①] Leite, F. B. V. d. M, Bertolo, L. S., and Santos, R. F. (2016), Practices and perceptions on water resource sustainability in ecovillages, Water Resour. Res., 52, 6004–6017, doi: 10.1002/2015WR018117.

[②] Sanna-Leena Rautanen, Barbara van Koppen, Narayan Wagle. Community-Driven Multiple Use Water Services: Lessons Learned by the Rural Village Water Resources Management Project in Nepal[J]. Water Alternatives, 2014, 7(1).

[③] Cosgrove, W. J., and Loucks, D. P. (2015), Water management: Current and future challenges and research directions, Water Resour. Res., 51, 4823–4839, doi: 10.1002/2014WR016869.

[④] Naika, R. Water management in rural communities: a step towards achieving sustainability By 2030. Sustain. Water Resour. Manag. 8, 115 (2022). https://doi.org/10.1007/s40899-022-00702-4.

当地社区的生计之间的关系[1]，分析了热带季风环境中基于自然流域的古代灌溉技术，即"水箱级联"系统[2]，研究了尼泊尔远郊和中西部乡村水资源管理项目（RVWRMP）所开创的社区驱动的多用途水服务（MUS），作者指出在尼泊尔，古老的传统灌溉渠、药泉、神池和喷水口仍在日常使用，其中一些古老智慧的可持续性表明其初始质量很高，村民有强烈的意愿和能力为其维护做出贡献。[3] 在遥感技术支持下研究印度河流域上游的村庄和山谷水文状况，阐述了年周期和年际变化。[4] Lenton, R. & Muller, M. 认为，水资源综合管理的核心原则用水者参与，通过案例研究，说明了在水资源综合管理方法的指导下，更好的水管理如何有助于实现广泛的可持续发展目标。[5] Muhammad Hanif, Fida Chasanatun, Anjar Mukti Wibowo 阐述了索东佛教村社在水资源管理中的地方智慧，研究发现 Kampung Budha Sodong 人民在管理水资源方面的地方价值观是以生活哲学、内在教义、高尚的 pitutur、unen-unen 和 pamali 的形式存在的。[6] Widiarto, A. E. 等认为，村庄水资源管理需要政府权力

---

[1] Richard Y. M. Kangalawe, Emma T. Liwenga. "*Livelihoods in the wetlands of Kilombero Valley in Tanzania: Opportunities and challenges to integrated water resource management*". Physics and Chemistry of the Earth, Parts A/B/C. Volume 30, Issues 11–16, 2005, pp. 968–975. https://xueshu.lanfanshu.cn/scholar? hl=zh-CN&as_sdt=0%2C5&q=village+water+resource+management&btnG=.

[2] Madduma Bandara, C. M. (1985). "*Catchment Ecosystems and Village TankCascades in the Dry Zone of Sri Lanka A Time-Tested System of Land and Water Resource Management.*" In: Lundqvist, J., Lohm, U., Falkenmark, M. (eds) Strategies for River Basin Management. The GeoJournal Library, vol 6. Springer, Dordrecht. https://doi.org/10.1007/978-94-009-5458-8_11.

[3] Rautanen, S.-L.; van Koppen, B. and Wagle, N. 2014. Community-driven multiple use water services: Lessons learnedby the Rural Village Water Resources Management Project in Nepal. Water Alternatives 7(1): 160–177, vol. 7. https://www.water-alternatives.org/index.php/allabs/239-a7-1-10/file.

[4] Forsythe, N., Fowler, H. J., Kilsby, C. G. et al. Opportunities from Remote Sensing for Supporting Water Resources Management in Village/Valley Scale Catchments in the Upper Indus Basin. Water Resour Manage 26, 845–871 (2012). https://doi.org/10.1007/s11269-011-9933-8.

[5] Lenton, R., & Muller, M. (2009). Integrated Water Resources Management in Practice: Better Water Management for Development (1st ed.). Routledge. https://doi.org/10.4324/9781849771740.

[6] Muhammad Hanif, Fida Chasanatun, Anjar Mukti Wibowo. "*Local Wisdom of the Sodong Buddhist Village Community in Water Resources Management*"[J]. Budapest International Research and Critics Institute-Journal (BIRCI-Journal), PROCEEDING Home > Vol 4, No 4 (2021) > Hanif. https://bircu-journal.com/index.php/birci/article/view/2839.

来维持。① 有学者探讨了非洲农村妇女在促进村庄发展方面所发挥的作用，建议在水资源管理中应当给妇女更多管理权力。②

水利是农业的命脉。在村落水资源管理方面，学术成果比较丰富，总体上学者们主要关注：第一，水资源管理权力；第二，水资源管理技术。在一些发展中国家，学者提出在水资源管理当中应当给予妇女更多管理权限，也有学者就政府提出的水资源管理项目做出分析认为，关键在于政府权力下放、赋权。除了量化分析，也有学者从哲学、宗教、文化等方面探讨人类的水资源管理智慧。虽然成果较多但是专题研究较少，如付诸实践，难度较大。

（2）村落能源研究

Amole Abraham O. 等人以尼日利亚奥约州为案例分析该地的能源状况与可利用的能源资源。该研究使用比较分析，模拟结果表明光伏电网系统是 MGP、EEP 和 UEL 最高的村庄的最佳选择。③ Brandão Pedro Christo 等人对亚马孙热带雨林中一个孤立村庄的可持续森林管理产生的生物质残体进行发电潜力评价，认为生物质燃料系统能够减少社区对外界能源的依赖，有助于本地经济的可持续发展。④ Mayur Barman 对阿萨姆邦四个地区的太阳能设施进行了研究，评估了太阳能家庭照明系统（SHLS）的技术功能、服务提供模式、体制机制、维护和监测、用户意识及其对农村生计的影响。⑤ 有学者认为，改善中国农村能源消费结构

---

① Widiarto, A. E., M. Fadli, T. I. Rahmawan, M. D. Putra, S. Al-Fatih, and A. M. Wibowo. "The Drafting of Village Regulations Concerning the Management of Agricultural Water Resources". Journal of Community Service and Empowerment, vol. 4, no. 1, Jan. 2023, pp. 18-24, doi: 10.22219/jcse.v4i1.23906.

② Scholastique Kompaore. "*Women as managers of village water resources*", Natural Resources Forum[J], Vol. 13, Iss. 4., November 1989, pp. 319-321. https://onlinelibrary.wiley.com/doi/abs/10.1111/j.1477-8947.1989.tb00355.x.

③ Amole Abraham O., Oladipo Stephen, Olabode Olakunle E., Makinde Kehinde A., Gbadega Peter. Analysis of grid/solar photovoltaic power generation for improved village energy supply: A case of Ikose in Oyo State Nigeria[J]. Renewable Energy Focus, 2023, 44.

④ Brandão Pedro Christo, Souza Agostinho Lopes de, Rousset Patrick, Simas Felipe Nogueira Bello, Mendonça Bruno Araujo Furtado de. Forest biomass as a viable pathway for sustainable energy supply in isolated villages of Amazonia[J]. Environmental Development, 2021(prepublish).

⑤ Mayur Barman, Sadhan Mahapatra, Debajit Palit, Mrinal K Chaudhury. Performance and impact evaluation of solar home lighting systems on the rural livelihood in Assam, India[J]. Energy for Sustainable Development, 2017, 38.

的关键在于提高农村居民的收入水平,政府应加大对可再生能源的研究和实施、电网和其他能源基础设施建设的投资,薪柴和煤炭是中国农村家庭最重要的能源。[①] Debajit Palit 等人探讨了印度村庄能源安全计划(VESP)的经验教训。[②] Nathan G. Johnson 等人使用定量数据阐述了西非一个乡村一年的能源供应和使用的效果情况。[③] Banerjee Avishek 等人对印度农村地区的几种家庭和村庄能源系统进行了建模,对其土地利用、成本和环境影响进行了评估。[④] S. M. Mustonen 等人以老挝为例对农村能源消费进行了情景分析,介绍了农村经济不同部门的能源服务对实现联合国开发计划的千年发展目标的帮助。[⑤] S. S. Deshmukh, M. K. Deshmukh 通过村际能源组合确定能源规划区域,研究得出两个村庄在微观层面的能源组合能够更好地利用现有能源。[⑥] Frede Hvelplund 认为,必须使能源系统区域化和分散化,节约能源、使供应方能源效率和可再生能源的使用同步进行,才能有效减少石化矿物燃料的消耗。[⑦]

对村落能源研究集中于非洲、南亚、东南亚、拉丁美洲区域,涉及领域包括电能、生物能、煤炭资源等。对于当前能源面临枯竭的危机,学者们大多提倡加大可再生能源的研究利用。部分学者通过个案予以分析村落能源的使用情况,归纳总结能源利用的经验教训;也有学者通过建模的方式,研究村落能源的可持续问题。

[①] Ren Wang, Zhujun Jiang. Energy consumption in China's rural areas: A study based on the village energy survey[J]. Journal of Cleaner Production, 2016, 143.

[②] Debajit Palit, Benjamin K. Sovacool, Christopher Cooper, David Zoppo, Jay Eidsness, Meredith Crafton, Katie Johnson, Shannon Clarke. The trials and tribulations of the Village Energy Security Programme (VESP) in India[J]. Energy Policy, 2013, 57.

[③] Nathan G. Johnson, Kenneth M. Bryden. Energy supply and use in a rural West African village[J]. Energy, 2012, 43(1).

[④] Banerjee Avishek, Tierney Mike. Cost and environmental impact assessment of household and village energy systems in rural India[J]. JOURNAL OF SCIENTIFIC & INDUSTRIAL RESEARCH, 2011, 70(8).

[⑤] S. M. Mustonen. Rural energy survey and scenario analysis of village energy consumption: A case study in Lao People's Democratic Republic[J]. Energy Policy, 2009, 38(2).

[⑥] S. S. Deshmukh, M. K. Deshmukh. A new approach to micro-level energy planning—A case of northern parts of Rajasthan, India[J]. Renewable and Sustainable Energy Reviews, 2007, 13(3).

[⑦] Frede Hvelplund. Energy conservation, decentralization of cogeneration systems, and public intervention[J]. Housing, Theory and Society, 1987, 4(4).

(3) 村落电能研究

Marcio Giannini Pereira 等人于 2000 年至 2004 年间，对巴西农村的 2.3 万个农户进行了农村电气化对减少能源贫困的影响评估，结果表明，能源消费状况发生了快速变化，能源贫困现象有所缓解。[1] Celia Salama Andrade 等人概述了亚马孙地区的孤立系统，建议在保护环境的同时，将提供电能视为该地区居民创造财富和就业计划的一部分。[2] 有学者回顾了关于偏远农村社区电力需求、混合可再生能源系统、环境影响和马来西亚经济监管的最新文献，认为太阳能、风能、水能和生物质能源，以及它们的混合能源可以有效地为农村地区供电。[3] H. Camblong 等人分析塞内加尔能源背景下发展微型电网的障碍，制定克服这些障碍的适当解决方案。[4] H. Borhanazad 等调查了太阳能、风能和水电等可再生能源应用于马来西亚农村电气化的潜力。[5] Snigdha Chakrabarti 等人试图从广泛的社会经济和环境角度，与偏远岛屿的传统电源相比，研究分散式太阳能光伏系统作为电源的可行性。[6] Debajit Palit 进行了文献回顾和调查，在区域和国家层面上分享了南亚农村电气化太阳能光伏项目的经验教训，提出了利用交叉学

---

[1] Marcio Giannini Pereira, Marcos Aurélio Vasconcelos Freitas, Neilton Fidelis da Silva. "*Rural electrification and energy poverty: Empirical evidences from Brazil*", Renewable and Sustainable Energy Reviews[J]. Vol. 14, Iss. 4, May 2010, pp. 1229-1240. https://www.sciencedirect.com/science/article/abs/pii/S1364032109003025.

[2] Celia Salama Andrade, Luiz Pinguelli Rosa, Neilton Fidelis da Silva. "Generation of electric energy in isolated rural communities in the Amazon Region a proposal for the autonomy and sustainability of the local populations", Renewable and Sustainable Energy Reviews[J], Vol. 15, Iss. 1, January 2011, pp. 493-503. https://www.sciencedirect.com/science/article/abs/pii/S1364032110003394.

[3] Hossain, F. M., Hasanuzzaman, M., Rahim, N. A. et al. "*Impact of renewable energy on rural electrification in Malaysia: a review. Clean Techn Environ Policy*", 17, 859-871 (2015). https://doi.org/10.1007/s10098-014-0861-1, https://link.springer.com/article/10.1007/s10098-014-0861-1#citeas.

[4] H. Camblong, J. Sarr, O. Curea, J. A. Alzola, E. H. Sylla, M. Santos. "*Micro-grids project, Part 1: Analysis of rural electrification with high content of renewable energy sources in Senegal*", Renewable Energy[J]. Vol. 34, Iss. 10, October 2009, pp. 2141-2150. https://www.sciencedirect.com/science/article/abs/pii/S0960148109000548#preview-section-introduction.

[5] H. Borhanazad, S. Mekhilef, R. Saidur, G. Boroumandjazi. "*Potential application of renewable energy for rural electrification in Malaysia*", Renewable Energy[J]. Vol. 59, November 2013, pp. 210-219. Renewable Energy Volume 59, November 2013, pp. 210-219.

[6] Snigdha Chakrabarti, Subhendu Chakrabarti. "*Rural electrification programme with solar energy in remote region-a case study in an island*", Energy Policy[J]. Vol. 30, Iss. 1, January 2002, pp. 33-42. https://www.sciencedirect.com/science/article/abs/pii/S030142150100057X.

习,以挖掘能源潜力的途径。① Anup Gurung 等人概述了尼泊尔的能源形势,讨论了微型水电站的现状和发展前景。② Subhes C. Bhattacharyya 研究了印度的能源获取情况,认为仅凭农村电气化不太可能解决农村能源获取问题,因为电力在穷人能源结构中的渗透率较低。③ Lanre Olatomiwa 等人调查了在尼日利亚地缘政治区域内不同地点采用包括太阳能电池阵列、风力涡轮机和柴油发电机在内的不同发电配置的可行性。④ Samuel Nelson M. de Souza 等人认为,在巴西农村采用猪粪便中的沼气作为农村的能源,以沼气为主要燃料源发电,有助于全国能源生产的供应和物流。⑤ F. S. Javadi 等人研究重点是全球农村地区电能的总体政策,他们对政府和私营机构实施的各种计划和方案进行了分析,结果表明,在远离电网的地区,可再生能源开发是最佳选择,为了克服现有的障碍和问题,金融机构和执行机构之间的相互竞争又导致了资源管理的有效性与技术开发。⑥ Arash Asrari 对伊朗 Binalood 地区的风力进行了研究,认为在现有的柴油发电机的基础上,

---

① Debajit Palit. "*Solar energy programs for rural electrification: Experiences and lessons from South Asia*", Energy for Sustainable Development[J] Vol. 17, Iss. 3, June 2013, pp. 270-279. https://www.sciencedirect.com/science/article/abs/pii/S0973082613000045.

② Anup Gurung, Om Prakash Gurung, Sang Eun Oh. "*The potential of a renewable energy technology for rural electrification in Nepal: A case study from Tangting*", Renewable Energy[J]. Vol. 36, Iss. 1, November 2011, pp. 3203-3210. https://www.sciencedirect.com/science/article/abs/pii/S0960148111001261.

③ Subhes C. Bhattacharyya. "*Energy access problem of the poor in India: Is rural electrification a remedy?*". Energy Policy Volume[J]. vol. 34, Iss. 18, December 2006, pp. 3387-3397. https://www.sciencedirect.com/science/article/abs/pii/S0301421505002302

④ Lanre Olatomiwa, Saad Mekhilef, A. S. N. Huda, Olayinka S. Ohunakin. "*Economic evaluation of hybrid energy systems for rural electrification in six geo-political zones of Nigeria*", Renewable Energy[J]. Vol. 83, November 2015, pp. 435-446. https://www.sciencedirect.com/science/article/abs/pii/S0960148115003377.

⑤ Samuel Nelson M. de Souza, Ivan Werncke, Cleber Aimoni Marques, Reinaldo A. Bariccatti, Reginaldo F. Santos, Carlos Eduardo C. Nogueira, Doglas Bassegio. "Electric energy micro-production in a rural property using biogas as primary source", Renewable and Sustainable Energy Reviews[J]. Vol. 28, December 2013, pp. 385-391.

⑥ F. S. Javadi, B. Rismanchi, M. Sarraf, O. Afshar b, R. Saidur, H. W. Ping a, N. A. Rahim. "*Global policy of rural electrification*" Renewable and Sustainable Energy Reviews[J]. Vol. 19, March 2013, pp. 402-416. https://www.sciencedirect.com/science/article/abs/pii/S1364032112006673.

增加可再生能源发电机，可以更好地提高电力系统的经济性。① Anup Gurung 则强调宜在偏僻、贫穷的农村社区优化利用可再生能源的现行政策和补贴。② 还有学者认为，微型水电村电网比柴油发电解决方案更有竞争力。③

学者们关注偏远和穷困地区的电力状况，也有学者从宏观层面总结梳理了国家制定电能的相关政策；试图探讨开发新能源为农村提供电力，如建立微型电站或者借助新能源解决目前农村的电能使用困境。另外一些学者试图从社会、经济、生态环境等角度，通过新能源与传统电能进行对比，探讨利用混合能源及新能源发电的可行性。

（4）村落可持续发展研究

学者从产品开发、医疗保健转型、疫情案例研究、自然包容性商业模式、智慧城市和乡村等方面进一步分析了颠覆性技术的成果，提出了工业5.0和社会5.0融合形成智能城市和村庄的场景，由于融合框架和可持续发展目标的互动，实现可持续发展目标前景更加有利。④ 还有学者解读了文化景观的价值，对传统村落价值识别的新尝试在于将客体价值与主体感知相结合，有利于科学制定传统村落保护和旅游可持续发展战略。⑤ B. Mitchell 利用应激能力框架，审查了巴厘岛村级可持续发展面

---

① Arash Asrari, Abolfazl Ghasemi, Mohammad Hossein Javidi. "*Economic evaluation of hybrid renewable energy systems for rural electrification in Iran—A case study*", Renewable and Sustainable Energy Reviews[J]. Vol. 16, Iss. 5, June 2012, pp. 3123-3130. https://www.sciencedirect.com/science/article/abs/pii/S1364032112001463.

② Anup Gurung, Amal Kumar Ghimeray, Sedky H. A. Hassan. "*The prospects of renewable energy technologies for rural electrification: A review from Nepal*", Energy Policy[J]. Vol. 40, January 2012, pp. 374-380. https://www.sciencedirect.com/science/article/abs/pii/S0301421511008068.

③ Nicola U. Blum, Ratri Sryantoro Wakeling, Tobias S. Schmidt. "*Rural electrification through village grids—Assessing the cost competitiveness of isolated renewable energy technologies in Indonesia*", Renewable and Sustainable Energy Reviews[J]. Vol. 22, June 2013, pp. 482-496. https://www.sciencedirect.com/science/article/abs/pii/S136403211300097X.

④ Kasinathan P, Pugazhendhi R, Elavarasan RM, Ramachandaramurthy VK, Ramanathan V, Subramanian S, Kumar S, Nandhagopal K, Raghavan RRV, Rangasamy S, Devendiran R, Alsharif MH. Realization of Sustainable Development Goals with Disruptive Technologies by Integrating Industry 5.0, Society 5.0, Smart Cities and Villages. Sustainability. 2022; 14(22): 15258. https://doi.org/10.3390/su142215258.

⑤ Xu Q, Wang J. Recognition of Values of Traditional Villages in Southwest China for Sustainable Development: A Case Study of Liufang Village. Sustainability. 2021; 13(14):7569. https://doi.org/10.3390/su13147569.

临的问题与机会。巴厘岛文化融合了强调合作、建立共识和谋求平衡的传统地方政府形式，为可持续发展动议的实施提供了坚实的基础。他同时指出因为许多决策都是在村庄之外，甚至是在巴厘岛以外做出的，这样或许也会给可持续发展动议的实施带来意想不到的问题。① 有学者考察和评估了波兰农村推广智慧村落的潜力状况，他们在波兰东部选了三个地区作为案例，确定管理、生活质量、经济、社会、自然环境和流动性等 24 个变量进行研究，他们发现智慧村落有助于促进农村地区的可持续发展，同时，还应特别注重加强村落与其附近城镇之间的关系。② Purnamawati 等对印度尼西亚巴厘省巴厘岛的一个生态旅游村进行了研究，探讨了技术、承诺和文化变化对宗教生态旅游村可持续发展的影响；文章采用定量研究方法，通过发放问卷和使用 Likert 量表进行测量，通过 slovin 公式数据收集技术确定。结果表明，技术和承诺对一个有着宗教传统的生态旅游村的发展没有显著影响；然而，与文化的变迁有着实质性的影响。③ Hai-fan Wang 等人以实地调查数据和傣族聚居区地图为数据来源，通过对村落空间形态因素的分析，探讨了傣族的人居空间观，分析了傣族村落的空间文化内涵，以及可持续人居生态的概念。④ Xiaojuan Zhang 等撰文将智慧村落定义为在明确农村发展特点和需求的基础上，充分利用信息通信技术（ICT）是促进村落可持续发展的一种发展模式。结合系统理论，提出了智慧村落系统的理论框架。在智慧村落体系理论框架的基础上，分析了中国智慧村落战略规划和智慧村落实践。研究结果表明，农村智慧村落的建设与发展是当前中国农村可持续发展的正确选择。中国政府在推动智慧村落建设中的作用是通过统一的总体规划和

---

① Mitchell, B. Sustainable development at the village level in Bali, Indonesia. Hum Ecol 22, 189-211（1994）. https://doi.org/10.1007/BF02169039. https://link.springer.com/article/10.1007/BF02169039#citeas.

② Adamowicz M, Zwolińska-Ligaj M. The "Smart Village" as a Way to Achieve Sustainable Development in Rural Areas of Poland. Sustainability. 2020; 12(16): 6503. https://doi.org/10.3390/su12166503. https://www.mdpi.com/2071-1050/12/16/6503.

③ Purnamawati IGA, Jie F, Hatane SE. Cultural Change Shapes the Sustainable Development of Religious Ecotourism Villages in Bali, Indonesia. Sustainability. 2022; 14(12): 7368. https://doi.org/10.3390/su14127368. https://www.mdpi.com/2071-1050/14/12/7368.

④ Wang H-f, Chiou S-c. Study on the Sustainable Development of Human Settlement Space Environment in Traditional Villages. Sustainability. 2019; 11(15): 4186. https://doi.org/10.3390/su11154186. https://www.mdpi.com/2071-1050/11/15/4186.

相关配套政策，推动智慧村落系统的战略子系统，促进智慧村落的发展。中国目前采用的自上而下的智慧村落建设模式是由中国的政治经济体制决定的，主要体现在权力的集中和公共经济的主导。①

学者们认为，智慧村落是农村可持续发展的有效途径，此外还有学者强调文化对农村可持续发展的影响，应该采取相关措施，帮助农民提高学习新知识，以应对日新月异的知识更新。

（四）国外智慧村落研究

1. 智慧村落政策研究

Stojanova S 等人强调了农村发展的重要作用，梳理了对农村实施的一系列政策。数据来自文献研究、对现有和未来及 2020 年后农村发展政策走向的在线调查。该调查结果由来自六个不同的欧盟成员国的项目伙伴分享，全部来自阿尔卑斯山，共计 11 个地区，总政策数量，连同政策项目、计划或行动等共有 114 项。在此基础上，对政策进行了系统研究，对智慧村落的发展也给出了一些合理化的建议，为今后这个主题的研究，以及地方、区域、国家和欧盟层面的政策制定者提供了参考。② Zavratnik V 等人回顾了现有智慧村落的建设实践，重点研究了智慧村落的现有实施，以及数字化农业转型对农村地区发展的重要性，他们尤其关注欧盟的政策，对不同地区的发展进行了比较，对所提出的实践策略进行了评估，认为智慧村落发展必须与地方生产实际相结合。③ Adegbite Adesipo 等人指出智慧村落的支持者面临的一个主要挑战是如何为村落的发展提供一个可行性框架，使这一发展面向可持续性；为此，他们提出一套有效发展智慧村落的框架：优先考虑智慧农业技术。鉴于技术的进步，农业发展包括减少农业损失，优化农业流程以提高产量，预防、监测和早期检测动植物疾病，现

---

① Zhang X, Zhang Z. How Do Smart Villages Become a Way to Achieve Sustainable Development in Rural Areas? Smart Village Planning and Practices in China. Sustainability. 2020; 12(24):10510.

② Stojanova S, Lentini G, Niederer P, Egger T, Cvar N, Kos A, Stojmenova Duh E. Smart Villages Policies: Past, Present and Future. Sustainability. 2021; 13(4):1663. https://doi.org/10.3390/su13041663. https://www.mdpi.com/2071-1050/13/4/1663.

③ Zavratnik V, Kos A, Stojmenova Duh E. Smart Villages: Comprehensive Review of Initiatives and Practices. Sustainability. 2018; 10(7):2559. https://doi.org/10.3390/su10072559. https://www.mdpi.com/2071-1050/10/7/2559.

在已经接受了各种智能传感器技术。围绕气候智慧农业的概念，可以在村落规划中采用，并将其转变为智慧村落。因此，认为为了有效地发展智慧村落，必须优先考虑智慧农业技术和其他发展的实际问题。[1] Budziewicz-Guźlecka A 等人研究了智慧村落和能源政策的本质，指出智慧村落发展背景下会面临能源挑战，在此基础上提出现代能源发展背景下的农村发展模式。[2] Shailaja Fennell 等人提议将智慧城市战略与智慧村落政策联系起来，以确保农村青年通过信息和通信技术举措改善就业机会，他们提议使用移动服务的需求驱动模式，让底层治理模式促进企业的可持续增长和改善这些村落的发展。[3] S. Ella 等人的研究旨在为印度尼西亚的替代村庄发展模式制定智慧村落模式。研究方法是描述性的定性研究，文献研究作为数据收集技术和互动数据分析技术基础。研究结果显示，印度尼西亚农村发展的智慧村落模式包括五个方面，即资源、技术、服务链、机构、可持续性和四个发展阶段，其中合作治理模式成为其关键执行者。[4] Szalai，Ádám 等人以匈牙利为例，认为智慧村落学术研究应该借鉴批判性智慧城市学术成果，深入剖析当前关于智慧乡村落发展的争论。[5] Visvizi，A. 等人重新思考智慧城市争论的焦点，在政策制定和战略考虑上要持开明的态度[6]，随后他们还对智慧村落相关研究进行综述，综述的目的有三个：概述智慧村落

---

[1] Adesipo A, Fadeyi O, Kuca K, Krejcar O, Maresova P, Selamat A, Adenola M. Smart and Climate-Smart Agricultural Trends as Core Aspects of Smart Village Functions. Sensors. 2020; 20(21):5977. https://doi.org/10.3390/s20215977. https://www.mdpi.com/1424-8220/20/21/5977.

[2] Budziewicz-Guźlecka A, Drożdż W. Development and Implementation of the Smart Village Concept as a Challenge for the Modern Power Industry on the Example of Poland. Energies. 2022; 15(2):603. https://doi.org/10.3390/en15020603. https://www.mdpi.com/1996-1073/15/2/603.

[3] Shailaja Fennell, Prabhjot Kaur, Ashok Jhunjhunwala, Deapika Narayanan, Charles Loyola, Jaskiran Bedi, Close Yaadveer Singh. "*Examining linkages between Smart Villages and Smart Cities: Learning from rural youth accessing the internet in India*", Telecommunications Policy, Vol. 42, Iss. 10, November 2018, pp. 810-823. https://www.sciencedirect.com/science/article/abs/pii/S0308596117301830.

[4] S. Ella, R. N. Andari, "Developing a Smart Village Model for Village Development in Indonesia," 2018 International Conference on ICT for Smart Society (ICISS), Semarang, Indonesia, 2018, pp. 1-6, doi: 10.1109/ICTSS.2018.8549973. https://ieeexplore.ieee.org/abstract/document/8549973.

[5] Szalai, Ádám, Varró, Krisztina, Fabula, Szabolcs. "*Towards a multiscalar perspective on the prospects of 'the actually existing smart village' – a view from Hungary*", Hungarian Geographical Bulletin, vol. 70, iss. 2, pp. 97-112. https://dspace.library.uu.nl/handle/1874/412491.

[6] Visvizi, A. and Lytras, M. D. (2018), "Rescaling and refocusing smart cities research: from mega cities to smart villages", Journal of Science and Technology Policy Management, Vol. 9 No. 2, pp. 134-145. https://doi.org/10.1108/JSTPM-02-2018-0020.

一词的概念边界、强调智慧村落研究中固有挑战性主旨、阐明智慧村落研究议题的展开。[①] 还有学者通过对 Banyuwangi 村庄样本的初步访谈，对智慧城市、智慧村落和智慧农业进行综述，提出智慧村落的模式，创建了一个智慧村落模型，能够指导每个村落朝着更美好的未来发展。他们所提出的智慧村落模式分为 6 个维度，包括治理、技术、资源、乡村服务、生活和旅游。[②] M. Mishbah 研究旨在提出一个关于智慧乡村的概念模型，该研究通过调适各地区的不同特点，应用于其他县域的村庄。[③] Renukappa, S. 认为，世界各地的农村正在寻找办法，以维持、恢复和改善正在恶化的地方服务。他们正在探索数字化转型的潜力，新的出行模式，与城市地区更紧密的联系所带来的机遇和威胁。增强信息通信技术（ICT）在农村的应用能够提高生活质量。智慧村落主要是关于农村如何最有效地利用信息通信技术和社会创新去应对当前出现的挑战。[④]

学者认为，在发展智慧村落的同时应导航结合地方特色，也有学者提出，建立一个普遍的智慧村落框架和模型。更多的学者则是回顾智慧村落政策，分析其中的经验教训。

2. 智慧村落技术研究

Chulsu Park 等通过研究建设智慧村落所需的基本技术和平台，提高农村的可持续性。很多城市都有很多投资智慧城市的平台和解决方案，但在农村或小城市的投资相对较少；这种情况不仅会因城市人口的增加而加剧城市问题，而且还会加深市民的数字鸿沟。到目前为止，关于智慧村落的研究都是碎片化的，将从整体上考察应用于智慧村落的案例，研究开放的智慧村落平台，分析智慧村落最终建成后的整体数据存储和管理。首先，

---

① Visvizi A, Lytras MD. It's Not a Fad: Smart Cities and Smart Villages Research in European and Global Contexts. Sustainability. 2018; 10(8):2727. https://doi.org/10.3390/su10082727.

② A A Aziiza, T D Susanto. "The Smart Village Model for Rural Area (Case Study: Banyuwangi Regency)", IOP Conference Series: Materials Science and Engineering[J]. vol. 1281, https://iopscience.iop.org/article/10.1088/1757-899X/722/1/012011/meta.

③ M. Mishbah, B. Purwandari and D. I. Sensuse, "Systematic Review and Meta-Analysis of Proposed Smart Village Conceptual Model: Objectives, Strategies, Dimensions, and Foundations," 2018 International Conference on Information Technology Systems and Innovation (ICITSI), Bandung, Indonesia, 2018, pp. 127-133, doi: 10.1109/ICITSI.2018.8696029.

④ Renukappa, S., Suresh, S., Abdalla, W., Shetty, N., Yabbati, N. and Hiremath, R. (2022), "Evaluation of smart village strategies and challenges", Smart and Sustainable Built Environment, Vol. ahead-of-print No. ahead-of-print. https://doi.org/10.1108/SASBE-03-2022-0060.

将着眼于海外智慧村落的发展趋势，其次，将研究通过智慧村落所需的技术来高效管理智慧村落的智慧村平台。[1] Sroojani Mohanty 等在智慧村落建设倡议综述中认为，智慧村落建立在自我维持生态系统的理念之上，适应不断变化的生产与社会治理需要，以促进人类可持续发展。教育、健康、卫生、信息链接、电气化、建立家庭和小规模工业等是"智慧村落"的关键所在。今天，全世界都在努力实现包括智慧村落在内的"可持续发展"议程；振兴农村基础设施可以防止农村人口向城市迁移以及由失业引起的经济脆弱性；讨论各种智慧村落倡议和技术，以改善农村地区人民的生活，尊重当地环境，落实各种智慧村落倡议、开发技术，以改善农村地区人民的生活。[2] Parminder Kaur 等撰文认为，根据联合国的说法，可持续发展目标旨在改善全球农村卫生、饥饿、贫困问题、环境条件和扫除文盲。现在，世界各地人们的生活方式有了许多进步。相比之下，城市的发展比农村的发展更受重视。一个国家的可持续发展取决于农村地区的发展。人们开发了很多技术，也提出了很多的理论模型、项目和构建了很多发展框架，以帮助解决农村人民在日常生活中面临的各种问题和挑战。随着时代的发展，人们认识到新技术方法是农村宜居的未来保障；那么，就需要研究出基于先进技术的农村可持续发展解决方案。区块链技术是创新和发展的下一步，它在农村可持续发展中应该发挥应有的作用。[3] Pramod K. Aggarwal 团队基于气候智慧型村落（CSV）方法开展农业发展研究，测试了利用参与式方法应对农业气候变率、气候变化的技术和机制选择，为从地方到全球各级的决策者总结经验教训。该方法包括对与当地气候风险管理相关的气候智能型技术、实践、服务和流程的评估，描述了亚洲、非洲和拉丁美洲的早期成果，以说明 CSV 方法在不同农业生态环境中的不同案例。初步研究结果表明，CSV 方法在推广有前景的气候智慧型农业技

---

[1] Park, Chulsu, Cha, Jaesang. (2019). A Trend on Smart Village and Implementation of Smart Village Platform. International journal of advanced smart convergence, 8(3), pp. 177-183.

[2] Mohanty, S., Mohanta, B., Nanda, P., Sen, S., Patnaik, S. (2020). Smart Village Initiatives: An Overview. In: Patnaik, S., Sen, S., Mahmoud, M. (eds) Smart Village Technology. Modeling and Optimization in Science and Technologies, vol 17. Springer, Cham. https://doi.org/10.1007/978-3-030-37794-6_1.

[3] Kaur, P., Parashar, A. A Systematic Literature Review of Blockchain Technology for Smart Villages. Arch Computat Methods Eng 29, 2417-2468 (2022). https://doi.org/10.1007/s11831-021-09659-7.

术、实践和服务方面具有很大的潜力。气候模拟研究表明，即使在气候变化情景下，在 CSV 站点吸取的经验教训也将与全球大部分农业用地的适应规划相关，最后还讨论了进一步工作的主要障碍和机会。① Hartatik 等人根据实地调查设计了智慧村落的模型，根据该模型开发了一个具有无现金支付系统的智慧村落应用程序。② Anatoly E. Shamind 等认为，俄罗斯的农工综合体，其业务流程自动化程度较低。现阶段，最大限度地实现各种管理形式的农业过程的数字化和自动化是国家的优先任务。战略目标是最大限度地实现所有生产周期阶段的自动化，以减少损失，提高农业企业生产力，优化资源管理，实现农村基础设施数字化，提高农村人口的数字和金融素养。数字化和物联网在农业领域的应用，将 IT 产业转变为高新技术产业，从而实现生产力的增长和非生产成本的降低。③

学者们多在研究着新的技术用于智慧村落，主要是关于村落数据的储存管理、村落生产生活方面。

3. 智慧农业研究

K. A. Patil 等认为，智慧农业是一种通过物联网实现的自动化和定向信息技术。④ Nidhi 等认为由于气候变化的负面影响，农业生产今天面临着巨大的挑战，必须通过采用先进的数字技术来应对。这些技术产生了大量的数据，被称为大数据，例如，田地和作物上的传感器提供了关于土壤条件的颗粒数据点，以及关于风、肥料需求、水可用性和害虫侵扰的详细信息。对物理环境的持续测量和监测使智慧农业得以实施。智慧农业有助于

---

① Aggarwal PK, Jarvis A, Campbell BM, Zougmoré RB, Khatri-Chhetri A, Vermeulen S, Loboguerrero Rodriguez AM, Sebastian L, Kinyangi J, Bonilla Findji O, Radeny M. The climate-smart village approach: framework of an integrative strategy for scaling up adaptation options in agriculture. Ecology and Society. 2018.

② Hartatik, N. Firdaus and A. Aziz, "Go-Payment: Towards Cashless Payment System for Smart Village Application in Indonesia," 2021 3rd International Conference on Cybernetics and Intelligent System (ICORIS), Makasar, Indonesia, 2021, pp. 1-6, doi: 10.1109/ICORIS52787.2021.9649644.

③ Shamin, A. E., Frolova, O. A., Shavandina, I. V., Kutaeva, T. N., Ganin, D. V., Sysoeva, J. Y. (2020). Smart Village. Problems and Prospects in Russia. In: Antipova, T., Rocha, Á. (eds) Digital Science 2019. DSIC 2019. Advances in Intelligent Systems and Computing, vol 1114. Springer, Cham. https://doi.org/10.1007/978-3-030-37737-3_41.

④ K. A. Patil, N. R. Kale, "A model for smart agriculture using IoT," 2016 International Conference on Global Trends in Signal Processing, Information Computing and Communication (ICGTSPICC), Jalgaon, India, 2016, pp. 543-545, doi: 10.1109/ICGTSPICC.2016.7955360.

农业自动化，从田间收集数据，然后对其进行分析，以便农民能够做出明智的决定，包括播种/种植作物的最佳时间，播种、使用杀虫剂、化肥的最佳时间，以及收获作物的时间，以种植高质量的农作物。大数据的范围不仅局限于农业生产，它还影响着整个食品供应链。要从如此生成的大量数据中提取信息，需要"大数据分析"[1]。Leslie Lipper 团队指出，气候智慧农业（CSA）是一种在气候变化新现实条件下重新定位粮食安全的农业系统转型方法。降雨和温度模式急遽变化威胁着农业生产，增加了人口的脆弱性，其中包括世界上大多数穷人。气候变化扰乱了粮食市场，给整个人口的粮食供应带来风险，可以通过提高农民的适应能力以及提高农业生产系统的抵御力和资源利用效率来减少威胁。CSA 通过四个主要行动领域促进农民、研究人员、私营部门、民间社会和政策制定者采取协调一致的行动，以实现气候适应型途径：（1）建立证据；（2）提高地方制度效能；（3）促进气候政策与农业政策之间的一致性；（4）将气候与农业融资联系起来。CSA 不同于"一切照旧"的方法，它强调在创新政策和融资行动的支持下实施灵活、因地制宜的解决方案的能力。[2] 气候智慧农业（CSA）的学者于 2013 年在美国加州戴维斯全球气候智慧型农业科学会议上确定了三个研究主题：（1）农场和粮食系统；（2）景观和区域问题；（3）制度和政策方面，将科学、行动和治理直接联系起来。[3] 但倡导气候智慧农业的学者们指出，大多数国家还没有国家气候智慧农业投资计划（CSAIPs），为了实现农业智慧化，号召政府管理部门落实由 CSAIPs 提供的实施框架，通过结合利益相关者的其他投入来支持 CSA 的决策，从而指导智慧农业的发展。[4] 主要的国际组织目前认为，为确保到 2050 年预计世界人口达 90

---

[1] Nidhi (2020). Big Data for Smart Agriculture. In: Patnaik, S., Sen, S., Mahmoud, M. (eds) Smart Village Technology. Modeling and Optimization in Science and Technologies, vol. 17. Springer, Cham. https://doi.org/10.1007/978-3-030-37794-6_9.

[2] Lipper, L., Thornton, P., Campbell, B. et al. Climate-smart agriculture for food security. Nature Clim Change 4, 1068-1072 (2014). https://doi.org/10.1038/nclimate2437, https://www.nature.com/articles/nclimate2437#citeas.

[3] Steenwerth, K. L., Hodson, A. K., Bloom, A. J. et al. Climate-smart agriculture global research agenda: scientific basis for action. Agric & Food Secur 3, 11 (2014). https://doi.org/10.1186/2048-7010-3-11.

[4] Barasa PM, Botai CM, Botai JO, Mabhaudhi T. A Review of Climate-Smart Agriculture Research and Applications in Africa. Agronomy. 2021; 11 (6): 1255. https://doi.org/10.3390/agronomy11061255, https://www.mdpi.com/2073-4395/11/6/1255.

亿人的粮食供应,向"气候智慧型农业"(CSA)过渡是一项必须完成的任务。以世界银行的框架为重点,批判性地考察了支撑 CSA 的原则和概念,认为尽管 CSA 为全面发展农业提供了更大的政策空间,但它仍然只是在一个非官方内框架(apolitical framework)内运作,该框架仅仅侧重于生产层面的技术修复。为此,提出了另一种"智慧气候"框架(climate-wise framework),以突出气候大变化时代粮食和农业固有的政治维度。① 部分学者提倡利用自动化和物联网技术使农业智能化,使智慧农业提升到一个新的水平,改善人类社会生活,应对世界粮食问题。② 气候智慧型农业(CSA)正在寻求克服粮食安全问题,提高农村生活质量,同时尽量减少生产对环境的负面影响。然而,当这种协同效应存在时,往往忽视小农户的处境,他们无法实施新的做法和技术。因此,"气候智慧型农业"在具体操作上需要进一步地改进,把"小农户"考虑进去,以弥补现有气候智慧农业框架实施中的不足,并引入"脆弱性智慧农业"(Vulnerable-Smart Agriculture)模式作为气候智慧农业的补充。"脆弱性智慧农业"模式认为,如果受政策影响的农民不知道决策者意欲何为,那么决策者所做的任何决定都不可能是真实有效的。

因此,为了确定可能的干预措施对不同层级的影响,需要制定一个新的概念框架,研发一套 Vulnerable-Smart Agriculture 监测指标。该项研究提出了一个由五个要素组成的框架:农民对重大事件的预测、事件后果的测量、农民应对策略的识别、面对事件时农民生计资本的评估以及对气候事件的适应。该研究认为这种"脆弱性智慧农业"模式将有助于增进对可持续管理的了解。③

---

① Marcus Taylor. "Climate-smart agriculture: what is it good for?", The Journal of Peasant Studies [J]. Vol. 45, 2018, Iss. 1. https://www.tandfonline.com/doi/full/10.1080/03066150.2017.1312355.

② Aditi Mehta, Sanjay Patel. "*IOT BASED SMART AGRICULTURE RESEARCH OPPORTUNITIES AND CHALLENGES*," International Journal For Technological Research In Engineering[J]. Vol. 4, Iss. 3, November-2016, https://fardapaper.ir/mohavaha/uploads/2018/11/Fardapaper-IoT-based-Smart-Agriculture-Research-Opportunities-and-Challenges.pdf.

③ Hossein Azadi, Saghi Movahhed Moghaddam, Stefan Burkart, Hossein Mahmoudi, Steven Van Passel, Alishir Kurban, David Lopez-Carr. "Rethinking resilient agriculture: From Climate-Smart Agriculture to Vulnerable-Smart Agriculture", Cleaner Production[J]. Vol. 319, 15 October 2021, https://doi.org/10.1016/j.jclepro.2021.128602 Get rights and content, https://www.sciencedirect.com/science/article/abs/pii/S0959652621028079.

学术界对于智慧农业的研究集中于对气候智慧农业（CSA）的讨论，主要包括解释CSA、了解非洲地区使用CSA的情况等，也有学者对智慧农业中使用的技术进行分析。但是对于智慧农业建设的成功或是失败的案例研究成果较少。

4. 智慧社区研究

有学者关注到欧盟正在积极推广"智慧村落"的理念。越来越多地采用新技术，特别是互联网的使用，被视为对抗农村衰落战略的重要组成部分。那些与互联网链接最差的地区正面临着最严重的衰退。波兰在加入欧盟时，很多农村地区发展不平衡。使用社会经济数据进行分析，可以发现波兰农村互联网接入率低下与农村人口下降之间存在关联。然而，智慧村落建设为波兰农村振兴解决了理论和方法上的困境。[①] Débora de São José, Pedro Faria, Zita Vale 认为，社会关系可以影响个人行为和个人选择，促进合作，建立团结；利用将生活在同一社区的人们联系起来的社会关系可以帮助改善智能地方能源系统的功能，促进朝着共同目标的合作。这些共同目标可以包括减少能源贫困、投资清洁技术和促进能源公正。因此，提出了智慧能源社区的新概念，将其定义为共享：（1）相同的本地能源基础设施的本地能源系统，（2）社会关系和群体关注的网络，（3）实现参与、协调和合作的智能适应机制，讨论了智慧能源社区在未来能源系统中可能发挥的有益作用以及关键挑战。[②]

有学者论及日本的智慧社区概念：使社区和城市成为一个整体，建立了行业、政府和居民之间的合作体系，以日本北九州市为例介绍了日本智慧社区的发展现状，重点分析了其潜力和挑战。

根据《京都议定书》，日本本应减少6%的温室气体排放。"智慧社区"示范区是日本对低碳战略的探索。这是对民用部门温室气体排放控制的重视及转变。日本的智慧社区还建议推广可再生能源和未开发能源的使用，以及在地区一级使用的协同能源。比技术本身更重要的是，日本的智慧社

---

① Komorowski Ł, Stanny M. Smart Villages: Where Can They Happen? Land. 2020; 9(5):151. https://doi.org/10.3390/land9050151.

② Débora de São José, Pedro Faria, Zita Vale. "*Smart energy community: A systematic review with metanalysis*", Energy Strategy Reviews[J], Vol. 36, July 2021, 100678. https://www.sciencedirect.com/science/article/pii/S2211467X2100064X.

区概念使社区和城市成为一个整体，建立了一个产业、政府和居民之间的合作体系，Weijun Gao，Yoshiaki Ushifusa 等以北九州市为例，介绍了日本智慧社区的发展现状，重点分析了其发展潜力和面临的挑战。① Bricout 等鉴于 COVID-19 对民众生活产生的巨大影响，指出技术作为解决问题、连接人们、共享信息和组织民众生活的力量的速度和范围都有所增加；批判性地回顾了技术使用如何影响智慧城市的民众参与潜力，特别是对残疾人的影响；阐明了在可访问性、可用性和公平性方面虚拟参与民众生活的新挑战，提出了一个智能参与未来的框架，其中包括利用通用设计、自下而上混合和虚拟实践社区（VCoP）方法来规划和连接残疾人与智慧城市的智慧社区，对智能参与未来的政策和伦理影响进行了考虑。② Phahlamohlaka 等以 SEIDET 社区中心为例，经研究发现南非社区正在实施一个由个人、政府和私人组织发起的新的 ICT 项目，这个项目出现了一些问题，在于它们是孤立地实现的。这种隔离导致资源共享受限、重复、资源管理不善，在最坏的情况下可能会导致项目计划失败。于是他们提出了一个可用于解决这些问题的模型。该模型是在对 SEIDET 20 多年来开展的 ICT 相关工作（包括正在进行的 SEIDET 数字乡村建设）进行描述性分析之后建立的。拟建的智慧社区中心模式的好处是可以通过共享稀缺的 ICT 资源实现社区和农村的发展，还可以通过培训干预、以行动为基础的研究促进政策制定，催生地方创新和资源及服务的免费共享，进一步向企业家提供支助。③ David Nettikadan 等人提出了一个智慧社区的监控平台。随着物联网（IoT）的到来，世界，尤其是家庭，都在变得越来越智能化。由于人类是一种社会存在，智能家居不应该是孤立的，它们必须相互合作，以建立一个智能社区。智能社区是一个由智能家居组成的网络。智能社区是智能家庭和智

---

① Weijun Gao, Liyang Fan, Yoshiaki Ushifusa, Qunyin Gu, Jianxing Ren. "Possibility and Challenge of Smart Community in Japan", Procedia-Social and Behavioral Sciences［J］. Vol. 216, 6 January 2016, pp. 109–118. https：//www.sciencedirect.com/science/article/pii/S1877042815061959.

② Bricout, John, et al. "Exploring the Smart Future of Participation：Community, Inclusivity, and People With Disabilities." IJEPR vol. 10, no. 2 2021：pp. 94–108. http：//doi.org/10.4018/IJEPR.20210401.oa8.

③ Phahlamohlaka, J., Dlamini, Z., Mnisi, T., Mashiane, T., Malinga, L. (2014). Towards a Smart Community Centre：SEIDET Digital Village. In：Kimppa, K., Whitehouse, D., Kuusela, T., Phahlamohlaka, J. (eds) ICT and Society. HCC 2014. IFIP Advances in Information and Communication Technology, vol 431. Springer, Berlin, Heidelberg. https：//doi.org/10.1007/978-3-662-44208-1_10.

能城市之间的中介。各种各样的论文提出了智能社区架构，其中所有的家庭都具有相同的功能。但在现实世界中，情况并非如此。在一个社会中，不同的家庭将需要不同的功能。每个家庭都必须使用不同的传感器监测不同的参数，相应地提供不同的响应和服务。该研究提出了一个智能社区的监控平台，其中有三个定制的智能家居，具有不同的功能。数据通过 MQTT 协议发送到 Thing Speak 物联网平台，并以图表形式显示。在紧急情况下，物联网平台还可以使用 Thing Speak 中的 Thing HTTP、React 和 Talk Back 应用程序向社区经理和其他家庭发出警报。使用 Time Control 实现基于时间的设备控制，使用 Tweet Control 应用程序实现基于 ib Tweet 消息的设备控制。监控平台已成功实现，并且运行良好。[①] Bokolo Anthony Jr. 等人认为，智能电网实现了能源消费者和公用电网之间的双向信息和能量流动，帮助能源用户不仅能够利用能源，而且能够与其他消费者或公用电网进行能源的生产、销售和共享。这种类型的能源使用者被称为"产消者"。因此，产消管理结构在能源市场中是重要的。以往关于能源可持续性的研究很少关注产消者的参与和管理。城市数据的持续增长也增加了数据处理的复杂性。因此，处理和分析来自能源传感器和计量设备的历史、在线和实时流数据已成为智慧城市的一个主要问题。因此，通过基于开放组架构框架（TOGAF）的企业架构方法，提出一种基于大数据的架构，以提高智慧社区小区的能源消耗。他们采用定性方法收集数据，采用挪威两家能源公司的焦点小组访谈案例研究，初步验证了该体系结构。用 Archi Mate 建模语言演示了案例研究的结果，以评估体系结构的适用性。发现为能源服务提供商设计自己的能源数据平台提供了可参考的实用场景。从本质上讲，该架构可以作为一个指南，帮助市政当局和政策制定者在智能社区创建能源数据分析方法，为未来的能源消费规划做出决策。[②]

Danish Mahmood 等人提出了一种基于多代理的（multi-agent-based）

[①] David Nettikadan, Subodh Raj M S. "*Smart Community Monitoring System using Thingspeak IoT Plaform*", International Journal of Applied Engineering Research [J]. Vol. 13, Number 17 (2018) pp. 13402-13408. https://www.researchgate.net/publication/328367978_Smart_Community_Monitoring_System_using_Thingspeak_IoT_Plaform.

[②] Anthony, B., Petersen, S. A., Ahlers, D. et al. Big data-oriented energy prosumption service in smart community districts: a multi-case study perspective. Energy Inform 2, 36 (2019). https://doi.org/10.1186/s42162-019-0101-3.

社会福利本地管理配电枢纽（PDH），以优化智能社区电池储能系统（Energy Storage Systems）的能耗、分配和管理。首先，提出了关于家庭（就存储容量而言）电力存储系统的最佳选择的构想。随后，通过 PDH 的示范，将共享经济的概念引入社区。PDH 由多个小型电池 ESSs（每个社区用户拥有）组成，这些 ESSs 连接在一起形成一个统一的 ESS。拟建设的 PDH 提供了一种本地化的开关机制，可以决定是从公用事业公司购买电力还是使用统一的 ESS。这一决定是基于统一 ESS 的"使用时间"和"充电状态"的电价。根据电力使用或共享，每个智能家庭通过增加或减少相应的电表来生成电费。PDH 没有购买或出售电力；在"无利无亏"的概念下，有权力分享。这有利于公用事业在关键时刻提供了有效的利用电力的需求侧。结果清楚地表明，"共享电力经济"对最终用户和智能社区内电力的有效利用具有重要的经济效益。[①]

Suyang Zhou 等人提出了一种对等网络（peer-to-peer network）的本地社区能源库和有助于智能社区的能源共享、减少能源费用的用户主导的需求侧响应（UDDSR）。"需求响应计划"允许社区内的能源用户向社区能源管理计划（EMS）提交灵活的需求响应竞标，根据用户对电加热系统、电动汽车和其他家用电器的舒适区域，灵活地设定启动、停止和响应时间，让需求响应参与者享有最大的自由。此外，为了促进社区之间的高效能源使用，还建议建立一个本地能源库，以便用户之间进行能源交易，促进社区内剩余能源的使用。[②]

学者们的研究主要集中于几个方面，一是对既有智慧社区发展现状进行分析；二是学者们致力于研究一个智慧社区模型以供借鉴；三是对智慧社区中的能源使用进行研究；四是规范智慧社区的相关术语。

5. 物联网智慧应用研究

Nina Cvar 等人认为，智慧城市（或城市聚落）的概念最初起源于物联

---

① Danish Mahmood, Nadeem Javaid, Imran Ahmed, Nabil Alrajeh, Iftikhar Azim Niaz, Zahoor Ali Khan. "Multi-agent-based sharing power economy for a smart community", Energy Reserch[J]. Vol. 41, Iss. 14, November 2017, pp. 2074-2090, https://onlinelibrary.wiley.com/journal/1099114x.

② Suyang Zhou, Fenghua Zou, Zhi Wu, Wei Gu, Qiteng Hong, Campbell Booth. "A smart community energy management scheme considering user dominated demand side response and P2P trading," International Journal of Electrical Power & Energy Systems[J]. Vol. 114, January 2020, 105378. https://www.sciencedirect.com/science/article/abs/pii/S0142061518339164.

网技术，但物联网技术的应用也可以延伸到智慧村落（乡村聚落）的概念，改善村民和社区的整体生活。然而，农村聚落的要求与城市聚落略有不同。如果说物联网在智慧城市中的应用可以被描述为物联网在日常生活中的密集化，那么按照城市人口密集的结构特征，物联网智慧村落通常是一个分散的系统。他们还讨论了物联网技术的不同应用领域，确定两个生态系统的差异和相似之处，提出以下物联网应用领域，这也将作为智慧村落研究的基础：（1）自然资源与能源；（2）交通与出行；（3）智能建筑；（4）日常生活；（5）政府；（6）经济与社会。通过概述支持智慧城市和智慧村落智能解决方案的技术解决方案，评估如何通过物联网技术支持智慧村落和智慧城市，实现居民生活质量的整体改善。[①] Amanda Davies 指出全球警务工作正在利用物联网的技术加强对犯罪活动的预测与预警管理，建立和维护安全的社区。从复杂的无人机、全球定位系统和人工智能技术，到更公开的系统，如随身携带的摄像头和闭路电视监控系统，各种技术的效用性正在为警务举措的改善提供助力。讨论了智能技术、物联网和智能警务策略之间的连通性，以提高农村人口未来的"宜居性"质量。[②] Xu Li 等介绍了一种物联网技术的应用：智能社区。它指的是具有协作对象（即网络化智能家居）的网络物理系统的典型类型。然后，定义了智慧社区架构，描述了如何在单个家庭之间实现安全可靠的网络，最后介绍了两种智慧社区的应用，邻里监视和普及医疗保健，以及支持技术和相关挑战，还设想了一些增值的智慧社区服务。[③] Xiaojing Lv 等人首先对物联网技术的起源和国内外现状进行研究，了解物联网技术的相关理论和前沿技术。其次以企业为例，研究工厂物流环节的工艺流程和存在的问题，结合物联网的管理理念，将 IC 卡识别技术、RFID 射频识别技术、障碍物和地面传感技术、OPC/PLC 进行整合。最后，结合 PLC/OPC 技术，实现

[①] Cvar N, Trilar J, Kos A, Volk M, Stojmenova Duh E. The Use of IoT Technology in Smart Cities and Smart Villages: Similarities, Differences, and Future Prospects. Sensors. 2020; 20(14):3897.

[②] Davies, A. (2020). IOT, Smart Technologies, Smart Policing: The Impact for Rural Communities. In: Patnaik, S., Sen, S., Mahmoud, M. (eds) Smart Village Technology. Modeling and Optimization in Science and Technologies, vol 17. Springer, Cham. https://doi.org/10.1007/978-3-030-37794-6_2.

[③] X. Li, R. Lu, X. Liang, X. Shen, J. Chen and X. Lin, "Smart community: an internet of things application," in IEEE Communications Magazine, vol. 49, no. 11, pp. 68-75, November 2011, doi: 10.1109/MCOM.2011.6069711.

了软件系统和硬件系统的设计和集成。① Jinyu Chen 等指出为了促进农业高效发展，将物联网技术应用于现代农业生产，构建智慧农业系统。利用数据可视化分析和聚类分析，找到智能农业发展的关键技术，有效提高生产效率，保证农产品质量。智能化产品逐渐融入农业生产，物联网的发展也为智慧农业提供了技术动力。通过物联网的传感、识别、传输、监测、反馈等功能，精准完成相关农业活动，既节省了农民的时间成本，又提高了农作物产量，最终使农民受益。因此，将物联网用于农业的感应、识别、监测、反馈，也用于在应用过程中寻找关键技术，实现农业的智能化、科学化、高效性。对水产养殖业前端感应识别和物联网智能化的研究也具有一定的参考意义。② Li Li 等则讨论基于 Wi-Fi 的传感器网络在物联网中的应用，包括智能电网、智能农业和智能环保。物联网和智能电网对推动和引导信息技术及经济发展具有重要意义。物联网的应用发展迅速，但由于一些应用的特殊要求，现有的技术并不能很好地满足这些应用。很多研究工作都是为了构建物联网。基于 Wi-Fi 的无线传感器网络（WSN）具有高带宽、高速率、非线路传输能力、大规模数据采集和高性价比等特点，并具有 ZigBee 无法实现的视频监控功能。基于 Wi-Fi 的无线传感器网络的研究及其应用对于物联网和智能电网的发展具有很高的现实意义。③

T. E. Evtodieva 等人基于现代经济随着消费者的需求和技术进步而迅速变化的论题：信息技术、机器人技术、互联网技术、商业自动化、AR 和 VR 技术等。这些条件被称为数字经济或工业 4.0。它通过提高消费者对服务水平和交付时间的期望，为供应链管理（SCM）提供了大量的需求。揭示信息技术在物流领域的重要性。从 20 世纪 70 年代起，技术发展迅速，如今智能系统改变了商业和供应链的模式，对供应链管理中的实际信息技

---

① Xiaojing Lv, Minghai Li, "Application and Research of the Intelligent Management System Based on Internet of Things Technology in the Era of Big Data", Mobile Information Systems, vol. 2021, Article ID 6515792, 6 pages, 2021. https：//doi. org/10. 1155/2021/6515792.

② J. Chen and A. Yang, "Intelligent Agriculture and Its Key Technologies Based on Internet of Things Architecture," in IEEE Access, vol. 7, pp. 77134-77141, 2019, doi：10. 1109/ACCESS. 2019. 2921391.

③ L. Li, H. Xiaoguang, C. Ke and H. Ketai, "The applications of WiFi-based Wireless Sensor Network in Internet of Things and Smart Grid," 2011 6th IEEE Conference on Industrial Electronics and Applications, Beijing, China, 2011, pp. 789-793, doi：10. 1109/ICIEA. 2011. 5975693.

术进行全面的回顾后,提出了供应链管理行业面临的挑战,揭示了供应链管理中物联网的定义,发现基于物联网的供应链管理处于客户物联网和工业物联网之间。①

学术界关于智能物联网的研究范围广主要涉及开发新技术以促进物联网的发展。也有学者通过设计程序提高物联网使用安全,学者们还探讨了物联网技术的应用领域,但是理论上梳理物联网发展的研究较少。

---

① Evtodieva, T. E., Chernova, D. V., Ivanova, N. V., Wirth, J. (2020). The Internet of Things: Possibilities of Application in Intelligent Supply Chain Management. In: Ashmarina, S., Mesquita, A., Vochozka, M. (eds) Digital Transformation of the Economy: Challenges, Trends and New Opportunities. Advances in Intelligent Systems and Computing, vol 908. Springer, Cham. https://doi.org/10.1007/978-3-030-11367-4_38.

第一章 村落：作为研究对象

严格来说，将中国村落作为学术研究对象，始于美国学者丹尼尔·哈里森·葛学溥（Daniel Kulp），他首创运用人类学的方法来研究中国村落。他于1925年出版《华南的乡村生活：广东凤凰村的家族主义社会学研究》。该书是一部建立在调查访问基础上的论著，全方位地描述广东潮州附近的凤凰村，内容涉及人口、经济、政治、教育、婚姻和家庭、宗教信仰、社会控制等方面的研究，不仅注意到中国乡村的区域性差异，而且根据这一认识，他还提出了一套系统研究中国乡村的方法，即将中国划分为几大文化区域，在每个区域内，按照职业、工具、社会组织、态度和理念等标准，选择有代表性的群体、村落和地区进行深入调查与研究，以期发现中国社会的功能、社会发展的过程和未来的趋势。为此，他将作为研究对象的村落区分为静态和动态两类，并分别对应两种研究方法。前者基本上保持着传统的生活状态，外来影响小，采取静态研究，侧重于结构与功能的分析；后者多位于通商口岸附近，或是正在经历迅猛的工业化进程，理应做动态研究，强调把握社会的变迁趋向。[①]

第一节 传统村落

传统村落是与现代村落比较而言的，也叫古村落，集中反映本地区建筑的文化特色、民族特色，兼有物质与非物质文化遗产特性，具有独特民

[①] 胡彬彬，中国村落史［M］．北京：中信出版社，2021：XIII．

俗民风，蕴藏着丰富的历史信息和文化景观，独特的历史记忆、宗族传衍、俚语方言、村规民约、生产方式等，它们作为一种独特的精神文化内涵，是中国农耕文明留下的最大遗产。如家喻户晓的，安徽皖南黟县的西递村、宏村；江西上饶婺源（原属于古徽州）；贵州黔东南西江千户苗寨、黎平侗寨；福建龙岩市境内的永定土楼、漳州市境内的南靖土楼等等。

党的十八大胜利召开后不久，2012年12月31日，《中共中央国务院关于加快发展现代农业活力的若干意见》印发，面向新一年的中央一号文件强调："制定专门规划，启动专项工程，加大力度保护有历史文化价值和民族、地域元素的传统村落和民居。"这是传统村落概念第一次出现在党和国家的重要文件中。保护传统村落之所以得到如此高度的重视，就在于传统村落拥有深刻的文化内涵，承载着农耕文明，事关传承文脉，实现中华民族的伟大复兴。[①]"传统村落是指村落形成较早，拥有较丰富的传统资源，具有一定历史、文化、科学、艺术、社会、经济价值，应予以保护的村落。"[②] 在许多研究文献和政策文件中，"古村落"和"传统村落"有时指同一概念，甚至互相代用。2012年9月，传统村落保护和发展专家委员会第一次会议决定，将习惯称谓"古村落"改为"传统村落"，以突出其文明价值和传承意义。然而，到目前为止，关于传统村落或古村落的定义依然不一而足，下面列举一些常见的"古村落"和"传统村落"定义。

一、古村落与传统村落概念

古村落。朱晓明[③]认为，"古村落是指民国以前建村，保留了较大的历史沿革，即建筑环境、建筑风貌、村落选址未有大的变动，具有独特民俗民风，虽经历久远年代，但至今仍为人们服务的村落"。

刘沛林先生将"古村落"界定为："古代保存下来村落地域基本未变，村落环境、建筑、历史文脉、传统氛围等均保存较好的村落，是现代环境

[①] 胡燕等. 传统村落的概念和文化内涵 [J]. 城市发展研究, 2014, 21 (01).
[②] 关于开展传统村落调查的通知 [EB/OL]. (2012-04-24)[2023-08-05] http://www.gov.cn/zwgk/2012-04/24/content_2121340.htm.
[③] 朱晓明. 试论古村落的评价标准 [J]. 古建园林技术, 2001 (04): 53-55+28.

里所能见到的古代村落。"①

《广东省古村落认定标准及调查内容纲要》对古村落的界定是，"古村落是指清代以前形成，现存历史文化实物和非物质文化遗产比较丰富和集中，能较完整地反映某一历史时期的传统风貌、地方特色、民俗风情，具有较高的历史、文化、艺术和科学价值的村落"。

《苏州市古村落保护条例》②对古村落的界定是，"本条例所称古村落，是指历史久远、文物和古建筑丰富，具有地域文化特色、能较完整体现传统风貌的自然村落。本条例所称的古村落应当同时具备下列条件：村落主体形成于1911年以前，能较完整体现一定时期的历史风貌；村落内河道水系、地貌遗迹、街巷空间、格局形态等保存基本完整；文物古迹比较丰富且较为集中；拥有非物质文化遗产"。

郭崇慧③认为，"古村落重点强调村落历史久远度和文化遗产丰富度。与古村落的概念相比，传统村落的概念主要用'传统'一词修饰村落，从而反映村落的历史延续性和农业文明的特性。传统村落的文化内涵体现在现存传统建筑风貌完整、村落选址、格局保持传统特色和非物质文化遗产活态传承等方面"。

传统村落。2012年4月，国家住房和城乡建设部、文化部（现文化和旅游部）、国家文物局、财政部联合印发了《关于开展传统村落调查的通知》，对传统村落的界定是，"传统村落是指村落形成较早，拥有较丰富的传统资源，具有一定历史、文化、科学、艺术、社会、经济价值，应予以保护的村落"④。

传统村落或古村落是指村落形成时间较早，原有格局和环境尚未有较大改变，并且保存相当数量的古建筑群，传统习俗、民间艺术等传统文化保存较好，具有一定历史、文化、科学、艺术、经济、社会价值，应予以保护的村落。这里所指的村落一般为某个行政村中的某个自然村，少的十几户人家，多的上百户人家。传统村落大都具有相同的发展历史、建筑风

---

① 刘沛林，古村落——和谐的人聚空间 [M]．上海：上海三联书店，1997：01．
② 苏州市古村落保护条例 [J]．苏州市人民政府公报，2013（12）：1-5．
③ 郭崇慧，大数据与中国古村落保护 [M]．广州：华南理工大学出版社，2017：02．
④ 2012年12月12日《住房城乡建设部、文化部、财政部关于加强传统村落保护发展工作的指导意见》（建村〔2012〕184号）．

格、民风民俗等，甚至有的传统村落为同一宗族，文化认同感强烈。[①]

传统古村落是指一种物理空间意义上的特殊景观，一般存在于中尺度地理空间上。传统古村落融合历史上遗留下来的历史事件、艺术景象、自然环境以及人类活动痕迹，是一种综合景观体，既体现历史文化的内涵，又体现景观的观赏性。[②]

传统村落是在生产和生活方式、大的空间格局、建筑结构和形态上保留着中华民族的传统，物质和非物质文化遗产相对保存完好，具有一定代表性并仍在使用的村落。[③]

传统村落是一种乡村聚落。根据《现代汉语词典》的解释，"村落"被认为是聚落的一种基本类型，是"村庄"，即农民聚居的地方。而"传统村落"是我国各个民族在悠久的农耕文明发展的过程中逐步形成的乡村聚落，它们数量众多、分布广泛且充满地域特色（刘大均、胡静、陈君子等，2014）。作为乡村聚落，"传统村落"所能呈现的不仅是某一特殊时代风格的传统建筑群，而且是其在农耕文明发展的影响下动态嬗变的历史进程。传统村落是一个农村社区。"传统村落"是社会构成最基层的单位——农村社区，至今仍然以农业人口居住和从事农业生产为主。而"传统村落"中所特有的历史记忆、俚语方言、宗族繁衍、村规民约、生产方式、生活方式等，则是因为其"农村社区"这一特性的存在而得以继续存在，是作为"文化遗产"的"传统村落"所不能脱离的生命土壤（刘大均、胡静、陈君子等，2014；冯骥才，2014）。[④]

二、传统村落特征

物质与非物质文化遗产共存。传统村落承载着历史、文化和社会的变迁延续，有着自己的文化内涵和灵魂，与乡土建筑等物质文化遗产相互融合。人类社会与文化的发展史表明，原始村落作为聚族而居的方式是人类

---

① 冯维波. 重庆民居上传统聚落 [M]. 重庆：重庆大学出版社，2017：250.
② 李师龙，朱海燕. 传统古村落资源数字化保存的实践与思考 [J]. 赤峰学院学报（自然科学版），2016，32（03）：97-99.
③ 祁嘉华. 陕西传统村落地域文化探究 [M]. 西安：陕西旅游出版社，2019：28.
④ 屠李. 皖南传统村落的遗产价值及其保护机制 [M]. 南京：东南大学出版社，2019：4-5.

早期的本源文化形态。传统村落中保留的"民族文化的根基"即由农耕事象与生活文化所构成的农业社会的文明体系,它囊括了文化的三种基本形态:"物质文化""精神文化"和"制度文化"。因此,它既是"本源文化"又是"本元文化",亦即物质与非物质(精神)文化未解体前的一元性文化形态。[①]

凝结历史的记忆。传统村落不能简单地归结为物质或非物质文化遗产,它是在生产生活中自然而然诞生的,同时又反映了传统的生活和生产方式。传统村落里的乡规民约、俚语方言以及生产方式等,是孕育非物质文化遗产的"精神土壤"。

乡土建筑是延续的。村落并不是某个历史时期定格下来的建筑群,它是不断发展的,反映了更加动态的历史进程。村落作为生产生活的评定标准基地,里面的建筑是供人居住和生活的,无法脱离人而孤立存在的,需要随着环境而更新。

评定标准。冯骥才先生认为,传统村落宜具有以下特征:(1)传统建筑风貌完整;(2)选址和格局保持传统特色;(3)非物质文化遗产活态传承,村落人居环境现状等。冯骥才为中国传统村落保护传承与发展不断地进行着呼吁。他认为,对古村落进行评判有四个方面:其一,拥有悠久的历史(形成时间不晚于民国之前)且没有消失和遗忘,而是作为村民的集体记忆被传承下去;其二,该村落拥有鲜明的地域特色,而不是千村一面,万镇同貌;其三,村落要有一个完整的规划体系;其四,必须含有富有人文价值的物质遗产或非物质文化遗产。[②] 概括起来就是要具有悠久性、完整性、乡土性、协调性、典型性等特点。

住房城乡建设部、文化和旅游部、财政部颁布的《传统村落评价认定指标体系(试行)》,制定了传统村落的认定标准:一、传统建筑风貌完整;二、选址和格局保持传统特色;三、非物质文化遗产活态传承。可见,传统村落是综合了物质文化遗产和非物质文化遗产的具有历史性、地域性和文化独特性的聚落。

---

① 王拓. 论传统村落文化形态的现代性嬗变及其文明转型[C]//中国民间文艺家协会,天津大学冯骥才文学艺术研究院. 当代社会中的传统生活国际学术研讨会论文集. 天津社会科学院出版社,2013:458-467.

② 冯骥才. 冯骥才文化遗产思想学术论集[M]. 银川:宁夏人民出版社,2007:65-66.

传统村落是指保留着较为完整的历史文化遗产和传统建筑风貌的村落，具有浓郁的地方特色和文化内涵。传统村落通常由古老的建筑、街道和庭院等组成，反映了当地人民的习俗、传统文化和生活方式。传统村落的历史文化遗产、人文景观、自然环境形成了独特的村落风貌和文化景观，对于保护和传承中华优秀传统文化具有重要的意义。同时，传统村落也具有重要的旅游和文化价值，可以吸引大量的旅游者和市民前来观光、休闲和体验乡村生活。

第二节　现代村落

既然有"传统村落"，那么与之对应的应该有一个"现代"村落。"现代"意味与"过去"，甚至与遥远的过去，也即与"传统"乃至背离了传统的事物比较而言，称为"现代"，与"现在""当下""时髦""时尚"是近义词。具体到当下之物质与非物质文化遗产研究领域，"现代村落"意味着村落不再具有传统村落的一些特征，依据"传统村落保护条例"的时间界定，一般指民国以后的村落。

现代村落是指在传统农村的基础上，引入现代生产、生活设施和服务，满足农民对现代化居住环境的需求，促进城乡一体化发展的村落。现代村落具有绿色、生态、智能、可持续等特点，包括完善的公共设施、现代化的住宅、智能化的交通、高效的生产模式和服务等。

现代村落的概念是相对于传统村落而言的，是指未被列入传统村落名录、规划修建时间在中华人民共和国成立后的具有高度现代化的普通村落。[1] 在传统村落基础之上，运用现代城市设计方法中关于空间秩序、比例、统一和室外公共空间活动的相关理论，以村落建设带动村落外部公共空间的发展、以人性空间促进公共活动的发生构建起的拥有良好文

---

[1] 韩洪江. 基于村民需求的川西地区现代村落公共空间设计策略研究［D］. 西南交通大学，2021.

明村落风尚的新农村。①

乡村振兴战略指出，当前乡村的发展并不单单只是向城镇转化，而更应该是全面合理的建设适应人们需求的聚落体系②，即现代村落是在传统村落的保护与开发中找到平衡，实现历史文化与现代文明的自然融合的新型村落。

现代村落的特征。(1) 现代性的嬗变。在中国传统农村，人们日出而作，日落而息，波澜不惊，一成不变。但是现代性完全改变了日常生活的实质，影响到了我们的经历中最为个人化的那些方面。③ 随着现代性的侵入，原本熟悉的社会结构和生活秩序开始崩塌，整体性图景开始消解，人们的行为模式、生活方式、思维方式、心理状态、价值观念等都在经历一系列变化。(2) 生计模式的转变。人口流动的频繁，扩大了村民的视野，加强了与外界的联系，打破了村落传统的社会结构，农民的职业和身份都出现了转化。现代科技互联网的运用，引起了劳作方式的转变。尚小芳④在其研究中指出了互联网让曹县的传统村落发展成了现代"淘宝村"，其生计模式已不再是传统的耕作模式，在一定程度上脱离了农耕文化，随即也会改变村民的生活方式、思想观念和人际关系。(3) 制度文化与行为规范的习得。传统乡土社会是一个依靠千百年流传下来的礼俗进行治理的礼治社会。传统礼俗基于血缘、地缘而产生，已内化为农民的心理习惯，成为一种自然而然的生活方式。在传统乡村，没有正式的明文规定的现代法律规范，情感的因素起决定作用，它是"一种传统的乡村治理资源"。现代社会则是一个法治社会或法理社会，人与人之间遵循的是契约法律和各种规章制度。也即现代村落的制度文化是以国家法律和各种规章制度为基础发展的。⑤

---

① 游志雄，潘琴. 塑场所精神　建和谐社会——社会主义新农村建设过程中村落精神的回归 [C] //中国城市规划学会. 规划 50 年——2006 中国城市规划年会论文集（中册）. 北京：中国建筑工业出版社，2006：307-310.

② 廖军华. 乡村振兴视域的传统村落保护与开发 [J]. 改革，2018（04）.

③ [英] 安东尼·吉登斯，赵旭东，方文译，现代性与自我认同 [M]，北京：生活·读书·新知三联书店，1998：02.

④ 尚小芳. 互联网与新型的村落劳作模式 [D]. 山东大学，2020.

⑤ 任映红. 自我形塑：古村落农民的现代性嬗变 [C] //浙江省社会学学会，浙江师范大学法政与公共管理学院，浙江师范大学社会发展研究中心. 秩序与进步：中国社会变迁与浙江发展经验——浙江省社会学学会 2006 年年会暨理论研讨会论文集. [出版者不详]，2006：218-225.

第三节　智慧村落

智慧村落，与英文对应的词为 Smart village；目前为止，还没有一个清晰准确的定义。[1] 我国的新闻媒体上有智慧村落、智慧村庄、智慧乡村等不同的说法。不过，我们可以浪漫地先诗意一下，"智慧村落"是传统村落的终结者，抑或谓之以：贫穷的终结。

"智慧村落"，据被誉为"智慧乡村运动之父"（Father of the Smart Village Movement），美国加利福尼亚州大学伯克利分校（UC Berkeley）的所罗门·达尔文（Solomon Darwin）教授说是"一个拥有数字技术和开放创新平台，能够进入世界市场的社区"，它们利用当地的优势和机会，利用创新解决方案提高自身的抵御能力和生活水平[2]，社区即为"村落"或"村庄"。这种开放式创新方法将技术与当地农村实践相结合，为村民和参与的公司创造可持续的收入，以提高整体生活水平和生活质量，使农村全面发展，就需要同时解决农业、医疗、教育、生计、能源、卫生、互联互通和水资源 8 个垂直领域的创新技术[3]，换句话说，智慧村落就是一个去中心化的价值互联网平台。通过互联网、通信网、区块链、大数据、物联网、人工智能等技术，实现乡村的农业、旅游、医疗、养老、教育等在线化生产与管理；智慧村落的主题有两部分组成，一部分是村民，另一部分是经营公司。

但也有人认为，智慧村落的概念"是一个全球性的离网社区[4]（off-grid communities）的现代方法。这一概念背后的愿景是帮助决策者、捐助

---

[1] Veronika Zavratnik，etc，Smart Villages：Comprehensive Review of Initiatives and Practices，Sustainability 2018，10，2559.

[2] "A community that is empowered with digital technology and open innovation platforms to access global markets" [EB/OL]. [2023-01-19]. https://www.smartvillagemovement.org/about-svm/.

[3] 智慧乡村，未来 30 年，时代的弄潮儿 [EB/OL]. (2019-07-29) [2023-06-30]. https://baijiahao.baidu.com/s?id=1640297129907530178&wfr=spider&for=pc.

[4] 离网太阳能发电系统，是不依赖国家电网，独立运行的发电系统，比并网系统多安装一个蓄电池，可以自己存储电量，因此安装成本高，无法享受国家发电补贴政策。

者和社会经济规划者在全球范围内实现农村电气化。这一概念在亚洲和非洲国家得到了高度关注，尽管在世界其他地区，如欧洲，也有类似的说法。总之，智慧村落概念致力于通过技术、金融和教育方法消除村落，特别是发展中国家村落在获得能源与资源方面的真正障碍，主要特点是采用可再生资源取代化石燃料，这被视为可以通过离网系统或社区开发的最佳方法①，如下图②。

Source: Graphic Representation of Key Indicators of a Smart Village as Referenced by Solomon Darwin of UC Berkeley Center of Growth Markets

由上图可以看出，一个智慧村落就是一个超级链接（hyperlink）的社区，可以是基于一个定居点，一个定居点集群或一个社区的利益，扩展了传统术语"村庄"，所以"智慧村落"的规模可以从一个村庄到一个小城镇，是更适合居住、经商、工作、学习、娱乐和游览的地方。③ 以景观发展为代表的科技园，通常包括高规格的办公空间和零售发展，旨在鼓励高科技公司本地化，如信息技术和软件开发，从而使每个公司都获得规模经济效益；通常位于城市以外地区，因为这些地区在本质上是土地相当密集的。这个概念反映了一个样板科技园，其景观包括为不同发展而设计的办公空间，以及为资讯及通信科技公司提供服务的公司；从而使双方都获得规模经济的好处；通常位于城外。④ 近几十年来，村民（包括市民）面临着众多的社会经济变化带来的冲击与挑战，其中一些问题已经通过技术发

---

① Smart village [EB/OL]. [2023-01-19]. https://en.wikipedia.org/wiki/Smart_village.
② What is a Smart Village? [EB/OL]. [2023-01-19]. https://www.smartvillagemovement.org/about-svm/.
③ What is a Smart village? [EB/OL]. [2022-05-19]. https://www.smartvillage.scot/about.
④ What is Smart Village [EB/OL]. [2022-05-19]. https://www.igi-global.com/dictionary/software-industry-egypt-potential-contributor/36799.

目前，中国有约 300 个"城市"，2856 个"县"，41658 个"乡镇"，662238 个"村"。① 从我国发展进程来看，1949 年以后的中国发生了翻天覆地的变化；尤其是我国实施改革开放政策之后，很多村落"焕然一新"；此时呈现在眼前的广大农村，尤其是我国东部地区的农村，与其说是一个已经"现代化了"的村落，倒不如说是一个新的城镇，甚至是一座崭新的城市，如广东深圳、上海浦东。只是有些原来除了平房就是庄稼的地方，依然被人想象为一个村落单位，钢筋混凝土结构住宅取代了昔日的砖瓦房，燃气灶电饭煲供暖设施取代了柴火灶铁锅与火炕，昔日的神龛让位于挂壁式电视机，孩子们讲着标准的普通话，各式各样的生产规范取代了过去的村规民约，几千年的春播秋收的体力劳作模式正在改为公司企业执行的标准的 8 小时的工作模式，他们的身心已彻底"现代性"。这样的村落可冠以"现代村落"或"现代社区"，即"智慧村落"。

第四节　村落文化

虽然村落文化这个概念早已家喻户晓，但要给村落文化一个恰当的定义还是很具有挑战性的。首先，关于村落定义有诸种，关于文化的定义亦诸种；不过"村落"是中国本土词语，如我国典籍上就有"入魏郡界，村落齐整如一，民得财足用饶"描述（《三国志·魏书十六·郑浑传》）；而文化就不同了，是个舶来词汇，英文为 Culture，源自拉丁语 cultura，意思是"栽培，农业"。15 世纪中期它的意思是"土地的耕种，为农作物种植对土地所进行的准备行为"，后来引申为"关怀，文化，尊重"等，这个意义源自 colere 的过去分词的词干"照料，守卫"；1620 年代的"耕种，栽培"之意；到了 1796 年，词义变为"种植或饲养作物，促进植物生长的行为"，也可指养鱼、牡蛎等；到了 1880 年，意思又变为"在合适的环

---

① 中国有多少村 [EB/OL]. (2022-03-24) [2023-01-19]. https://www.gpbctv.com/keji/202203/543436.html.

境中生产细菌或其他微生物",1884年,变成了这种文化的产物(product of such a culture)。① 由此看来,文化(culture)一直与"种植、养殖、生产"之意有密切关系。人类学家 A. L. Kroeber 和 Clyde Kluckhohn 在《文化:对概念和定义的批判性回顾》(1952)一书中,列举了164个文化定义,从"习得行为"到"头脑中的想法""逻辑结构""统计虚构""心理防御机制"等等。Kroeber 和 Kluckhohn 以及许多其他人类学家偏爱的文化定义或概念是:文化是一种抽象,或者更具体地说,是"对行为的抽象"②。纵然文化的定义林林总总有百余条之多,但是被广为接受的依然莫过于人类学之父泰勒(E. B. Tylor)的精辟定义:"文化是一个复杂的总体,包括知识、信仰、艺术、道德、法律、风俗以及人类在社会里所有一切的能力与习惯。"

文化在中国历史上最早是指"以文教化"和"以文化成"的总称,从字面意思上理解,文化应是个动词,"文"是说以什么来"化"之,以什么"化成",文是指道德、哲学思想、艺术等;无论是"化成"还是"教化"都体现了一个行为过程。③

所以,给村落文化下个满意的定义,是比较困难的事情。兰东兴在《守望乡愁———贵州少数民族村寨文化传承研究》一文中,对村落文化的定义进行了系统梳理,指出了村落文化的两个基本特质:其一,村落文化内容源自村落,反映村落、表现村落。其二,其文化根植于村落,传承在村落。村落是其文化的传播空间,村民是文化的主要传播者和享有者。村落文化是区域文化,是村落群体在适应周围环境以及与自然和历史的互动中创造出来的,或者经过村民吸收并为村民所认同和传承的文化。④ 陈华等认为,村落文化以村落内部的信息共享为主要特征,它的其他特征包括:村落的规模以一般人相互熟知的极限为其极限;村落成员的流动性不大,村落中的人有相互竞争倾向;村落中的成员有在生活各个方面有趋同的压力。村落文化的信息共享和以舆论为基础的相互监督,使得乡村社会

---

① culture (n.) [EB/OL]. [2023-06-17]. https://www.etymonline.com/word/culture.
② The concept of culture [EB/OL]. [2023-06-17]. https://www.britannica.com/topic/culture.
③ 什么是文化 [EB/OL]. [2023-06-23]. https://wiki.mbalib.com/wiki/%E6%96%87%E5%8C%96.
④ 兰东兴,杨敬编. 守望乡愁 [M]. 重庆:重庆大学出版社,2018:14.

有序化，也导致在局外人看来是非理性的行为正常化。① 另外，也有学者认为，村落文化指的是农村一定区域内以村民为主体，体现村落精神信仰，构成了地方独具魅力的人文交往方式等内容，包含风俗、礼仪、饮食、建筑、服饰等，具有独特个性的传统文化形态，是人们的乡土情感、亲和力和自豪感的凭借与纽带。村落文化是以农民为主体的价值观念体系，主要包括五大基本要素：一是作为文化参与者和承载者的村民群体，这部分人是传承与创新村落文化的中坚力量；二是作为文化表现形式的村民聚落的文化设施和场所；三是村落与外界的物质和信息交换渠道；四是与村落文化活动相配套的组织和制度；五是面向村落的文化产品和服务。②

总之，作为一个有着悠久农耕文化历史的国家，村落文化是一个复杂的总体，指在一个村落空间内，村民世代创造的物质与精神财富，一般具有血缘与宗族的特点，具有物态、制度、行为、心态四个层次，是文化研究领域的一个具体单位。

---

① 陈华．寻找健康 医学人类学调查与研究［M］．北京：人民日报出版社，2006：257．
② 乡村文化有何概念［EB/OL］．(2018-06-12)[2023-06-21]．https://m.iask.sina.com.cn/b/6epRqQN5Vrl.html．

第二章 乡村建设理论

近代以来,西方国家大肆进行殖民扩张与掠夺,用坚船利炮打开了中国清政府封闭的大门,无论是城市还是乡村都处于水深火热之中。清政府的迅速衰落和民国政府的成立都未阻挡中国乡村社会的残破和凋敝。20世纪20年代以来,各种乡村建设运动和实践理论都以解决乡村危机、推动乡村社会现代化而萌生。众多乡村建设团体虽然各自侧重点不同,实践路径也不同,但重建乡村社会的基本诉求却大体相同。[①] 这其中,梁漱溟、晏阳初和卢作孚是无法绕开的人物,他们三人对中国乡村建设的目标、任务、方法等给出了自己的看法,形成了较为完整的乡村建设理论体系,为应对农村经济和文化危机提供了中国现代化方案,凸显了知识精英在应对现代化浪潮中对中国发展路径的积极探索。

第一节 梁漱溟乡村建设理论

由于生活环境、知识背景和人生经历等方面的不同,使得各种乡村建设的理论主张也有所不同。通过对梁漱溟思想与理论主张的梳理,有利于更好地理解和把握其乡村建设的理论特点及其发展脉络。

一、梁漱溟学术思想

梁漱溟(1893—1988)是20世纪中国著名的哲学家、政治家、教育

---

① 王先明. 民国乡村建设运动的历史转向及其原因探析 [J]. 史学月刊, 2016 (1).

家和思想家，也是中国现代乡村建设理论的先驱者之一。他生于福建福州，早年留学日本，毕业于东京大学哲学系，后回国从事教育和政治活动，一生活跃于政论、教育、文化等不同领域，在中国现代思潮史上占有重要地位。

作为新儒学代表人物，梁漱溟一生的学术思想曾发生过三次改变：功利主义——佛教思想——儒家思想。第一次是10—20岁之间，梁漱溟先后读了四个小学然后考入中学，在中学学习了五年半后直接进入社会工作。这期间深受其父梁济实用主义思想的影响，倾向于近代西方功利主义思想，关心时事政治，参加革命组织，基本认同对中国政治和社会的改造可以照搬西方国家的模式。后来，参加工作的他亲历了辛亥革命和袁世凯复辟，深刻地感受到革命理想与现实黑暗的巨大反差，效仿西方的梦想破灭，他内心痛苦不堪。第二次是1911—1920年，出于对现实的失望，他开始从西方实用主义转向佛家出世思想，归心佛法、潜心佛学。第三次是在1920年以后，受多方面因素的影响极具入世精神的梁漱溟始终牢记对国家的担当意识，开始将目光转向中国儒家思想，希望以文化复兴中国。他对儒家传统进行现代阐释与抉发，建立中国现代思想史上第一个哲学体系——"新孔学"，立志为中国现代化探寻一条切实可行之路。[①] 其代表作《东西文化及其哲学》标志着他的思想走向成熟，之后的思想发展动态都是在归宗儒学的前提下形成的。总体来看，他的学术思想主要包括以下几个方面：

儒学传统的弘扬。梁漱溟是现代新儒学的开创者之一，他认为应该继承中华传统文化的精髓，同时也要借鉴西方文化的优点，以融合东西方文化之长，创造出具有中国特色的新文化。所以他一直推崇儒学传统，力图为中国的文化复兴提供根本的理论基础。在他看来，儒学的核心思想是"仁爱""中庸"和"诚实守信"等，这些传统价值观仍然对现代社会具有广泛的指导意义。

民主思想的倡导。梁漱溟一直关注国家现代化建设和政治改革，多次呼吁建立现代的民主制度，主张建立一个有序的、民主的、自由的法治社

---

① 梁漱溟. 自述早年思想之再转再变［C］//中国文化书院学术委员会. 梁漱溟全集：7卷. 济南：山东人民出版社，2005：182.

会，实现中华民族的伟大复兴。他积极投身于中国的民主运动中，主张通过普遍选举、言论自由、政治权利等手段实现人民的民主权利。他认为，民主制度不仅是政治形式，更是思想文化和道德伦理的体现。

社会伦理的探讨。梁漱溟在研究社会问题时，尤其注重伦理学的角度，他认为社会需要建立共同的价值观念和道德规范，以保障社会的稳定与和谐。他提出了"五服""十善"等观念，强调个体的道德责任和社会责任的存在。

教育改革的探索。梁漱溟受教育救国思潮的影响，试图通过教育实践来寻求解决中国问题的出路。他奔赴山东开办中学和大学，以实现"感情和道德上的指导及知识上的丰富"[①] 的教育理念，提倡对教育进行根本性的改革，建立以学生为中心、注重个性发展和自我实现的教育体系。他强调教育的目的应该是培养具有高尚品德和胸怀远大的人才，而非简单的技能和知识的传递。

乡村建设的实践。梁漱溟主张在中国农村推进社会改革和现代化建设，提出了乡村建设的理论和思路。从 1926 年起，他开始了近十年的乡村建设实践活动，认为在推进乡村建设的过程中，要改变传统观念和思路，不断更新思想，采取现代化的手段来推动乡村建设。

梁漱溟的学术思想集中体现了儒家传统、民主思想、社会伦理、教育改革和乡村建设等方面，既关注社会现实，也呈现出对人类历史进程和文明的深刻反思。他的思想对于中国近现代社会和文化的发展起到了深远的影响。

二、梁漱溟乡村建设理论

梁漱溟在历经三次思想转变后，深知效仿西方国家的办法行不通，于是决定立足于中国传统文化与民族精神，探索适合中国发展的道路。乡村建设理论即是梁漱溟提出的一套解决中国问题的方案，他曾指出"中国社会—村落社会也，求所谓中国社会者，不于是三十万村落其焉求之"[②]。梁

---

① 汪东林.梁漱溟问答录（增订本）[M].长沙：湖南出版社，1992：153.
② 梁漱溟.河南村治学院旨趣书（梁漱溟全集）（第4卷）[M].济南：山东人民出版社，2005：911.

漱溟秉持乡村本位的思想，认为中国文化之根在乡村，想要实现中国社会现代化转型必须立足于传统文化，以乡村建设进一步改造传统文化和重构社会结构。于是他把传统文化的复兴同中国的现代化联系起来，合二为一，躬行于乡村建设运动。从 20 世纪 20 年代开始，他积极投身于乡村建设理论的建立，并于 1931 年在山东邹平组建山东乡村建设研究院，扎根于乡村建设的实践。他先后在广州、河南、山东等地从事乡村建设运动，对乡村建设理论有了很多独特的见解。他将乡村凋敝的原因归结于西方文化冲击下的文化失调以及村民主体意识的缺乏，想要进行乡村建设就必须从乡村组织、乡村经济、乡村精神三方面入手。

以民族精神和礼俗乡约构建乡村新组织。梁漱溟所要创建的乡村新组织，是一个立足于中华固有的民族精神，加上与之相适应的礼仪习俗和补充完善后的乡约形成的组织，这是他乡村建设理论的核心和独特所在之处。在他看来，要建立新的乡村组织，就要建立一种新的礼俗，一种新的文化，并用"伦理本位、职业分立"八个字概括了中国传统的社会结构。固守中国传统礼俗，发挥"伦理情谊""人生向上"的民族精神，吸收西方文化长处，培养村民团体自觉，逐渐形成新的习惯、新的社会机制，即新礼俗。"乡农学校"实现了教育与建立新礼俗的有机结合。"是完成中国社会改造，完成中国新文化建设的一个机关"[①]。他建立"村学""乡学"，以全体村民为教育对象，进行乡村教育和社会改良运动。建立乡村新组织还要补充改造乡约，他以宋代乡绅吕和叔提倡的"吕氏乡约"为蓝本，借鉴清代陆桴亭的观点改造乡约，开办社学、保甲、社仓这三个分别具有教育、政治、经济功能的机关，通过乡约培养村民相互勉励、相互促进的伦理情谊。

以合作社和工业化助推乡村经济。政治、经济、文化三者密不可分，且经济是政治、文化发展的基础。梁淑深刻地认识到这一点，并提出"工农并举，先农后工"和由散而合（合作社）的路线方针。他认为农业是根本，振兴农业才能发展工业，并把农民纳入合作组织来发展乡村经济。

---

① 梁漱溟. 乡村建设理论（梁漱溟全集）（第 2 卷）[M]. 济南：山东人民出版社，2005：365.

"西方是自由竞争，我们是合作图存"①。梁漱溟通过合作化运动组织农民进行农业生产，进一步培养农民的政治意识、团体意识、合作意识。

以知识分子为主导改造提高主体自觉。梁漱溟强调"以人为本"的思想，认为乡村建设的根本是提升农民的主体自觉，重新振兴民族精神，激发农民的上进心和责任感，才能实现对乡村的全面改造。作为乡村建设的主体，农民具有缺乏科学知识、现代化技术和创新意识等局限性。"解决中国问题，只有将团体主要力量全面发动起来才能完成。而这都取决于乡村局面与知识分子。"②梁漱溟认为，只有农民与知识分子通力合作，互相配合才能实现理性与力量的结合，助推乡村农民的主体意识的觉醒，才能实现民族自救。

总体来看，梁漱溟的"乡村建设"理论是他新儒学思想的实践和发展，一方面吸收了中国传统文化的基本精神，另一方面引入了西方的"团体组织"与"科学技术"，试图将文化复兴和社会转型融为一体，合力对中国社会进行改造以适应现代化的发展，通过传统文化的复兴来实现中国的近代化。虽然由于种种原因失败了，但是其思想与理论对近代中国的乡村建设具有重要的指导意义，对中国的农村改革也产生了深远的影响。

第二节 晏阳初乡村建设理论

晏阳初的乡村建设理论与其自身经历息息相关。幼时在私塾学习四书五经，接受儒家思想的熏陶，完成启蒙教育；少年时期被送入教会创办的西学堂学习，后赴香港和美国留学深受基督教平等、博爱等精神的影响；毕业后在法国主持华工服务工作，深刻体会到苦难同胞的"苦力"，于是开办华工识字班，解除苦力（农民）的苦，开发苦力的力。③ 他曾在《九

---

① 梁漱溟. 乡村建设理论（梁漱溟全集）（第2卷）[M]. 济南：山东人民出版社，2005：513.
② 汪东林. 梁漱溟问答录 [M]. 长沙：湖南人民出版社，1987：5.
③ 张建军. 寻路乡土：梁漱溟、晏阳初乡村建设理论与实践比较研究 [M]. 北京：中国社会科学出版社，2021：63.

十自述》中说："3C 影响了我一生，就是孔子（Confucius）、基督（Christ）、苦力（Coolies）。"[①] 多年的留学和工作经历，使晏阳初对西方文化及其民主政治有着深刻的感受和理解，对其科学、民主思想和乡村建设理论的形成产生了重要影响。

一、晏阳初学术思想

晏阳初（1861—1910）是中国近代著名的教育家、思想家和政治家，被誉为"中国近代平民教育之父"，与陶行知先生并称"南陶北晏"。他主张教育应该向平民大众开放，提倡普及教育，强调教育是国家发展的基石。其思想对中国近代教育事业的发展具有重大影响，为中国教育改革奠定了坚实基础。

推崇实用主义。晏阳初重视实用主义，反对虚无主义和形而上学。他认为真正的知识是从生活和实践中得到的，教育应该突出实用性和实践性。他主张通过经验和现实来发掘知识，注重学生思维方法的培养，使其掌握本领和技能，帮助学生解决现实问题。

主张平民教育。平民教育思想是晏阳初的主要学术思想代表，具体内容可归纳为"一大发现、两大发明、三种方式、四大教育"。他认为教育是提高国民素质的重要途径，主张平民教育，提高民众素质和综合素养。将教育与社会联系起来，使得教育可以服务于社会发展和个人成长。

批判传统教育思想。晏阳初批评传统中国教育过于注重书本知识和死记硬背，不利于培养学生的创造力和实践能力。他提倡在文化自信的基础上，注重文化交流与沟通，推动文化交融。他借鉴了国外先进的教育经验和思想，并将其融合到中国的文化环境中，为中国教育改革提供了新思路。

晏阳初是近代中国重要的学者与思想家，他的思想观念为中国现代化进程做出了重要的贡献，对中国未来发展有着深远的影响。

---

① 宋恩荣. 晏阳初全集（第三卷）[M]. 天津：天津教育出版社，2013：544.

二、晏阳初乡村建设理论

晏阳初一生致力于平民教育和乡村建设工作，足迹遍布国内外，在长期的实践过程中，形成了平民教育和乡村建设理论。他主张"民族再造"，着眼于民众的现代思想意识，通过加强平民教育与文化的联系，来唤醒民众的阶级意识与民族意识，从而推动民族的复兴与中国社会的现代化转型。基于对中国社会存在"愚、穷、弱、私"的认识，他将平民教育作为振兴乡村，挽救中华危机的根本出路。以"除文盲，做新民"作为平民教育的根本宗旨，于1926年在河北定县开展了为期十年的乡村建设实验，实践自己的理论。其乡村建设理论包括以下内容：

四大教育。晏阳初受儒家"民为邦本，本固邦宁"的影响，认为农村的问题根源在于"人"。基于河北定县的调查，他认为中国农村存在"愚、贫、弱、私"四个问题，提出四大教育来相应解决。"愚"指的是指大部分农民目不识丁，缺乏知识。通过文艺教育，教授农民知识。文艺教育不仅通过《平民千字课》教会农民识字，还通过引入现代教育手段培养农民艺术欣赏和创造能力。在文艺教育的熏陶下，农民知识力得到提升，现代公民意识觉醒。"贫"指的是大部分农民经济匮乏，吃不饱、穿不暖，生产生活得不到保障。通过生计教育传授农民现代农业生产知识和技术，实现"增加农业生产，改善经济生活，完成合作的农村经济制度"[①]的目的。"弱"指的是中国广大民众缺乏卫生知识的普及与科学锻炼，身体素质较差。卫生教育创建了村保健员、区保健所、县保健院的三级卫生体系，鼓励专业医护人员到农村去普及卫生常识，鼓励农民加强锻炼，增强体魄，培养农民的现代卫生观念。"私"指的是农民团体意识不强，缺乏集体意识和公共精神。公民教育也可看作是思想教育，贯穿于其他三大教育之中，培养农民的爱国精神、奉献精神，使其明白团结协作的意义，从而进一步落实到实际行动中。通过四大教育达到政治、经济、文化、自卫、卫生、礼俗"六大建设"，从而提高国民的知识力、生产力、健康力、团结

---

① 晏阳初. 致中华教育文化基金会请款书（一九三一年六月十四日），（晏阳初全集）（第1卷）[M]. 天津教育出版社，2013：160.

力，造就"新民"，实现教育救国的目的。

三大方式。针对四大教育的实施晏阳初提出了三大方式，学校式教育、家庭式教育、社会式教育。学校式教育是专门针对平民的教育，以教授青年知识为主，辅之以儿童教育，注重文字教育和个人教育。家庭式教育的主要对象是家庭中的不同成员，根据家庭身份的差别进行有针对性的教育，可以弥补学校式教育，使不同年龄段的农民都平等享有受教育的权利，提升家庭成员的责任意识和知识水平。社会式教育是对学校式教育和家庭式教育的补充，面向的是一般群众和有组织的农民团体，"学校式、家庭式教育为推行四大教育必不可缺之路线。然学校、家庭，范围是固定的，欲向一般群众及有组织的农民团体施以适当的教育，则必依赖社会式"①。覆盖范围之广。它把从平民学校毕业的学生组织起来，成立平民学校校友会，通过讲学、下乡、话剧、表演等方式开展灵活多变的社会教育活动。

政教合一。民国时期的乡村建设运动与南京国民政府县政府建设运动有着千丝万缕的关系。晏阳初主张乡村建设的教育机关应加强与各级政府部门之间的合作，共同推进乡村建设。他认为没有县政府的支持，研究方案难以推广，只有学术跟政治打成一片，方案才能得以实施。

"农民化"与"化农民"。在乡村建设的实践过程中，晏阳初总结出"十大信条"并将其作为平民教育的指导原理，其中一条指出知识分子要"深入民间，与平民共同生活"②。想要化农民，即教化农民，知识分子就必须农民化。他号召知识分子亲身走进农村，参与农民的劳作与生活，切身感受农民遇到的问题，将科学知识和技术传授给农民。农民将知识分子传授的研究成果进行实践推广。两个群体，相互配合、共同探索，进而推进乡村的建设。

晏阳初的乡村建设理论和实践开始关注到对我国农民群体的教育。农民文化素质是影响经济发展的重要因素，农业发展离不开对农民整体素质的优化，他的努力为中国现代化进程中的传统人转向现代人提供了平台，至少在思想上迈出了重要的一步。同时，他的精英教育平民化的教育主

---

① 宋恩荣. 晏阳初文集 [M]. 北京：教育科学出版社，1985：109.
② 晏阳初. 平民教育与乡村建设运动 [M]. 北京：商务印书馆，2014：505.

张,倡导知识分子下乡等思想促进了中国农村政治、经济、文化、教育的发展,对现代教育产生重要影响。

第三节 卢作孚乡村建设理论

从 20 世纪 20 年代起,中国就掀起一场时间长、规模大、影响深远的乡村建设运动。知识分子以及乡建团体纷纷走进农村,建立实验点,开展乡村建设。绝大多数人选择在地势平坦、交通便利,相对发达的城市,其乡村建设言论及举措受到广泛关注。实业家卢作孚独树一帜地在当时相对偏僻而闭塞的嘉陵江三峡地区开展其乡村建设运动。虽然不像其他乡建运动那么引人关注,却是民国时期众多乡村建设实验中时间最长、影响最大的一个。

一、卢作孚学术思想

卢作孚(1898—1965)是中国著名的实业家、教育家和社会改革家,也是民生公司的创始人,有"中国船王""北碚之父"之称。出生于农民之家的他从小在私塾读书,后因无钱放弃学业,自学成才。1921 年至 1924 年间,先后开展新教育实验和民众教育活动进行"教育救国"。残酷的现实让他意识到想要办好教育,必须有充足的经济实力,于是转向"实业救国"。1926 年,他开办民生公司,开辟新航线,发展航运事业。随着乡村建设运动的兴起,他开始走向农村,成为乡建运动的倡导者和践行者。

主张乡村现代化。卢作孚认为解决中国问题的根源是乡村问题,要建设国家,必须着手乡村。乡村运动的目的不仅是改善乡村教育,也不仅是救济,而在于实现乡村的现代化,从而推动国家的现代化。

重视教育。卢作孚认为解决中国内忧外患的问题,需要实现中国的现代化,可以通过教育来达到这一目标。他提倡普及义务教育,让适龄儿童入学,改革教育方式,重视学生道德品质的培养,学习和借鉴发达国家的建设经验,实现教育现代化。

注重农村金融建设。卢作孚认为，经济建设关系到国家和地方发展的命脉。他将建立农村银行和农村合作社作为促进三峡地区农业经济、改善农民经济生活的重要举措，关注农村金融建设和农业生产的关系，支持外地银行来北碚发展。

二、卢作孚乡村建设理论

卢作孚出身贫寒，深知农民处于水深火热之中，所以很早就确立了建设乡村的志向。实现祖国现代化是他毕生的追求，也是其乡村建设的终极目标。当时北碚地区匪患严重，令乡绅们苦不堪言。卢作孚被任命为峡防局局长，负责清剿土匪，维护当地治安。经过一段时间的努力，匪患得以清除，他利用这个契机在此处开展乡村建设运动，制定了"以经济建设为中心，以交通建设为先行，以乡村城镇化为带动，以文化教育为重点"的建设方针，创造了一个"以工辅农，工（工商业）、农（乡村建设）互动"的发展模式，开辟了一条崭新且影响深远的乡村建设道路。

以经济建设为中心，实现乡村现代化。乡村现代化是卢作孚乡村建设思想的核心，他深刻认识到实现国家的现代化，必须先实现乡村的现代化，而实现乡村的现代化离不开经济建设。他秉持以工辅农，因地制宜的思想，通过开发煤矿、发展纺织业等举措促进乡村工业的现代化发展；为了方便煤炭的运输，他发挥民生公司及各方的力量开通合川——重庆的嘉陵江航运，修建北川铁路以及多条公路，完善了北碚地区的交通运输网，带动附近乡村的发展及现代化建设；为了推动经济的发展，他注重提升农村金融服务。建立农村银行和农村信用社，采取一系列优惠措施鼓励农民储蓄，向农民贷款，为其生产资金提供保障，从而促进农业生产效率。此外，他大力招商引资，重视外部金融力量对北碚的支持。多次谈及"把金融界有力量的人运动到四川来，帮助我们的钱去经营或发展各种事业"。[1] 这些措施，促进了北碚乡村建设实验区工农业的现代化发展。

学校教育与民众教育相互结合，促进人的现代化。卢作孚指出"今天中国什么都不缺乏，只缺乏人——只缺乏有训练的人，所以根本在先解决

---

[1] 凌耀伦，熊甫. 卢作孚文集（增订本）[M]. 北京：北京大学出版社，2012：247.

人的问题——解决人的训练问题"。① 实现人的现代化需要通过教育手段，他创办学校，重视基础教育，培养学生学用结合的能力，提出以实业养学校的办学方法，既为学校提供办学经费，又为学生提供勤工俭学的机会；大力开展以"四个运动"为内容的民众教育，提高国民素质。第一是现代生活运动，对民众介绍海内外新知识、新事物、新信息；第二是识字运动，用各种办法教会民众识字、扫除文盲；第三是职业运动，在农村开办工厂，增加就业机会，鼓励农民发展副业；第四是社会工作运动，鼓励民众参与公共管理及公益事务，唤醒民众公共意识和现代管理意识。

创办文化事业和社会公共事业。卢作孚不仅注重工农业的发展，他还积极发展文化事业和公共事业，注重精神文明建设。他致力于公共文化娱乐建设，创办了中国西部科学院、博物馆、地方医院、报馆、图书馆、运动场、北碚公园等场所，丰富了乡村民众文化生活，实现"民生""民享"的理念。在他的努力之下，北碚地区开始有了现代城市的雏形，成为一个"皆清洁，皆美丽，皆有秩序，皆可居住，皆可游览"②的城市，其散发出的"人与环境和谐发展"的理念影响深远。

卢作孚的乡村建设理论参考了西方现代化国家的建设道路，其超前的眼光、科学的规划、可行的方案至今仍闪耀着智慧的光辉。他在北碚乡村建设试验区实施的是一个经济建设与文化、教育、精神文明建设并举的方案，其中"以经济建设为中心""乡村城市化""注重精神文明建设"等思想，对于当代的农村现代化建设仍具有重要的借鉴意义。

---

① 凌耀伦，熊甫. 卢作孚文集（增订本）[M]. 北京：北京大学出版社，2012：298.
② 许道权. 卢作孚乡村运动对社会主义新农村建设的启示[N]. 重庆日报，2011-05-03(5).

第三章　智慧村落建设理论

乡村振兴是全面建设社会主义现代化国家的重大战略，既是我国农业农村农民发展的必然要求，更是我国实现两个一百年奋斗目标和中华民族伟大复兴的重要支撑。随着十九大报告（2017）提出乡村振兴战略和《中共中央 国务院关于实施乡村振兴战略的意见》（2018）、《中共中央 国务院关于全面推进乡村振兴加快农业农村现代化的意见》（2021）、《中华人民共和国乡村振兴促进法》（2021）、《中华人民共和国国民经济和社会发展第十四个五年规划和2035年远景目标纲要》（2021）等系列法律法规的相继颁布，乡村振兴有序稳步展开。智慧村落建设是乡村振兴的重要方面，是乡村实现高质量发展的重要方向。智慧乡村建设有利于降低城乡的信息不对称，提升乡村信息效率，加快实现城乡一体化；有利于提升乡村产业的科技含量，优化乡村产业结构，扩大乡村产业的影响力；有利于丰富村民生活，扩宽村民学习和进步的渠道，不断提升村民福祉。新时代，党和国家准确把握了我国科学技术快速进步、快速下沉的新局面，提出了智慧乡村建设的新构想和新理论。2018年9月，中共中央、国务院印发《乡村振兴战略规划（2018—2022年）》，明确提出要"夯实乡村信息化基础，实施数字乡村战略，加快现代信息技术与农村生产生活的全面融合"。2019年5月中共中央、国务院印发《数字乡村发展战略纲要》，提出要"建设智慧绿色乡村，推广农业绿产方式，提升乡村生态保护信息化水平，倡导乡村绿色生活方式"。乡村振兴战略和数字乡村战略都把智慧乡村作为重要内容摆在了突出位置，这为我国智慧乡村理论建设和智慧村落建设提供了根本遵循，指明了根本方向。

智慧乡村是一个内涵丰富、深刻的概念，目前理论界普遍认为，智慧乡村就是利用各种先进的技术手段，尤其是信息技术手段来改善农村状况，创造性地解决乡村发展矛盾问题。同时，智慧乡村还是指基于以人为本、人与自然和谐共生等智慧理念的乡村建设实践，智慧乡村应具备信息化、智能化和生态化等特征，旨在建立起的一个以乡村为载体的智能化生态系统，切实解决"三农"问题，促进乡村政治、经济、社会、生态等全面可持续发展，加快实现乡村振兴。基于智慧乡村的丰富内涵，智慧乡村理论体系至少包括生态村落理论理论、智慧村落理论和智慧农业理论等内容。

第一节 生态村落理论

生态村落理论是村落建设的生态关照，以解决乡村生态问题，实现乡村生态发展的一种理论体系，其主要包括生态位理论、生态恢复理论和可持续发展理论等内容。

一、生态位理论

生态位是生态学中的一个重要术语，也是生态村落理论中的一个重要概念。生态位是一个物种所处的环境以及其本身生活习性的总称，即"物种在特定的生态系统中与环境及其他物种相互作用过程中所形成的相对地位和作用"[1]。生态位是生态村落中对各物种的秩序和安排，是要将动植物、某一事项、某一群体等置于最合适的位置，以各组成的合适位置构成村落整体的生态布局，建成和谐一体的生态村落。生态位最初的理念起源于生态学，最早由约瑟夫·格林奈尔（Joseph Grinnell）提出，他将生态位定义为"物种在环境中所处的位置，或者是物种之间在生态环境中的关系"，着眼于生态系统中的物种的空间性及这种空间联系的影响。而后，埃尔顿（Elton C）在空间生态性的基础上，关注物种在生态环境中的营养级位置，提出"功能生态位"和"营养生态位"等概念，更加关注生物与

---

[1] 于树青. 基于生态位理论的城镇品牌价值链构建研究[D]. 中国海洋大学, 2012.

社会生态之间的关系。① 哈钦森（Hutchinson）关注生态环境中的因素对物种的影响和制约，指出物种因生态系统中不同的影响因素其表现形式不同，并在此基础上提炼了"现实生态位"和"基础生态位"等概念。② 最初的生态位更多指代物种生态位，但随着生态位研究的深入和生态位概念的细分，生态位概念逐渐延伸到农村、旅游、建筑、社会、经济等领域，成为一个内涵丰富的概念。生态位概念逐渐发展为有机体在生态空间中占据的地位，反映该系统所具有的功能和两者的相互影响。

随着生态位理论的不断创新、发展以及城市化的不断推进，许多专家学者将生态位理论引入乡村发展的研究中。从本质上来讲，生态位理论是把乡村当作一个生物，而相关主体和要素则被看作物种。生态位理念放在乡村建设的大环境中可被定义为：乡村社会生态系统中各种群体、各种资源之间的功能关系和相互作用。按照乡村生态位的定义，可以被划分为生产位、主体位和生活位等。乡村生产位包含水资源、土地资源、森林资源、劳动力资源、矿产资源、文化资源、社会资源等资源禀赋和村寨环境、政策制度、基础设施建设程度等生产约束因素，这些资源禀赋和约束因素乡村发展的基础，是推进乡村实现高质量发展的重要条件。主体位包括村民、政府、党组织、企业、科研单位等主体力量和村民动员体制、人才引进机制等影响主体参与程度的主体约束因素，这些参与主体和约束因素是激活乡村发展内生动力，构建其乡村可持续发展动力机制的重要条件。生态位包含了物质生活质量、乡风文明、公共服务能力、精神家园建设等社会标准和乡村生态质量、水资源丰富度等自然标准。乡村生态位是一个综合体系，从供需关系来讲，既包含生产条件，也包含生活条件；从表现形式上来讲，既包含物质与能量因素，也包含文化信息因素；从研究方法上来讲，既包含时间概念，也包含空间概念。③ 将生态位这一概念应用于乡村建设体现了实现乡村高质量发展的影响因素和体制机制，反映出乡村环境、资源、人口等相关因素各自的功能、智能、作用、地位与性

---

① ELTON C S. Animal Ecology[J]. Animal Ecology, 2001(1).
② HUTCHINSON G E. Some concluding remarks[J]. Cold Spring Harbor Symposia on Quantitative Biology, 1957(2).
③ Willem K. M. Brauers. Location Theory and Multi-Criteria Decision Making: An Application of the ÂMOORA Method[J]. The Contemporary Economics, 2018, 12(3): 241-252.

质。通过生态位概念，可以分析出乡村区域不同阶段的资源禀赋状况、制度建设状况、主体参与状况等。使用生态位理论是智慧乡村建设的重要理论基础，可以更好地解释乡村建设的整体系统，可以勾勒出乡村相关的生产因素、主体因素等，并指出相关内容的性质、功能和相互作用等。

二、生态恢复理论

生态恢复理论是指对退化的生态系统进行修复的一门学问，其研究对象为受损或退化的生态系统，通过对生态系统演替规律的认识，恢复和创造在一定时间和空间尺度内具有稳定性的，并且有可持续利用性能的自然、人工以及人工—自然复合生态系统。生态恢复的概念最早由西欧生物学家提出，其研究对象限于对开采后矿区的生态修复。随着全球生态问题的凸显，生态恢复理论迅速成为热门理论，越来越多学者参与到生态恢复理论建构中，推动着生态恢复理论体系不断发展完善。20世纪80年代后，生态恢复理论成为一种典型的生态学理论，致力于研究那些在自然灾变和人类活动的压力条件下受到破坏的自然生态景观的恢复重建问题，其内涵范围更为广泛。由于恢复生态理论的广泛性，不同学者从不同的角度对其有不同的理解，其中，为大家普遍接受的是1995年国际恢复生态学会对恢复生态学的阐述，即生态恢复是研究生态整合性的恢复和管理过程的科学，生态整合性包括生物多样性、生态过程和结构、区域及历史情况、可持续的社会实践等广泛的范围。[①] 同时，随着生态理论注重理论与实践相结合，生态恢复理论被广泛应用于海洋生态系统修复、河流生态系统修复、山地生态系统修复、湿地生态修复等领域，已成为生态保护和生态文明建设的重要理论依据。

生态恢复理论与传统的生态学理论有着明显的区别，生态恢复理论是一个直接关注于问题-原因-方法-结果的理论体系，其不仅研究生态系统面临的具体问题和问题的表现形式，还关注生态问题出现的原因，根据其主导生态因子和一般影响因子，找准生态恢复的技术和方法，同时还考虑政策与公众要求的合理性，最后以生态修复实践验证生态理论。生态恢复

---

① 卢云亭，王建军. 生态旅游学［M］. 北京：旅游教育出版社，2001.

理论的目标瞄准为生态破坏前的生态样态，致力于通过技术手段、人工干预、自然恢复等综合性方法，使被破坏的生态环境恢复到最初的生态状况，重建与最初生态的结构和功能。生态恢复理论遵循了整体性、协同性、循环性和生物性等原则，要求从整体出发，注重整体与部分的关系，根据生态系统组成部分的性质、功能和相互关系等着力实现生态恢复；要求建立一个结构、功能协调的的生态系统，使其保持相对稳定和自我维持，控制好生态系统变量；要求通过食物链等方式构成各种生物、元素稳定的生态系统，实现生态系统的大循环，维持生态系统持续地正常运转；要求维护好生态系统的生物多样性，建立生物种类繁多而均衡的生物体系，增强生态系统的自组织能力，确保生态系统不因某一种物种的变化和某一外力的介入而受损。[①]

生态恢复理论同时也是智慧村落建设一种重要的理论基础。我国乡土社会由于自然环境和人为破坏的原因，许多村寨面临土地荒漠化、水土流失、森林覆盖率下将等诸多生态问题。建设智慧村落的基础就是要恢复村落的良好生态，夯实村寨可持续发展的根本和基础。通过对生态环境破坏程度、破坏原因等评估，以生态系统自我调控及演替和人工管理调控的主要手段，帮助村落生态加速恢复和重建，以此实现村落生态系统的恢复、重建及再生。对于生态系统自我调控及演替，指的是在生态恢复的过程中，禁止人为的干扰，使得生态系统摆脱破坏造成的超负荷压力向自然状态演变。如禁渔期、禁猎期的设置。对于人工调控，则指的是人为的干预生态修复过程，尤其是对于一些生态破坏严重的村落，其生态自我修复的时间极为漫长，必须要采取必要的人为干预，才能实现生态恢复的效果。人工调控包括一系列有针对性生态规划和具体举措，如植树造林、轮耕休整等。以生态恢复理论为基础，有针对性地解决好村落生态问题，是智慧乡村建设和实现乡村振兴的基础和前提。

三、可持续发展理论

可持续发展理论是人类文明的思想精髓之一，历史上古今中外的先

---

① 李涛. 恢复生态理论在生态旅游中的应用 [J]. 生态经济, 2007, No. 179 (02)：99-101.

哲们就以朴素理论诠释了可持续发展，如《吕氏春秋》中的"涸泽而渔，岂不获得？而明年无鱼。焚林而猎，岂不获得？而明年无兽等"。现代以来，随着环境破坏后果的显现，人们对环境问题的愈发关注，可持续发展理论在这一过程中逐渐发展成型。20世纪50年代至60年代，一些学者对发展等同于经济增长的模式提出了质疑，如1962年海洋生物学家卡尔逊就指出了人们滥用化学药物驱除害虫对全球环境造成严重破坏，质疑了征服自然、控制自然的人类中心主义思想。[1] 来都斯指出随着人口增长，对资源需求量日益提升，如果还是按照环境污染、生态破坏的粗暴发展模式，那么地球将会面临一场灾难性的崩溃。[2] 为寻求一种建立在环境和自然资源可承受基础上的长期发展的模式，学者们提出了"全面发展""协调发展"等构想。1972年，人类环境会议中发表了《人类环境宣言》，首次把环境和发展列入国际政治会议议程，标志着生态问题和可持续发展已经成为人类社会的重点关切。1987年，联合国世界与环境发展委员会发表报告《我们共同的未来》，正式提出了可持续发展的模式，同时阐述了可持续发展的定义和可持续战略内容，标志着可持续发展理论的成熟和由理论探讨走向实际行动。2002年，联合国在南非召开了世界首脑会议，以"拯救地球、重在行动"为主题讨论全球环境的可持续发展，通过了可持续发展史上的标志性文件《约翰内斯堡政治宣言》，确立了可持续发展为未来世界发展的主流思想和模式，极大推进了全球可持续发展的进程。

可持续发展理论是学者们避免以牺牲环境为代价实现快速发展，为了实现人类的长远利益而探索和总结出理论体系，与以前的一些构想相比，可持续发展理论有着更坚实的理论支撑、更明确的内涵目标和更完善的行动体系，具有更确切的内涵和更完善的体系，有着更坚实的理论支撑，可持续发展理论体系关照了当代和后代、环境和经济、国家和国际等重要内容，这几乎涉及人类社会经济文化等所有方面。可持续发展理论的核心理论是指既满足当代人的发展需要又能不损害未来发展需求，既能确保环境保护又能实现经济增长，既能改善国家社会经济水平又能实现国际社会和

---

[1] [美] 蕾切尔·卡森著，吕瑞兰，李长生译. 寂静的春天 [M]. 上海：上海译文出版社, 2015：27.

[2] 刘晓娟. 河北省经济可持续发展研究与评价 [D]. 天津财经大学, 2016：1.

平发展，这些指向体现于可持续发展理论的公平性原则、协调原则、质量原则、发展原则等理论基础。同时，可持续发展理论包括了生态环境可持续性、社会可持续性和经济可持续性三层内涵。① 从生态环境可持续属性来看，可持续发展就是要以生态系统的完整性和协调性为基准，实现人类的生存环境持续永久。从社会可持续属性来看，可持续发展就是要保持人类生产力和环境承载力的平衡，在改善人类生活质量和创造美好生存环境之间达成和谐。从经济可持续属性来看，可持续发展就是要实现经济高质量发展，建立不以牺牲资源和环境为代价的经济发展模式，最大限度地实现良好生态的经济价值。

可持续发展理论同样是中国特色社会主义理论体系的重要内容，是中国乡村建设的重要指导思想。毛泽东在中共八大二次会议上提出了鼓足干劲力争上游多快好省地推进社会主义现代化建设的总路线和总方针。多快强调的是发展速度，好省强调发展质量和降低能耗，体现了可持续发展的本质内涵，这些相关的思想理论是中国共产党可持续思想理论体系的开端。邓小平提出了"发展才是硬道理""科学技术是第一生产力"等理念，指出只有通过快速发展才能解决我国深刻的贫困问题，才能在发展中实现可持续，才能有效提升人民的生活水平。同时，还指出快速发展也必须遵守经济发展规划，要讲效益讲质量，达成人与自然之间的和谐，建立人与自然和谐共生的互惠关系。此外，邓小平还指出要勤俭治国、节约资源、保护环境，号召人民开展绿化活动，建设良好生态环境，"植树造林、绿化祖国、造福后代"②。江泽民正式提出和实施了可持续发展战略，指出"可持续发展是人类社会发展的必然要求，现在已经成为世界许多国家关注的一个重大问题。中国是世界上人口最多的发展中国家，这个问题更具有紧迫性"③。强调可持续发展战略是关乎中华民族生产和发展的长远大计。同时，江泽民还提出了开发和节约并举的资源开发战略和统筹兼顾、标本兼治的环境治理战略，要求在保护中开发资源，在开发资源的过程中实现环境保护，提升资源利用效率，加快

---

① 马珊，王百玲. 区域文化与乡村旅游可持续发展研究 [J]. 乡村科技，2018（2）：32-33.
② 范恒山. 中国环境保护的经济政策取向 [J]. 经济研究参考，2002（06）：2-4.
③ 蒋志学. 人口与可持续发展 [M]. 北京：中国环境科学出版社，2000.

推进节约型发展模式，要求着眼长远、科学规划，制定切实可行的环境保护体制机制，对我国生态问题进行综合治理。胡锦涛提出的科学发展观理论，进一步深化了中国共产党可持续发展的理论体系。胡锦涛指出，要把建设资源节约型、环境友好型社会作为新时期重要的奋斗目标，要走绿色发展的道路，通过更为合理和有效地利用生态资源，降低资源消耗和污染排放的负面影响。同时，胡锦涛还指明了绿色发展的具体道路，一是要走新型工业化道路，走一条科技含量高、经济效益好、资源消耗低、环境污染少、人力资源优势得到充分发挥的新型工业化路子，实现可持续发展。二是要大力发展循环经济，强调在生产和再生产的各个环节利用一切可以利用的资源，模拟自然生态系统运行方式，切实解决发展经济与资源环境之间的二元矛盾。三是要加强技术创新，为可持续发展提供技术支撑。科技进步是生态可持续发展的重要支撑，开发资源保护的科学技术既能提高勘探开发新资源能源能力，又能促进用可再生资源替代不可再生资源能力，还能提升对资源消耗。四是要引导全民树立保护环境的生态价值观，通过教育和引导，切实增强人民自觉尊重自然、保护环境的观念。习近平总书记站在新的历史起点，面对新的国情世情，创造性地提出的一系列关于深入推进生态文明建设的新理论新思想新做法，推动中国特色可持续发展理论不断深化。习近平总书记指出"山水林田湖草是一个生命共同体"，环境治理是一个系统工程，要整体协调系统地推进生态文明建设；"绿水青山就是金山银山"，要建立发挥生态经济机制的绿色通道，实现经济发展和环境保护的双赢局面，从根本上破解环境保护的难题；"加快实现乡村振兴"，让山绿起来、人富起来，把乡村生态环境优势转变为经济发展优势，以乡村生态产业助力加快实现乡村振兴；"用严格的法律制度保护生态环境，加快建立有效约束开发行为和促进绿色发展、循环发展、低碳发展的生态文明法律制度"，以生态底线思维筑牢生态建设的制度保障等。习近平总书记的生态观和可持续发展观明确了生态建设和经济发展的相互关系，打通了"绿水青山"向"金山银山"转变的通道，彰显了人类命运共同体的伟大情怀，推动着中国特色可持续发展理论步入了新的发展阶段。

第二节 智慧村落理论

智慧村落理论是村落建设的生态关照，以科学技术为基础推进乡村智能化、信息化发展一种理论体系，其主要包括信息技术理论、物联网技术理论和人工智能理论等内容。

一、信息技术理论

随着科学技术和信息化的快速发展，信息技术已成为推动社会发展的重要动力，信息技术已经渗透日常生活的方方面面，成为人们理解世界和提升生活质量的一种重要手段。同时，随着信息技术的普及和深入，学者们对信息技术更为关注，形成了信息技术的理论体系，为现代化、信息化建设提供了理论基础。信息技术包含了信息和技术两个关键概念，是两者的有机结合。信息是一种表达内容的集合，该集合需要通过一定的表达方式将内容呈现或反映出来，让人们能发现、接收、理解或利用。[①] 技术是对信息、知识和事项等操作、处理、应有的技能和技巧。而信息技术，一般来说有狭义和广义两种理解。广义的信息技术指的用于管理和处理信息所采用的各种技术的总称，它包含一切测量、通信、计算和智能等技术。狭义的信息技术指的则是日常我们所称的 IT（Information Technology），指使用任何计算机、存储、网络和其他物理设备、基础设施和流程来创建、处理、存储、保护和交换各种形式的电子数据，主要技术包括计算机技术、通信技术、微电子技术和感测技术等，其核心技术为电子计算机技术，以此为基础实现对信息的应用和处理。

信息技术理论则是为适应信息快速发展而形成的理论体系，其主要任务就是要研究信息的性质、信息的取得、信息的传输、检测、存储、处理

---

① 符刚. 管理信息成本论［D］. 西南财经大学，2008.

和控制的基本原理和方法，为人类信息技术的开发利用奠定理论基础。① 信息技术理论体系的核心是香农和维纳创立的信息论，早在20世纪初期，奈奎斯特和哈特莱就提出了关于信息传递的讨论。在这些相关探索的基础上，香农定义了狭义信息和信息系统的概念，指出信息的基本问题就是通信的一方以一定的概率重复另一方的基本问题，是随机性不定性的概念，而系统包括信源、信道、编码、译码等内容，信息系统实现高效率和可靠传输信息的就是采用适当的编码。香农的信息理论阐明了信息系统中各要素的相互关系，为人们建立最佳信息系统提供了理论依据。维纳创立了信息技术的控制理论，他指出"信息既不是物质，也不是能量，信息就是信息，不懂信息就不懂唯物主义"，物质和信息是一体的，信息就是人与外部世界进行交流的内容的名称。维纳把"信息化"作为处理生活和科学问题的重要方式，提出了信息控制论的基本思想，即用反馈的方式来控制或调解系统行为，从而达到最终目的，控制系统的最核心环节在于反馈。信息控制理论的重要贡献之一就是突破了传统的线性模式的局限，形成以双向交流为模式的信息传播模式。在香农和维纳的努力下，信息技术的理论基本成型，信息这个概念被广泛应用到多个学科，成为一种越来越流行的学术思潮。随着其他学科对信息技术理论的渗透，信息技术理论产生了新的三种理论体系，即耗散结构理论、协同学和突变论。

　　同时，中国共产党高度重视我国的信息化建设，在实践基础上形成了中国特色的信息技术理论体系。如邓小平在改革开放以来中国信息化建设实践的基础上，总结了信息特征、信息功能、信息服务、信息开放和信息开发等信息技术思想，形成了邓小平的信息技术思想理论体系。邓小平的信息特征论强调了信息技术的时效性、价值性和保密性，指明了信息技术在一定期限内的有效性、信息技术满足人们需要的价值属性和信息技术的可靠性和可用性；信息功能论强调了信息技术对于发展生产力、加快社会经济发展、正确政策决策和资源优化配置的重要，指出信息是政策决策的基础，只有政策决策对信息进行全面、系统和广泛的收集、归纳、分析和整理，才能制定出更符合实际的政策体系，才能更好地进行资源分配，才

---

① 黄德双主编. 现代信息技术理论与应用（下）[M]. 合肥：中国科学技术大学出版社，2002.

能加快实现高效的社会治理。信息服务论强调要利用好信息技术为经济建设做好后勤服务，其中关键主体为新闻媒体、图书馆和档案馆，这些主体要做好信息技术服务，为社会经济建设提供了一个良好而稳定的舆论信息环境，为教学、科研和社会建设提供了良好的信息服务。信息开放论强调了信息技术开放是任何一个国家和民族的进步发展的基石，要正确认识信息开发的重要作用。指出要打开国门，面向世界，融入世界，在交往交流中吸收国外大量信息技术革命成果，为我国信息资源建设、信息化建设和信息开发利用夯实基础，加快实现信息技术共享、共通和信息技术现代化发展。信息开发论强调信息是一种重要的发展资源，是现代化建设的支柱，有将信息当成资源一样，经过人类劳动作用于它，它才能转换成现实生产力，为人类社会创造财富。要加大信息技术投入，推动我国信息技术实现质的突破，构建现代化信息技术服务体系。[1] 再如，习近平总书记坚持把马克思主义基本理论和中国具体实际相结合，准确把握新时代信息化快速发展的现实，积极开展探索实践，形成富有指导意义的信息技术战略思想。习近平关于信息技术的战略思想包括网络强国、数字经济、农业信息化等重要内容，指明了新时代建设信息网络共同体、做大做强数字经济、加快实现农业现代化等的前进方向，为新时代信息技术建设提供了根本遵循。

二、物联网技术理论

物联网被称为继计算机、互联网之后，世界信息产业的第三次浪潮，是多项信息技术融合而成的新型技术体系，是新一代信息技术的核心组成部分。物联网的英文名称为"Internet of Thing"，是通过射频识别技术、红外感应器、激光扫描器等信息传感设备，将任何物品通过有线和无线的方式与互联网链接，进行通信和信息交换，以实现智能识别、定位、跟踪、监控和管理的网络。[2] 顾名思义，物联网就是物物相连的互联网。一方面，物联网依然以互联网为基础和核心，是在互联网基础上的延伸和扩展；另

---

[1] 陈群. 邓小平信息思想研究 [D]. 闽南师范大学, 2016.
[2] 田景熙主编. 物联网概论 [M]. 南京：东南大学出版社, 2010.

一方面，互联网由信息交换延伸至物品与物品的交换和通信。随着信息技术的更新、进步，物联网技术体系愈发成熟，物联网技术已应用到工业、农业、环境、交通、物流、安保等方方面面，有效地推动了这些方面的智能化发展，使得有限的资源更加合理地使用分配，从而提高了行业效率、效益。

物联网的理论体系开端于比尔·盖茨《未来之路》一书，该书提出了物联网的概念和应用，但由于受到无线网络、硬件及传感设备等技术的掣肘，并未引起重视。1998年，美国麻省理工学院创造性地提出了当时被称作EPC系统的"物联网"的构想。2003年，美国《技术评论》提出传感网络技术将是未来改变人们生活的十大技术之首。物联网的理论体系主要由基础理论和应用理论两部分构成，其基础理论包括泛在接入和智能感知理论、开放物联网系统结构理论、跨域信息融合应用系统构建理论等，其应用理论包括系统建模、仿真与优化、效能评估、智能服务理论与技术体系等。同时，物联网具有感、知、传、用四大基础特征，大体分为感知层、网络层、管理层和应用层。感知层由传感器、二维码等感知设备组成，完成信息的感知，是物联网感知物理世界的"触手"，是链接信息世界的纽带。网络层无线网、移动网构成，其主要作用把下层感知识别层设备接入互联网，将下层数据传输给上层服务，完成信息的可靠传递。管理服务层由数据库、数据分析软件等构成，是物联网的中枢神经系统，主要负责将大规模数据安全高效的组织起来实现数据的存储、查询、分析、处理，实现对信息的分析处理，为信息应用提供数据保障。应用层由各互联网平台组成，即物联网技术在各行各业的应用，旨在为用户提供丰富的智能化服务完成对物品的智能化监控，实现物与物之间的沟通。物联网从感知层到应用层，涉及了射频技术、传感技术、网络技术、通信技术、计算机技术、数据库技术、安全技术等信息技术，对这些技术进行了吸纳和整合，适应了不同用户的多元需求，随着旧技术不断更新和新技术的出现，物联网技术会开拓更多发展领域，更利于民众需求。[①]

物联网技术是新时代新征程乡村建设的重点，伴随着物联网技术的创

---

① 教育部高等学校计算机类专业教学指导委员会. 高等学校物联网工程专业规范2020版[M]. 2020.

新发展和下沉入村物联网依然成为智慧农村建设的重要动力。其中最重要的就是农业物联网的应用，农业互联网指通过对各类设备、仪器进行实时的显示，或者是自动控制的参数参与农作物种植。农业物联网需农村的普及就是要在农村建设一个由大量传感器构成的监控网络，收集各种传感器的数据，以帮助农民及时发现问题，使传统的手工作业方式向信息化、程序化的农业生产模式转化。这种生产模式的出现，使大量自动化、智能化、远程控制的生产设备在数字农业中得到了广泛的应用。①

三、人工智能理论

人工智能是计算机学科的一个分支，20 世纪 70 年代以来被称为世界三大尖端技术之一。近三十年来，人工智能获得了迅速发展，在很多学科领域都获得了广泛应用，并取得了丰硕的成果，人工智能已逐步成为一个独立的分支，无论在理论和实践上都已自成一个系统。21 世纪以来，人工智能更是发展成为计算机学科等学科中的一个研究、开发和应用的重点领域。人工智能，英文名称为 Artificial Intelligence，由人工和智能两部分组成。智能是人工智能的关键概念，是人工智能形成的基础。一般语境下，智能指的是认识世界和改造世界的能力，可以分解为智慧和能力，而智能可以理解为智慧和能力，智慧是指认知、逻辑思考、决策的过程，而能力就是指在认知、逻辑思考、决策之后所采取的行动。而人工则意为人为的、人造的，强调人的参与和主导。② 总的来看，人工智能就是研究、开发用于模拟、延伸和扩展人的智能的理论、方法、技术及应用系统的一门新的技术科学，其核心问题包括建构能够跟人类似甚至超卓的推理、知识、规划、学习、交流、感知、移物、使用工具和操控机械的能力等。人工智能理论则是研究、理解和模拟人类智能、智能行为及其规律的理论体系，其主要任务是建立智能信息处理理论，设计能实现某些近似于人类智能行为的计算机系统，其领域主要涉及理论建构、技术升级和实践应用，具体包括模拟识别、自然语言的理解与生成、自动定理证明、联想与思维

---

① 谢玟. 大连市数字农业发展问题及对策研究［D］. 大连海洋大学，2023.
② 蓝敏，殷正坤著. 人工智能背景下图像处理技术的应用研究［M］. 北京：北京理工大学出版社，2018.

的机理、数据智能检索、神经网络、专家系统等。

人工智能的传说久远,其哲学概念可以追溯到古希腊时期,但正式提出是在20世纪中叶。伴随着计算机技术的发展,人工智能应运而生。1956年,以麦卡赛、明斯基等在学术会议上首次提出了"人工智能"这一词汇,标志着"人工智能"这门新兴学科的正式诞生。最初的人工智能重点研究计算机如何模拟人类的智能行为,通过利用大量人工神经元组织适当的人工神经网络来模拟人类智能,1981年Hopfield神经网络模型和并行处理算法提出后,神经网络的研究和应用发展迅速。随后,科学家们研究出了模拟性能较强的专家系统,即模拟专家对特定的问题进行知识解答,并通过既有知识推演出新的规则,推理出不同的答案,专家系统的出现使人工智能再次出现高潮。神经网络与专家系统是两种最为基础的人工形式,不同的是,专家系统需要完整信息,并利用规则产生输出,而神经网络可以利用不完整的信息,从事例产生结果。2012年,AlexNet的崛起标着神经网络的复苏和深度学习理论的开端,产生了RELU激活函数、CPU加速新的技术,推动着人工智能实现了新的突破。[①]

人工智能是模拟人类思维和人类行为的科学,其具有智能性、实体性和仿生性三个基本特征。[②] 智能性指的是人工智能所具有的智能性是指人工智能具有认知、逻辑思维、作出决定的一种能力。实体性指的是人工智能离不开基础的软件实施,如果缺少了处理器、内存、电池等设备,人工智能性也不可能得到发挥。仿生性指的是人工智能需以模拟人类为基础,需模拟人类的身体技能尤其是大脑运动,进而实现智能化。同时,人工智能可分为弱人工智能和强人工智能两种类型,弱人工智只是在形式上具有一定的逻辑思维能力,但实质上这只是按照人类事先设定的算法所进行的运算,并不能突破算法对偶发情况进行灵活处理。弱人工智能观点认为不可能造出真正能推理和解决问题的智能机器,人工智能不会真正拥有智能和自主意识。强人工智能指人工智能能够像人类一样的意识、思维、情感,并且具有和人类一样的行动力。强人工智能观点仍有可能制造出真正能推理和解决问题的智能机器,并且,这样的机器智能将被认为是有知觉

---

① 田丰,许昊骏,李御之作. 人工智能与电影特效制作及应用 [M]. 上海:上海科学技术出版社,2021.
② 刘浩. 人工智能的法律治理研究 [D]. 宁夏大学,2020.

的，有自我意识的。

第三节 智慧农业理论

智慧农业理论是村落建设的农业关照，旨在提升农业的科学含量，提升农业效益，加快实现农业现代化发展，其主要包括农业现代化理论和风水理论等内容。

一、农业现代化理论

厘清农业现代化的概念和内涵，首先要厘清现代化的准确含义。现代化一词最早出现于18世纪70年代，其出现与产业革命后西方世界生产效率快速提升有关，亟须一种新的词汇来表达这种新的生产生活方式，因此现代化的概念应运而生。而中国的现代化一词最早出现于20世纪初，最初中国的现代化一词更多是对西方概念的复制和学习，但随着中华民族由自立转向自强，中国发展出了中国式现代化的词汇和概念，中国式现代化摒弃了西方物质主义至上的现代化道路，形成了一种为人民谋幸福、绿色生态与和平发展的道路。中国式现代化是人口规模巨大的现代化，是全体人民共同富裕的现代化，是物质文明和精神文明相协调的现代化，是人与自然和谐共生的现代化，是走和平发展道路的现代化。农业现代化理论同现代化道路在形成和发展的基础上，形成的一套推进实现农业技术化、科学化、高效化的理论体系。

随着学者们对农业现代化的深度关注和持续研究，逐渐形成了一系列农业现代化理论，主要包括有机农业理论、生态农业理论、自然农业理论和持续农业理论等。[1] 有机农业、指的是"完全不用或基本不用人工合成的化肥、农药、生长调节剂和牲畜饲料添加剂的生产制度"。有机农业既提供无污染、好口味、食用安全环保食品，有利于人民身体健康，同时又

---

[1] 高焕喜，王兴国，杨茂奎. 论农业现代化 [J]. 山东社会科学，1998（06）：14-18.

提倡生态施肥，极大减轻环境污染，有利于恢复生态平衡。有机农业的发展还可以帮助解决现代农业带来的一系列问题，如严重的土壤侵蚀和土地质量下降，农药和化肥大量使用对环境造成污染和能源的消耗，物种多样性的减少等。生态农业指的是保护、改善农业生态环境的前提下，遵循生态学、生态经济学规律，运用现代科学技术成果和现代管理手段，实现较高的经济效益、生态效益和社会效益的现代化农业。生态农业遵循生态规律的方式主要有少施化肥、禁施农药等方式，通过发展畜牧业，施用农家肥，实行作物轮作等途径，实现农业内部的自我循环，并维护农村的各种美丽景观。自然农业，又称自然农法，起源于日本，强调人类从事农业不应以征服手段改造自然，而要遵循自然格局和自然过程。其依照"自然无为"的方式，提倡以有机替代化肥，以生物措施替代化学和机械除草，以培育壮苗、稻鸭共生和自然调节替代化学农药等方式使农田环境处于自然相对平衡状态，自然农业自然农法强调保护土壤、防止食物污染，具有积极意义，但自然农法要求绝对顺乎自然，要求不耕地、不施肥、不用农药、不除草，这是很难实现的。持续农业是一种比较新的农业发展方向，即一种"不造成环境退化、技术上适当、经济上可行、社会上能接受"的农业，强调协调性和持续性。持续农业的根本目的就是要通过结合综合经济、社会、科技、资源、环境等的优势，实现农业集约性、高效性、持续性和多样性，促进农业的持续发展。此外，国际社会还提出了有机农业、生态农业、腐殖质农业等新的农业形势，虽各有特点，但都未能在生产上大面积推广应用。

我国在推进农业发展的过程中，也形成中国特色的农业现代化理论体系。中华人民共和国成立以来，我国农业现代化的理论、政策与实践的演变经历了一个长期曲折的过程，大致经历了"老四化""多化并举""三化协调""四化同步"农业农村现代化一体化五个阶段。[①] 毛泽东对中国农业现代化建设非常重视。他对中国农业现代化的构想可以概括为，从生产关系转变传统农业，摆脱传统自给自足的自然经济约束等。邓小平的农业现代化思想则强调实现农业现代化是一个重大的政治问题，指出农业是中

---

① 曹俊杰. 新中国成立70年农业现代化理论政策和实践的演变 [J]. 中州学刊, 2019, No. 271 (07): 38-45.

国稳定的基础,加强农业基础建设,保持农业持续、稳定发展,这是中国社会稳定,顺利进行现代化建设的一项重要战略任务。邓小平还提出了我国农业现代化的科学内涵,即"不能照抄西方国家或苏联一类国家的办法,要走出一条在社会主义制度下合乎中国情况的道路"①。他还指出,实现中国的农业现代化,最终"要由生物工程来解决,要靠尖端技术"②,要通过集体化和集约化。江泽民基于农业实践形成了江泽民的农业现代化道路的理论体系,其主要内容包括要从全局高度重视农业问题,要长期稳定以家庭联产承包为主的责任制,逐步壮大集体经济实力,要实行农业区域化布局、专业化生产、一体化经营、社会化服务,加快农业现代化进程,要调整和优化农村经济结构等。胡锦涛提出了工业反哺农业、城市支持农村和多予少取、放活等重要方针,丰富了中国特色的农业现代化理论体系。习近平关于"三农"的论述是对中国特色农业现代化理论体系的继续完善,指出是把农业作为农业现代化发展策略的重中之重。要保持农业的基本定位,要实现现代农业的基本途径是推动科学技术的发展,要继续深化农村的各项制度创新,加快实现中国的农业现代化进程。

二、风水理论

风水学是中国古人为了更好地选址而形成的理论体系,其蕴含了中华民族趋吉避害、追求天人合一、实现人与自然环境和谐的价值理念。中国传统风水学与营造学、造园学并称为中国古代建筑理论的三大支柱,在我国建筑的选址、规划、设计、营造中几乎无所不在,影响着一代代中国人民的建筑设计观念。中国风水理论源于古代的易学文化,追求的是天人合一的整体结构。中国风水理论在长期发展中,与其他相关学科相互渗透、相互影响,具有了我国古代哲理、美学、心理、地质、地理、生态、景观等方面的丰富内涵。③虽然中国传统风水学中不可避免地渗入了一些落后的、封建的、迷信的因素,但其对于中国古代文明的发展有着十分重要的价值。一方面,风水理论具有一定的科学性,其对地质、地势、地形的研

---

① 邓小平文选:第2卷[M]. 北京:人民出版社,1994:362.
② 邓小平文选:第3卷[M]. 北京:人民出版社,1993:275.
③ 亢亮,亢羽编著. 风水与建筑[M]. 天津:百花文艺出版社,1999.

究，一定程度上有利于避灾养气，有利于安居乐业。另一方面，风水理论注重人与自然的和谐共生，注重对人与自然关系的整体把握，旨在发现自然美、研究自然美，很早就引出了注入与生态圈、生态学相契合的真知灼见。再一方面，风水理论强调堪舆定位，安稳定向，一定程度加快了指南针和磁偏角等的问世，推动了整个人类文明的进程。

风水学虽然在我国已经有几千年的历史，且其随着科学技术的发展而不断推陈出新，迄今为止，风水学还没有一个十分明确的定义。最早对风水下定义的是晋代郭璞，他在《葬书》中说："葬者，生气也，气乘风则散，界水则止，古人聚之使不散，行之使有止，故谓之风水。"《辞海》的定义则是："风水，也叫堪舆。旧中国的一种迷信。认为住宅基地或坟地周围的风向水流等地势能招致住者或葬者一家的祸福。也指的相宅、相墓之法。"中国的风水理论风水学的理论核心是天地人合一。探讨村镇、住宅的合理位置和方向，探索建筑方位、自然环境和人类自身命运之间的共生关系。在中国人探讨理、数、气到达形的过程中，形成了一系列的理论成果和不同的理论流派。按照研究对象来分，古代风水可分为阳宅风水和阴宅风水两大类，前者关注生人之住宅、建筑、庭院等，后者关注亡者之墓穴等。按照关注重点来分，古代风水流派可分为形势派和理气派，形势派侧重于环境的"形"，需要对外部环境中的龙、砂、水、穴、向五个风水要素进行分析鉴别，以选择宜居的宝地，理气派侧重环境的"气"，从阴阳、五行、八卦、数理等作为选择吉祥宝地的依据。无论是何种流派、何种理念，风水理论都蕴含了中国古代"天人合一""阴阳五行""望气聚气"等价值理念，深刻体现了中国的传统文化观念。

在封建时代，人们对风水学深信不疑，延伸出了风水师、相师、先生等诸多职业，这些职业对中国古代建筑和维系古代社会结构起到了重要作用。但随着西方文化的渐入，越来越多人把风水当作一种迷信，风水理论的发展几乎停滞。但在这一阶段，西方学者却对中国传统的风水理论情有独钟，取得了不少成果。西方学者们通过研究中西方建筑理论的对比，找到了中国传统风水理论的独特价值。如英国学者李约瑟（Joseph Needham）指出，风水理论对于中国人民是有益的，风水理论包含着显著的美学成分和深刻哲理，中国传统建筑同自然环境完美和谐地有机结合而美不胜收。他还说道："再没有其他地方表现得像中国人那样热心体现他们的设想

'人不能离开自然'的原则,皇宫、庙宇等重大建筑自然不在话下,城乡中无论集中的,还是散布在田园中的房舍,也都经常地呈现一种对'宇宙图案'的感觉。"[1] 改革开放以后,随着一些从西方归来的学者受西方的影响以及中华传统文化的复苏,传统风水理论逐渐进入了学者的视野,部分学者赞扬了风水学的积极意义,如潘西谷教授指出,"风水的核心内容是人们对居住环境进行选择和处理的一门学问"[2]。同时,一部分学者也反对风水学,如汪晓原教授认为:"虽然风水学中包含一些科学的成分,但科学的成分少之又少,所以就其主体而言,应属于伪科学。"[3]

实际上,风水学理论中蕴含了不少中华民族的传统智慧,不能够一味摒弃风水理论,也不能无视其中的落后封建要素,需把握风水理论的时代价值,着重把握其中的生态理念、和谐理念和地质知识,将其与智慧村落建设相结合,成为智慧村落建设的一种有效的地方性知识。

---

[1] 王其亨主编. 风水理论研究 [M]. 天津:天津大学出版社,1992.
[2] 何晓昕编著. 风水探源 [M]. 南京:东南大学出版社,1990.06.
[3] 张晓辉著. 对城市居住区环境设计现状的反思 [M]. 长春:东北师范大学出版社,2017.

第四章 欧洲智慧村落建设政策与实践

第一节 德 国

德国国土面积达35万平方公里，人口约为8110万人，是欧洲人口最多的国家，但却用2%的农业人口养活了整个德国，并成为世界第四经济大国，其社会保障制度完善，国民具有极高的生活水平。乡村振兴战略最早源于德国，其发展经验先后被欧洲及亚洲等国家复制，借鉴发展成为更加丰富的乡村战略。在乡村发展上，德国以高度发达的现代化农业体系及因地制宜的农业政策，使其拥有极高的自动化水平，领先世界的农业生产技术设备及人才，为乡村农业发展提供了坚实的保障。

一、德国智慧村落建设政策

农业社会政策。在德国，农业社会政策作为一项有利于农民及其家庭的以目标为导向的形成性政策，有助于为发展高效和有竞争力的农业创造条件。农业社会保障为德国农民及其家庭提供经济保障。如生病、需要护理或工作中发生事故。作为专业塑造的特殊制度，它旨在尽可能兼顾个体户农民的社会保障特殊需求，在社会上支持农业结构性变革。因此，德国联邦政府提供财政援助作为农业社会政策的一部分（2021年约为42亿欧元）。随着改革的持续进行，农业社会保险作为一个独立的社会保障体系满足了德国个体户农民的需求，这一目标被认为是面向未来的。一是农业健康保险。农业健康保险是法定健康保险中的一项特殊制度，为农林园艺企业家及其家属提供全面的健康保险保障。德国农业部考虑到专业的特殊性只有农业社保等特殊制度才能体现出来。这意味着需要为农业、林业和园艺企业家及其家人提供量身定制的健康保险，以保持他们的健康，并尽可能降低疾病的风险和后果。二是农民养老金。农民养老保险由德国农林园艺社会保险（SLFFG）实施，自1957年推出以来一直以部分保险为目标，反映在要支付的缴款数额和养老金水平上。为保障德国老年生活的充足，农民的养老金将提供退休金、租金收入、法定养老保险理赔或私人供给等。三是就业和最低工资。根据联邦统计局的数据，2020年德国有93.8万人从事农业工作。其中，43.4万人从事家庭工作。在50.4万名非家庭工人中，27.5万名是季节性工人，即55%。自2015年1月以来，法定最低工资和行业最低工资一直在保护德国员工免受不合理的低工资。法定最低工资也适用于农业、林业和园艺业的所有雇员。从2022年1月1日起，为每小时9.82欧元。雇主有义务记录所有雇员每日工作时间的开始、结束和持续时间。四是农业意外保险。农业事故保险由德国农林园艺社会保险（SLFFG）实施，是为防范职业事故风险而合作组织的团结社区，如预防工作中的事故和与工作有关的疾病。因此，预防工伤事故、职业病和与工作有关的健康危害是德国事故保险机构的一项重要工作。事故保险机构为此目的提供广泛的应用措施，如通过培训课程、讲座、培训措施为企业家提供建议，为农业机械和设备制造商提供建议，确定现场事故原因，监督事故预防法规的实施。

数字农业。"数字农业"是指将信息作为农业生产要素，用现代信息技术对农业对象、环境和全过程进行可视化表达、数字化设计、信息化管理的现代农业。[1] 德国农业数字化的最大收益预计将来自潜在地提高生产力的可持续性以及减少工作时间和工作量，以减少化肥、植物保护产品和能源的使用，并改善动物福利。2018年，德国新政府上任后，BMEL（德国农业部）的数字化活动再次加强。BMEL的目标是在数字化领域继续成

---

[1] 闫燕，杨涛，王思雪. 数字技术对德国农业生产的重要意义 [J]. 中国畜牧业，2021，(17)：48.

为国家和国际层面农业部门的密切合作伙伴,帮助塑造数字农业框架,使农民、环境和消费者能够平等地从新机遇中受益,并降低潜在风险。因此,BMEL对农业数字化结构进行了调整,新的数字化专员负责协调数字化领域的所有活动,每个总局都任命了一名数字化官员。联邦预算提供了额外的资金,以有针对性地促进数字化。一是建立农业生产经营试验田。农业数字化将两个高度复杂的系统结合在一起。德国农业数字化参数的设计坚持能够更好地利用数字化为从业者和社会提供的机会,同时也能够更好地应对挑战和障碍,其目标是推广提高农业部门可持续生产的技术。为实现这一目标,农业生产经营单位应合作测试和评估不同的技术解决方案和产品。耕地(外贸)和畜牧业(内贸)的农业生产经营基本任务都将在试验田中得到体现。来自农业机械制造商、软件开发、服务提供商、顾问和研究人员的专家从业者和专家将密切合作,以快速推进农业数字化。二是建立"农业数字技术"能力网络。能力网络将总结和评估在试验领域开展的工作成果,并起草进一步的措施建议,同时还将分析农业数字化各个领域的当前趋势和挑战,提出解决方案。德国能力网由研究人员、企业家和从业人员组成的跨学科团队组成。三是扩大农村地区的基础设施。在农村地区提供普遍覆盖的高效数字基础设施是在农业领域成功应用数字技术的先决条件,联邦交通和数字基础设施部(BMVI)是扩大数字基础设施的牵头部门。BMEL致力于确保农业部门和农村地区的利益得到考虑,利用更多机会通过第二支柱和改善农业结构及海岸保护联合任务(GAK),为扩大基础设施提供资金,并对新的5G移动宽带标准的开发对于机器之间的无缝数据交换极为重视。四是提供地理数据和气象数据。德国现有的一系列程序可以提供大量的遥感数据。为了能够有意义地使用数据,德国认为从大型数据池中轻松获取相关数据至关重要。

职业教育。德国农业科技的快速发展和高效益化,与德国政府对农业的重视和大力投入密不可分。德国从长远利益出发,持续强化,努力发展农业职业教育,这对德国农业长期良好发展具有深远的意义。从举措上看,德国主要以三个方面为方向,对从事农业的人员进行相关职业教育。一是教育培训。农业知识的掌握程度成为德国农民的必要条件,年轻人完成基础教育后,必须经过专门的农业技术培训和实习才能从事农业生产,农场主及企业主还需要获得专门的从业资格证。数字农业的普及使德国农业自动化、机械化覆盖率较高，若农民对农业相关技术一知半解，将对农业发展及农民本身带来不利影响。为了保障和促进农业的发展，德国专门成立了农业发展组织，即农业委员会，该组织以熟悉农业结构的专家为主，在他们的专业知识框架下，德国的农业教育政策得到了高效的实施。二是人才培养。农业技术的创新及产品的研发是德国农业发展良好的关键因素之一。在其农业发展中，一些企业致力于技术研发，或将创新的目标聚焦于农产品的加工和处理上，他们会将自己需求与政府的相关机制联结，同政府并肩进行创新开发，立项培养专门的农业人才，同时根据农业的发展趋势及产品的市场需求对相关人员进行知识的培训。三是注重环保教育与群众参与。德国政府认为只有依靠公众的力量开展环境保护工作，才能真正提升农村生态环境，加强公众对农业发展的认知与支持，对此德国出台了《环境信息法》，在相关网站上发布广告等，通过信息及时全面地公开，减少了信息的不对称，将社会各界力量融入环保治理与监督中，大大提高了公民的环保意识。通过广泛的公众参与可以对乡村生活方式进行充分描述，使乡村居民拥有不低于城市平均水平的生活条件。乡村居民参与的实施方式也使得德国乡村振兴战略呈现出本土化的自我更新的特点，表现为振兴规划的目标和内容在村与村之间各不相同，并依据村庄自身特点进行自我规划、自我更新。

农民协会。德国农业的迅速发展和高度还得益于德国在农业家庭经营的基础上有一个合作组织——农民协会，即农业社会化服务功能的主要承担者。从性质上看，德国农协是一个自上而下组成的民间团体和经济组织，其组织性质为依法从事经济活动的一个企业，而不是政治集团。如德国《合作社法》规定，各地都要建立合作社，农民应都加入合作社，德国甚至通过法律强制没有农协的州成立农协，故今天90%以上的德国农民都自愿加入了农协，各级农协都是具有独立地位的企业法人。[①] 从职能上看，1984年以来，德国农民协会（DBV）创立，旨在保障德国农民权益，将其科技、法律上存在的问题反馈给政府，并通过立法解决；完成各级政府的农业政策任务，向农户提供法律、技术、信息、市场等方面的服务；将农

---

① 白剑，吉晓琳. 架起农民通向市场的桥梁——德国农协考察观感[J]. 山西农经，2003(5): 63.

产品的生产、收割、加工、储存和销售各个环节作为一个完整的产业链开发，使农产品的加工、流通各个环节高效协同。

二、德国智慧村落建设实践

《气候保护法》。到 2030 年，德国希望将温室气体排放量比 1990 年减少至少 65%。《气候保护法》设想到 2030 年与 2014 年相比，农业年排放量减少 1400 万吨 CO_2 当量至 5600 万吨 CO_2 当量。德国为此还制定了具有约束力的年度中期目标。联邦食品和农业部制定了十项措施，以确保符合农业和林业的法律要求。这些已成为联邦内阁于 2019 年决定的 2030 年气候保护计划的一部分。农业和林业气候保护工作的重点是减少排放——更有效地利用资源，从而提高整体生产的可持续性。具体措施为：（1）减少过量氮，包括减少氨排放和有针对性地减少一氧化二氮排放，提高氮效率通过对肥料立法，特别是在肥料条例中的法律修改上德国已取得了很大的成就。因此，德国预计将进一步减少过量的氮——包括减少氨和一氧化二氮的排放。（2）加强动物粪便和农残发酵。第二项重要措施涉及在沼气厂中大力使用动物源性粪便和农业残留物。伴随着可再生能源法案（EEG）的新工具将促进沼气厂更多地使用粪肥和发酵残渣的气密储存。（3）扩大有机农业和有机种植面积也是一项气候措施。这主要是由于节省了矿物肥料，其生产会产生温室气体。德国希望进一步制定有利于特别环保方法的立法，如有机农业或其他特别可持续的农业方法，并优化法律和财政支持。（4）减少畜牧业温室气体排放。德国希望进一步实现畜牧业和动物营养方面的潜在节约。除了研究和育种，动物种群的未来发展也受到德国重视，其资助措施更多地针对动物福利并考虑环境影响。（5）农业能源效率农业和园艺消耗能源，如加热温室、马厩或使用拖拉机。为了减少能源使用造成的温室气体排放，2020 年 10 月德国重新启动了提高能源效率和减少农业和园艺领域 CO_2 排放的联邦计划，提倡节能建议和气候保护投资，并在中小型农业公司中增加可再生能源的使用。（6）耕地腐殖质的维护和积累必须越来越多地激活土壤的碳储存潜力。在 2018 年土壤状况调查的基础上，从 1920 年代中期德国开始重新记录农业土壤中的碳储量并记录其变化。碳富集措施 ETC 从 2021 年起，作为联邦腐殖质保护和发展计划的一部分，德国在共同农业政策的设计以及模型和示范项目中考虑到了这一点。如有机农业的扩大和木结构的种植，如农林业系统，有助于腐殖质的积累。（7）永久草原保护高水平的碳储存在草原中。保护永久性草地也是一项重要的气候保护措施，已在共同农业政策框架内得到推广。该项措施希望继续规范草原保护，制定草原战略，确保和加强永久草原利用。（8）保护泥炭土壤，包括减少生长介质中泥炭的使用，温室气体排放也可能来自进行农业的排水泥炭地，在很大程度上计划对泥炭土壤进行广泛再润湿的财政激励措施。德国目标是在10年内在园艺中基本上不使用泥炭。（9）森林的保护和可持续管理以及木材的利用，在森林的保护和可持续管理以及木材的使用方面具有巨大的气候保护潜力。（10）可持续饮食，包括避免食物浪费和加强联邦政府大众餐饮可持续性的计划，当避免食物浪费时，也减少了与食物生产相关的温室气体排放。为此，德国始终如一地实施减少食物浪费的国家战略。德国的食品浪费和损失指标将被纳入德国可持续发展战略，使得努力的结果透明且可记录。联邦政府的食堂设置了通用电气，质量标准是强制性的。修订后的标准侧重于菜肴范围的可持续性标准。凭借对气候友好且健康的食品系列，有助于节省温室气体。

直接付款。直接支付以独立于生产的支付形式支持农业企业的收入和风险保护，缓和了德国农产品价格有时大幅波动的影响。目前的直接支付奖励了没有市场报酬的农业社会服务。直接付款还作为对德国和欧盟农民在环境保护、动物福利和消费者保护领域所达到的高标准的经济补偿，这些标准远高于许多非欧盟国家。德国允许以下直接付款：基本溢价；为有利于气候和环境保护的农业实践支付费用（所谓的"绿化溢价"），中小型企业尤其受益的再分配溢价，支付给年轻农民的款项；对小生产者的简化支付。现行制度的核心要素将适用于2022年年底，其核心要素是：原则上，与农业生产脱钩的以地区为基础的直接支付给农场主，成员国在设计个别要素时可以使用某些选项；所谓的绿化，迫使农民遵守种植作物的最大百分比；保护永久草原和提供至少5%的耕地作为生态优先区，并使用特别有利于气候和环境保护的耕作方式。仅在满足基本运营管理要求（交叉合规）的情况下才授予所提及的付款。这些基本要求源于欧盟在自然、环境和动物保护领域的法规和指导方针，以及维持"良好农业和生态条件"地区的标准。未来的直接支付系统从2023年起，新的支持系统将应用于共同农业政策领域（帽）这个欧洲联盟．首次将这两个"支柱"帽基本保留下来的，总结在一个共同的框架中，即所谓的战略计划。德国现已向欧盟委员会提交了其国家战略计划草案。批准的战略计划将成为2023年农业支付的基础。在战略计划草案中，在直接支付领域共规划了12项措施。以收入支持为主要目标，有以下几点：（1）基本收入支持。为增强抵御能力和稳定收入，基本收入支持以每公顷合格土地的脱钩支付形式提供。（2）收入再分配支持。为鼓励中小型农场，对前60公顷的土地进行额外的支付，前40公顷的支付高于后20公顷的支付。（3）年轻农民收入支持。年轻农民每公顷获得额外支持，最多120公顷，最长5年。（4）母羊和山羊的付款以及乳牛的付款。鉴于这些部门对饲养奶牛的重要性，在没有产奶的农场饲养乳牛以及母羊和乳山羊，每只母畜都获得联合付款。大片草地的维护和护理。这些付款的先决条件是遵守运营管理的基本要求，即所谓的条件性，其中包含并扩展了先前交叉合规和"绿化"的规定。在第一支柱下的直接支付领域引入生态法规是新的。这些是针对德国农民的自愿措施，它们对环境、生物多样性和气候保护做出了额外的贡献并得到了回报。生态法规的要求超出了条件规定的要求，被设计为年度措施，这意味着农民可以每年重新决定是否参加。计划制定以下六项生态法规：（1）提供改善生物多样性和保护栖息地的区域（耕地/开花/老草带和区域）：为耕地和永久作物的非生产性区域以及老草带和永久草地上的区域提供资金。该生态法规最多可包含多达6%的合格区域。（2）种植多种作物：耕种农业至少需要五种主要作物，包括种植最低比例为10%的豆类。谷物不得超过耕地的66%。非生产性耕地不计算在内。在耕地和永久性草地上保留农林业管理方法，以农林业系统的形式，乔木和灌木成条布置。（3）扩大农场整个永久性草地：在整个农场内，每公顷符合条件的永久性草地必须保持年均至少0.3个至最多1.4个粗饲料牲畜单位（RGV）。仅允许在每公顷符合条件的永久草地最多使用1.4个RGV肥料的范围内使用肥料，包括农场肥料。（4）以结果为导向的个别永久性草场粗放管理：永久草场出现所在国规定的物种丰富草原指示种或指示种群名录中至少4种以上的植物，可申请资助。地区位于已证明。（5）农场内未使用化学合成植保产品的耕地或永久作物区域：申请人指定的农场上符合条件的耕地和永久作物区域，在该区域内可使用化学合成植物保护产品。规则被免除是有资格的。(6)根据保护目标在 Natura 2000 地区进行土地管理：Natura 2000 地区的受益区域不得进行额外的排水措施，不得进行填土、筑堤或开挖。

数字老年人门户。在德国，每五分之一的人属于 65 岁以上的一代。到 2050 年，每三分之一的德国人将超过 60 岁。数字老年人门户（DISEPO）项目设定的目标是让老年人尽可能长时间地在他们熟悉的环境中过上自主和健康的生活——老年人的健康营养是实现这一目标不可或缺的先决条件。这是巴伐利亚州新城-巴特温兹海姆区的"NeaWiS"项目的目标。到 2020 年年底，该示范项目从联邦粮食和农业部的联邦农村发展计划获得了约 20 万欧元的资金。数字老年人门户网站为老年人捆绑用户友好的信息和服务。如参加所谓的邻里餐桌可以在线预订，单身人士或夫妇为邻里的老年人准备午餐并与他们一起吃饭，这样快速组织了社区。Julia Klöckner 德国农业部部长说："我们促进和促进老年人的社会参与和护理——尤其是在农村地区。数字化提供了巨大的机会。Hüttener Berge 办事处已经成为数字化先驱。老年人门户现在将设置一个全国先例，这就是老年人如何以数字方式参与积极和健康的生活。"该示范项目是三个试点城市的跨市项目。将来，老年人门户网站将在德国其他城市使用。重要的灵感来源是计划中的市级老年人工作负责人与全国其他感兴趣的市政府代表之间的网络会议。他们提供了了解数字老年人门户的机会，并在整个德国传播和锚定这一概念。

第二节　法　　国

法国位于欧洲西部，是欧盟面积第一大国，国土面积 55.16 万平方公里，地势东南高西北低，平原占总面积的三分之二。法国农业人口约 90 万，农业用地为欧盟最大，本土农业用地 28.84 万平方公里，占本土面积的 54%；耕地面积 18.4 万平方公里，占 33.5%。法国主要采取以牧为主、农牧并举的农业发展方针，行之有效的乡村农业政策使法国农业发展在世界上处于领先水平。

一、法国智慧村落建设政策

首先，数字化农业观。法国农业新政策已不再是以提供农产品为目标的传统产业，而是涵盖环境保护、农村整体发展乃至动物福利等全系目标的、提供私人化产品的，同时也供给公共产品的多功能产业。法国的农业正在进行第三次农业革命，即生命和知识革命，以建立一个更加自主的农业，同时始终保持更可持续和更有弹性。[1] 旨在支持创新、农业食品主权以及农业的可持续性、复原力和竞争力。数字化提供技术解决方案，是法国第三次农业革命的支柱，被添加到农业机器人、品种选择和生物防治中。据法国一家投资机构统计，目前法国数字农业领域有 200 余家势头看涨的初创企业，覆盖整个产业价值链。在今年举行的法国国际农业展上，20 余家法国农业数字科技初创企业展示了多种数字农业解决方案，大数据、人工智能、互联网等技术的应用，带领农业产业走向时尚前沿数字技术是提高竞争力、工作条件并最终提高农民收入的载体，在法国农民能够充分利用的前提下，提高农业专业化对农民后代的吸引力。

农业和创新。产品科技和农业科技正在迅速扩张和改变德国行业，一方面，这些公司已经建立并创造了就业机会，但新的初创企业也在不断涌现。农业和食品部长朱利安·德诺曼迪、数字化转型和电子通信国务秘书塞德里克·奥和投资秘书长纪尧姆·布迪宣布，启动"法国农业科技"以加速农业创新发展并继续定位。法国是该领域的主要国家之一。虽然 Food Tech 和 Agritech 十年前只有大约十项举措，但这些行业现在包括超过 215 家初创企业和参考公司。这一数字使法国成为世界第三大农业科技初创企业。基于欧盟农业大国法国的农业质量和实力，Food Tech 和 AgriTech 为整个食物链提供具体、创新、价值创造和深度有用的解决方案；从生产者到消费者。对于那些转向这些创新领域的人来说，这也是热爱农业世界价值观并触及生物的所有复杂性的职业选择。虽然法国市场只是为了应对该行业的多重挑战而增长，但今天它仍然以美国和中国的压倒性优势为主。

---

[1] 法国农业部：数字化服务于第三次农业革命 [EB/OL]. (2022-04-20). https://agriculture.gouv.fr/le-numerique-au-service-de-la-3e-revolution-agricole

2020 年，它们分别产生了超过 11 亿欧元和 42 亿欧元的投资，而法国为 5.62 亿欧元。因此，支持法国生态系统对于保持竞争力、部署新的解决方案和建立欧洲领导地位至关重要。这是一个农业和工业主权问题，法国正在通过 Relance 计划和未来投资计划进行动员。因此，法国将通过推出"法国农业科技"来加强对这种技术的开发、成熟和出口的支持。一些数字证明，法国的食品科技、农业科技。农业科技和食品科技领域的 215 家初创企业和公司。7 个是 FrenchTech120 排名的一部分。2 位 Next40 成员。在为农业技术和食品技术筹款方面，欧盟排名第一。每年培训 12 万农业工程专业学生。农民和新技术的日常使用。在 82.4 万名农民中，81% 每天使用互联网作为他们工作的一部分，85% 的人表示他们使用智能手机应用程序和社交网络来改善和分享他们的活动；四分之三拥有至少一种机器人工具；50% 的人使用 GPS 系统来提高他们工作的准确性。除了启动法国农业科技公司外，法国还将在 5 年内投入 2 亿欧元投资于 PIA4 框架内的创新项目。PIA4 将于 9 月发起两项针对食品科技、农业科技公司和初创企业的项目征集活动，创新使农业生态转型取得成功：5 年内获得 9000 万欧元。它们能够长期提供结合技术杠杆、经济和环境效益的解决方案的研究和创新项目。可以由公司单独提供支持，也可以由围绕合作项目的公司和技术或研究机构的团体提供支持。

再次，农业教育体系。法国实行严格的农业就业准入制度，农民必须接受一定的职业教育，取得合格的文凭和证书才能取得从事农民这一职业的资格。法国的农业教育由法国的农业部门（粮农渔业部）负责，共拥有 800 家农业技术教育培训中心，专门为合作社、农场和企业输出人才，促进农业生态的健康发展。法国完整的农业教育体系涵盖农艺学、食品、林业、兽医、花卉种植等多个学科，相关农业教育的课程设计紧跟农业生产的实际需求。形成了中专、高中、高中+2 年、高中+3 年、高中+5 年的不同学历教育安排，一级到五级国家农业教育文凭体系的证书，分别对应农业工人、农业技师、农业工程师、硕士科研人员和农业博士，农业教育文凭与国家基本教育文凭实行完全的对接和贯通，并据此享受国家的优惠政策和补贴等。没有接受过农业教育并且已完成十年义务教育的学生、已经工作的 15-26 岁青年，只要想接受农业教育，一方面可以参加遍布全国的、由农民技术培训中心组织的各类农业培训；另一方面，可以以学徒身份在培训农场、工厂和其他场所接受"学徒培训"。

最后,农民社会保障。农业部参与制定农业、农业食品和林业部门的社会政策,该政策包括专门对农民和农业工人的社会保护问题、适用于他们的劳动立法和就业政策感兴趣的广大公众提供的信息。在法国,有650万人受益于农业社会福利,其中包括370万退休雇员或在职雇员和280万非雇员。这些人都隶属一个单一的社会保障机构,即Mutualité sociale agricole(MSA);农业部参与制定工作中的健康和安全、预防工伤事故和职业病以及集体协议有关的政策;农业专业社会对话的主要特点在于其极大的权力下放。此外,扩大这些专业的公约和协议是负责农业的部长的责任;为农业、农业食品和农村领域的发展创造就业条件,并使其更具吸引力是农业部的优先事项。当地互助网络(MSA)以部门或多部门基金网络的形式组织起来,确保农业社会政策的实施。Caisse centrale de la MSA(CCMSA)是该网络的领导者。它确保地方资金正确执行公共服务使命,并确保遵守与国家签订的2015—2020年期间的目标和管理协议(COG)。

二、法国智慧村落建设实践

数字农业。法国芝麻数字平台。法国芝麻(France Sesame)是一个公共和免费的数字平台,于2022年11月17日,经济、财政和复苏部、农业和食品部以及生态转型部启动了。旨在简化和促进适用于通过法国港口进入欧盟领土的货物行政手续的完成,这些货物受兽医、卫生或植物检疫控制,在遵守法规的控制下果蔬营销标准或欧盟有机农业标准控制。France Sesame部署在勒阿弗尔、敦刻尔克和马赛等主要海港,通过提供适应港口生态系统参与者需求的现代响应,使法国港口成为战略物流枢纽。France Sesame是与位于相关港口地区的经济运营商小组密切合作设计的。借助安全的互联网访问,France Sesame为其用户(进口商、货运代理、海关代表)提供了一个个人空间,允许他们使用一系列创新的数字服务:实时监控行政手续的进展情况;在线预约身体卫生和植物检疫检查;发送有关手续进展的实时通知;管理"数字进口档案",集中完成边境手续时的行政文件。France Sesame是由DGDDI(海关和间接关税总局)、DGAL(食品总局)、DGCCRF(竞争、消费和打击欺诈总局)和DGITM组成的部际伙伴关系的结果（基础设施、运输和海洋总局）。

农业教育。不断适应社会和专业期望的培训。法国农业教育提供了非常创新的培训和培训途径：主要包括技术和专业流，通过学校和学徒的初步培训，逐步走向专业化。第一，更新专业学士学位。农业和食品部正在修改其负责的 16 个职业学士学位专业的共同核心，以及以下专业：自然环境和野生动物管理（GMNF）、森林、水产养殖生产以及为法国人民和领土提供服务（SAPAT）。新的共同核心强调培养学士学位持有者的心理社会技能，以期他们的专业整合以及他们在整个职业生涯中适应和发展的能力。第二，农业技术人员专利选择改造。法国农业和食品部启动了对其 16 项高级农业技术人员专利选择（BTSA）的更新。目标是确保他们适应不断变化的专业现实和社会期望（农业生态学、数字化）。法国农业教育通过提供基于学期的培训机会再次展示了其特别创新的特点。大多数专业的农业教育文凭，从 3 级到 7 级，都可以通过学徒培训途径获得。农业生产、景观美化甚至个人服务部门通过提供多样化的工作，为希望走上这条培训道路的年轻人提供了很好的机会，从而使他们能够快速获得专业经验和多种受欢迎的技能。2020—2021 年，法国农业教育学徒人数从 37,425 人增加到 45,717 人，增长 22%。[①]

法国农业互助保险。法国的农业发展历史悠久，是该国不可缺少的重要行业。但农业生产受自然灾害的影响较大，为了应对灾害风险，1840 年法国第一家地区性的互助保险公司应运而生。经过 100 多年的不断发展和完善，法国的农业互助保险制度已经相当成熟。一是分散了农业生产风险。农业受自然灾害的影响较大，而影响生产的气候条件难以获取精准的预测，农民抗拒自然灾害的能力较弱，导致其收益和产业不如预期。因此，法国农民通常会联合起来，通过设立农业保险合作基金组织，以便对农业生产提供保障。另外，该组织还能获得来自官方和非官方提供的再保险，保险的多方来源削弱了农民损失过大的可能性。二是低费率，高补贴。法国农民可获得又由政府提供的农业保险补贴，一份保险农民只需缴纳 20%~50% 的保费，其余部分则由政府承担。以安盟集团为例，对于一

[①] 法国农业部：《农业教育》［EB/OL］.（2022-03-09）. https://agriculture.gouv.fr/enseignement-agricole-des-formations-en-perpetuelle-adaptation-aux-attentes-societales-et.

个农民来说，只需要 100 元不到的保费就能购买一份财产保险和基本责任保险。农民从政府处获得了高额的补贴，降低了其在农业保险科目上的成本，在农业风险得到保障的同时能够提高农民对农业保险的兴趣和生产积极性。另外，法国以补贴的形式对从事农业生产的农民进行扶持，大大降低了他们因技术不成熟和经验缺乏造成的风险。2016 年，法国政府在《加强畜牧支持计划和农业》中，计划将 7 亿欧元用于当年夏天的农业危机。1.25 亿欧元和一些措施扩大到养殖部门；1.3 亿欧元用于补偿农民的禽流感损失；0.35 亿欧元用于补偿农民和商人的蓝舌病损失。[1]

第三节 英　　国

英国位于欧洲西部，人口数量约 67.879（2023）千万人，国土面积达 24.41 万平方公里。英国农牧渔业主要包括畜牧、粮食、园艺、渔业，可满足国内食品需求总量的近三分之二。而农业在英国国内生产总值中所占比重不到 1%，从业人数约 45 万人，不到总就业人数的 2%，低于欧盟国家 5% 的平均水平，低于其他主要工业国家。农用土地占国土面积的 77%，其中多数为草场和牧场，仅四分之一用于耕种。农业人口人均拥有 70 公顷土地，是欧盟平均水平的 4 倍。2000 年，"乡村未来计划"的发布深刻影响了英国的农业发展，该计划从宜居的乡村、宜工作的乡村、被保护的乡村、有活力的乡村四个方面着手打造了最美的英国乡村。

一、英国智慧村落建设政策

英国农村政策发展过程由以农业生产为中心到重视农村生态价值，鼓励农村创新实现多样化三个阶段组成。逐渐走入了后脱欧时代以农业科技创新推动食品产业发展及新的生态环境标准强化土地和环境管理的新阶

---

[1] 郑军，陶胜. 法国农业互助保险的利益相关者分析及经验借鉴［J］，内蒙古农业大学学报，2017（6）：26.

段。从英国的经验来看，智慧化在乡村建设中有着举足轻重的作用。

农业科技战略。在脱欧背景下，高标准的农业产业及生态环境成为英国未来农业的发展方向。2022年在第76届牛津农业会议上，英国农业部部长Edwin Poots指出："英国农业必须通过科学、创新和知识转移与改善环境可持续性相适应的方式实现更高的生产力增长。"①《农业科技战略》是英国现有的主要农业科技政策，是促进英国农业现代化发展的核心战略，旨在促进成果转化，支持新技术和新产品的开发引进，建立农业信息数据库以及深入挖掘农业信息。首先，战略愿景与使命。将英国打造成农业技术创新和可持续农业领域的世界领导者，扩展全球食品安全和国际农产业市场是该战略的愿景；投资农业技术创新，促进成果转化，开发利用数字技术、知识转移、农业数据库，在农业信息领域达到国际领先水平，发展农业可持续性的技术，吸引国内外投资加盟，创建新一代合资企业，进行行政和财政双向改革，提高农业科技投资效率是其使命。其次，战略内容。农业科技战略主要由英国农业技术领导委员会主导，负责引导和监督资金的使用，包括与企业、政府、科研机构、农村组织等相关单位一起对农业进行研究、转化和创新投资进行综合规划，确定支持的重点农业项目。政府主要负责提供融资和促进国内外合作，农业科技部门则负责为农户提供生产技术、技能培训、农业知识，促进农户与管理人员、技术人员和各领域专家之间的交流。最后，战略的相关利益主体。农业科技战略将使农场、世界农业科技公司、食品加工零售商、各投资方、研究人员、消费者等收益。主要体现在战略将农村与农业科教部门紧密联系，不仅使农场各主体有机会接触最新、最权威的农业信息，有助于提升农业现代化水平，还能为科教部门人员提供便捷的途径，直接快速地接触和了解农业环境，使农业实验有效开展，及时发现农业问题。

农业学徒制培训。在英国，学徒制作为一种通过职业教育活动的国家认可的专业资质的培训计划，为英国农业劳动力汇入了新鲜血液。一是级别制。农业学徒分为中级和高级两个级别。前者包括农场工人、拖拉机驾驶员、饲养员、管理员等，后者则包括部门主管、农机操作人员、农场助

---

① 英国农业部、环境和乡村事务部：《Edwin Poots在第76届牛津农业会议上发言》[EB/OL]．(2022-01-07)．https://www.daera-ni.gov.uk/news/edwin-poots-speaks-76th-oxford-farming-conference

理、技术员、监管人员等。其中，中级学徒是进入农业领域的必要环节，也是成为高级学徒，获取资格证书的必要条件。二是合同制。雇主与学徒一般签订为期 18 个月的合同，在此期间雇主必须为学徒提供入职声明和农业培训，不应与其他农场主的学徒产生不同待遇，如享受每年至少 20 天的带薪假期。但学徒也会受到相关制度的约束，如农场和学校的学习时间总和超过 530 学时才能完成全部课程。

农业补贴政策。农业补贴政策是英国调控农业发展的重要手段，对农业生产、农户收入、乡村环境保护等方面发挥了重要作用。一是与生产相关的补贴使农户收入风险降低。英国与农业生产相关的补贴主要是在农作物、动物和奶业的价格上进行支持，旨在刺激农业生产，增加农户收入，但其负面影响在于使经济利益在英国不同规模之间的分配产生了高度的不均衡；农产品供给过剩和农产业价格过高带来了高昂的处理成本，导致政府负担过重。对此英国采取牛奶配额、自愿休耕、强制休耕等农产品供给手段，并进行农业补贴政策改革。使农业补贴由价格支持向直接补贴转变，以缓解农产品供给过剩、降低农产品价格和减轻财政负担。二是与生产不相关的补贴环节了农户收入两极分化及农产品过剩问题。首先，单一支付计划是一种普惠性农业补贴政策，其目的是转变以往与农产品挂钩的补贴方式，为农民按照市场需求自主生产提供的支持，缓解了农产品过剩问题。其次，基础性支付计划。基础支付计划（Basic Payment Scheme, BPS）增加了注重环保的理念，致力于农户种植多样化，添加了鼓励青年农民的条款。申请补贴成功的农民需要遵守"绿化规则"（greening rules）和"交叉承诺"，不遵守"绿化规则"的农民将失去 30% 的补贴。"绿化规则"致力于农户种植多样化，它规定拥有 10-30 百米耕地的农户需要种植至少 2 种不同的作物；拥有 30 百米以上耕地的农户需要种植至少 3 种不同的作物，主要作物不能覆盖 75% 以上的耕地面积，且任意两种作物种植面积之和不能超过 95%。申请 BPS 的农民也需要遵守"交叉承诺"，达到环境、食品安全、动物卫生与福利、植物卫生的相关要求，保护一定的永久性草地、保持生物多样性等。三是农村发展计划。农村发展计划是英国农业补贴政策的"第二支柱"，在 21 世纪初被引入农业补贴计划。农村发展计划的目标是实现农业可持续发展和农业污染控制，重点通过控制农业生产过程中水、氮肥和农药的耗费，以及加强对污水、牲畜粪便、牲畜残骸的科学处理，尽最大可能地降低农业环境成本。英国政府出台了相应的农业生产规范，对农业生产过程中水、肥、农药的使用，牲畜粪便、残骸的处理等给予详细指导；通过组织培训向农户普及环境友好农业的相关知识；建立了农业用水监控系统，以及生物、物理以及化学水质标准；根据不同地区的农业生产特点设计了相应的补贴项目；同时，与单一支付计划和基础支付计划相似，农村发展计划将农户获得的补贴金额与其是否达到政府规定的农业生产标准相挂钩，以保证计划达到预期效果。

二、英国智慧村落建设实践

5G农村综合测试平台。5G农村综合测试平台（5GRIT）项目应用于英国多个农村地区，如坎布里亚郡、诺森伯兰郡、北约克郡、因弗内斯郡、珀斯郡和蒙茅斯郡。该项目探索了使用替代无线技术（TV White Space 和 60Ghz）降低基础设施推广障碍的方法，以在智能农业和旅游等一系列农村应用中测试 5G 技术。与 Auto Air 和利物浦 5G 测试平台类似，5GRIT 表明即使在农村地区也可以使用 60GHz 网状网络技术提供良好的数据链接，尽管此处没有探讨成本效益。电视空白空间（TVWS）被发现在测试区域提供高数据速率方面不可靠，但该项目为更广泛地使用共享频谱提供了有用的经验教训，如干扰问题和需要足够的连续频谱。该项目表明，使用无人机可以更好地管理和施肥，将产量提高10%以上。遥控无人机可以收集大量数据来监测农作物和牲畜的状况，从而减少农民在田间工作的时间。然而，这不太可能支付低利润地区的基础设施投资，如本试验中使用的养羊场。随着用例变得更加自动化，农村地区的完整 5G 网络可以减少农民的孤独感和孤立感。使用 5G 基础设施测试来自移动增强现实（AR）应用程序的内容-我周围的世界——是否可以在当地旅游热点（如 Alston Moor）和杰出自然美景区（AONB）工作。用户热衷于使用展示内容的应用程序，包括当地遗产音频/视频讲故事和当地活动信息。由于页面访问次数和与应用程序的交互次数，这改善了访问者的体验并对当地企业产生了积极影响。这可能会为当地企业吸引数千英镑。该项目旨在使用替代无线技术来测试是否可以将超高速宽带（30Mbps）传送到目前很难到达的农村地区。

TVWS 仅在少数情况下产生可接受的速度，并且在测试区域和使用的早期设备中不可靠。60GHz 网状技术在用于本地分发时具有稳定的宽带速度。用户报告了对链接稳定性和一致性的积极反馈，超过了目标最低50Mbps。农业用例使用支持 5G 的无人机和机器为农民提供有关其牲畜或作物状况的实时数据。数据显示，定期检查收获质量，将其可视化并允许肥料更好地撒播，从而实现更均匀和更大的收获。减少动物饲料和增加放牧。由于改善了对牧场的利用，购买的动物饲料减少了 40%。5G 用例自动化了一些手动流程，节省了时间并可以完成其他任务。5G 使无人机能够每天在大型农场区域监测牲畜，以测试它们是否会为农民带来生产力收益，但在这种低利润的养羊用例中，成本大于收益。

囚犯学徒制。在英国，囚犯将首次获得学徒机会，这是英国为减少犯罪和解决当地劳动力短缺问题前所未有的举措。该政策目的在于帮助囚犯首次获得学徒机会以帮助减少犯罪；计划在重点行业提供基于工作的培训并促进当地雇主的农业生产；改变游戏规则的举措，让更多的前罪犯就业并削减 180 亿英镑的再犯罪成本。去年公布的民意调查发现，十分之九的雇佣前罪犯的企业表示他们可靠、擅长工作、守时和值得信赖。目前，英国囚犯无法利用学徒制，这将使他们获得黄金标准培训，他们可以获得释放工作所需的技能——有证据表明，在工作中的监狱离开者再次犯罪的可能性要小得多。英国政府将修改法律，以便英格兰各地开放监狱的囚犯能够申请重要行业的学徒机会，包括酒店和建筑，提供直接进入社区企业工作的途径。该计划最初将在英格兰各地提供多达 100 名囚犯，然后在更广泛的监狱区推广。

副总理、大法官兼司法部长多米尼克·拉布（Dominic Raab）说："我们正在引入囚犯学徒制，为罪犯提供他们在获释后获得工作所需的技能和培训。让违法者进入工作岗位为他们提供了第二次机会，让他们过上更积极的生活并保持正直。打破犯罪循环对于我们减少再犯罪、减少犯罪和保护公众的使命至关重要。"[1] 监狱拥有监狱区最大的培训计划之一，为囚犯提供填补当地技能短缺并为社区做出积极贡献的经验。新计划是政府推动

---

[1] 英国政府：囚犯学徒制以减少犯罪［EB/OL］．［2022-02-11］．https://www.gov.uk/government/news/apprenticeships-for-prisoners-to-cut-crime.

增加有工作的监狱离开人数的最新举措。囚犯已经能够在监狱中学习、训练和工作，另外，5,000名囚犯通过获得临时许可证而参与社区的重要工作，他们在那里学习重要技能并帮助解决当地劳动力短缺问题。西萨塞克斯郡的HMP Ford等监狱与面临人员配备问题的部门合作，包括建筑、酒店和农业、一些罪犯也接受了HGV司机的培训。该计划将使数百名囚犯到2025年开始学徒期，并为数千人提供学徒前培训——为他们准备完整的学徒计划或释放后获得更高技能的工作。

未来的可持续性-英国农业2050计划。英国政府已经设定了一个到2050年英国将实现碳中和的目标。英国农业、环境和农村部将通过绿色增长议程来支持实现这一目标，同时通过提高生产力、创新能力来实现可持续经济。一是可持续的农业和食品。英国将改革农业和农业食品部门，通过资助和提高资源效率，提高生产力、可持续发展和效益，倡导良好的环境做法和较高的动物福利标准，英国将与行业合作，利用科学、研发、创新和教育，提高响应能力，提高效率，并在整个食物链中尽量减少浪费，从而提高弹性，确保食品的持续供应。二是繁荣的、有弹性的农村经济和社区。英国政府将努力成为农村社区和企业面临的需求及挑战的捍卫者，确保长期投资决策具有复原力，以共同努力开发和展示其美好的旅游环境和世界级的餐饮生产。三是绿色增长。绿色增长采纳了英国气候变化委员会关于通往零净收入率途径的建议，这意味着英国在保护自然资产的同时，也改变和发展经济。经济将向低碳或无碳模式过渡，并减少浪费，生产力和创新将增加，英国人将受益于更可持续和平等的与自然世界联系更大的社会。海洋、空气、水和陆地将再次有机会恢复和繁荣，以及它们所维持的令人难以置信的生命。绿色增长反映了影响深远的社会和经济变化，接受新的工作方式，并认识到在一个相互联系的世界的背景下需要具有当地经济弹性的模式。然而，绿色增长的一个关键考虑因素是，健康和可持续的环境在粮食安全以及粮食、农业、渔业和林业部门的长期生产能力及其复原力方面发挥重要作用。一个具有响应性、一体化和高效供应链的行业，可以确保农业活动适当地专注于满足市场需求，从而尽量减少努力和资源的浪费，进一步提高其可持续性和弹性。该框架将为英国研究和发展、创新、资本支持、投资和竞争提供战略背景，从而产生新的经济增长来源，同时利用科学解决建立弹性生态系统的解决方案。在未来30年里，英国将刺激和支持新的方法，共同努力创造条件，使英国人民、企业和环境协调工作，通过提高生产力、创新能力来发展一个强大的、可持续的经济。

第四节 芬　　兰

芬兰位于欧洲北部，国土面积达 338,424 平方公里，人口 546.4 万人。芬兰农业比较发达，但在 GDP 中所占份额不大，2019 年仅占 2.8%。芬兰耕地面积约 230 万公顷，从事农林业的劳动力约占总劳力的 3.4%。芬兰农林密切结合，主要以家庭农场形式从事生产和经营活动，畜牧业为主，种植业为辅，大部分农业用地用于饲料作物种植或放牧，经营管理和技术应用水平较高。尽管芬兰三分之一的国土位于北极圈之内，但通过发展现代农业，实现了粮食、畜产品等多数农产品的自给自足，有关农业政策更多立足于保持农民收入稳定，提高农产品质量和促进农业、农村生态可持续发展。

一、芬兰智慧村落建设政策

芬兰大陆农村发展计划。芬兰大陆 2014—2020 年农村发展计划，即农村发展计划，是农业改革和农村发展的最重要工具。农村发展计划旨在维持充满活力的农村、改善环境、可持续利用可再生资源、改善动物福利和发展技能。首先，农村发展优先事项。芬兰乡村是通过芬兰大陆和奥兰的乡村发展计划措施发展起来的。2014—2020 年芬兰大陆农村发展计划的三个战略重点是：以经济、社会和生态可持续及道德可接受的方式促进生物经济并包括农业。通过发展商业竞争力、新企业家精神和商业网络，使农村生计多样化并改善就业。提高农村生活活力和生活质量。芬兰大陆农村发展计划的目标如下：增加农村地区的专业知识、交流、创新与合作，气候变化减缓和适应得到加强，增加生物多样性，改善水体状况和农田状况，农村创业多样化，改善就业、服务和赋权，使农业生产竞争力增强。

农村企业可通过生产优质食品和改善动物福利来响应消费者的需求和价值观。其次，农村发展措施。农村发展计划通过广泛的措施实施。如培训与交流信息；实物资产投资；空间和商业的发展；农村服务和村庄的发展；环境补偿；有机生产；自然障碍补偿；动物福利；合作与创新（包括EIB）。

再次，该计划的资金侧重于对农民的支持。对于农民支付的补贴将确保芬兰继续开展环境友好型农业。资金分配给农业企业家，作为芬兰北部自然条件下的种植和农业环境工作的补偿。环境补偿为促进农场及其他地区的环境问题提供了很好的机会。有机生产是通过农村项目的投资、商业和项目补偿以及环境和有机补偿来发展的。该计划包括咨询和培训，以提高能源效率、环境问题和动物福利等方面的专业知识。农场还可以获得各种提高竞争力的投资补贴。农村发展计划的资金也支持农村企业的发展和创造更多就业机会。农村中小企业是重要的雇主，农村发展计划有助于他们创业、改革和投资。公司可以申请支持，其中包括产品开发、营销、实验、国际化和协作。

最后，该计划的目的是创造实际条件，特别是在生物经济领域，利用研究知识和现有技术在芬兰非常重要。农村居民可以利用计划拨款来改善他们所在地区的舒适度、可达性或服务。该计划支持可用于开发服务的新技术和实践，改善农村地区的宽带链接将为企业家增加机会，并增加农村地区作为居住地的吸引力。开发商组织、市政当局、企业和居民可以一起准备本地、区域或国际项目，以发展生计、技能和服务。资助农村发展计划。2014—2020规划期间的公共资金为83,650亿欧元。农村发展部分由欧洲农村发展农业基金资助，部分由国家资助。国家捐款包括州和市政资金。除公共资金外，还提供私人资金。

自然障碍补偿。芬兰是欧洲最北端的农业国，芬兰的地理位置远离其他欧洲市场，北部气候条件限制了农业，生长季节很短。对自然障碍的补偿是对农民的支持。与其他欧洲产区相比，自然障碍补偿了种植成本的差异。自然障碍补偿是共同农业政策（CAP）的一部分，并包含在芬兰大陆的农村发展计划中。对自然障碍进行补偿的目的是确保芬兰农业生产的继续。如果不继续生产，就会导致田间植树造林。这些补偿阻止了它。此外，对自然障碍的补偿使开放和维护良好的乡村景观成为可能。农场经济的发展维护了农村就业和地区经济的发展。一是赔偿条款。农户必须是一个积极的种植者,并在种植过程中遵守交叉合规条件。农户必须控制至少 5 公顷符合条件的农业用地;在群岛至少 3 公顷。二是管理要求。农户申请的区域必须在其能控制的条件下,并且不迟于 15.6 进行农业使用。但是,如果农户使用的农地在 12 月 31 日之前被废弃,则取消这些地块的自然残障津贴和牲畜津贴增加。如果搁置是由于不可抗力(例如征用),农户则不必从这些包裹中撤回援助。三是搁置限制。以下作物及其面积包括在休耕范围内:露天休耕、绿地休耕、留茬休耕、自然保护区(草地)和保护区(自 2015 年起承诺)。农户的生产经营单位的合格耕地中留出作物的总份额不得超过合格面积的 25%。

  国家农村政策宣言。芬兰这份农村政策声明表达了决策者和人民——作为农村地区的行动者——为未来而做的事情。

  一是现代、现代和数字化的乡村需要大胆的行动。农村为创新和灵活的商业提供了机会。实现这些机会需要为芬兰梦想创业的各个年龄段的人提供商业服务、培训和支持。芬兰加强不同行为者之间的合作,确定非正式网络及其在促进创业中的作用,尤其是提供商业服务来满足年轻人、妇女和移民的需求。另外,芬兰通过实验进一步探索和推广二元性的替代方案影响自身居住环境的发展,对于常住居民以及移居读书多地的非全日制居民,那些希望在完成学业后返回芬兰的人来说,加强包容性尤为重要。需要大胆地开发和实施经过验证的包容模型——无论是数字化的还是面对面的。特别是,服务必须以社区的方式发展,并有居民的参与。需要制定有效的包容过程,从当地村级到地区级(如在新的福利区),一直到国家级。在向数字化过渡的过程中,必须为数字服务的用户提供特殊支持。芬兰农村企业发展不仅有针对性的补贴,还有风险融资和担保,并通过允许中学设立专业领域来促进区域专业化,支持扩大高等学校学位范围。在规划农业教育领域时,考虑商业界的需求,教育必须在找到一个社区和网络与可以实现的教育提供之间找到一个黄金分割点,远程学习可以进行更广泛的学习并促进终身学习。

  二是实现美好生活和智能适应需要勇气。芬兰人口多样性的增加和对农村地区日益增长的兴趣也在创造新的活力。人口老龄化和人口减少对农村地区的适应提出了挑战,发展服务和为美好生活创造条件的核心必须是人和公民的参与，因此芬兰创新方式保障服务，以数字和移动服务应对人口稀少的问题，发展多服务中心，确保数字服务的可及性。主要体现在：市县引入包容性工具，如伙伴关系表、包容性预算编制和公民委员会。年轻人被倾听，从而促进代际互动；保障青年委员会或其他青年倡导机构在各级决策中的发言权和参与权。如在提供日常农村和福利服务、移民融合和促进移民遣返等方面，公民行为者是关键角色，能得到发展和支持使它们的更新和连续性成为可能。

三是低碳农村。芬兰气候行动从农村地区的居民和行为者的角度考虑社会和经济的可持续性。农村地区自然资源的可持续利用从当地社区的角度评估当地的利弊。不仅考虑生态可持续性，还考虑了文化遗产价值以及对当地经济活动和房地产价值的影响等问题。如果利大于弊，则考虑保护自然资源。可持续利用自然资源的经济和社会附加值必须反映在当地经济和社区福祉中。在农村地区，气候行动与自然资源的开发（如粮食生产、林业、采掘业）和能源消耗（如住房和流动性）有关。通过明智的行动，芬兰支持整个国家的自给自足。通过共享经济、闭环、本地网络、平台经济和社区行动等，提高气候行动的有效性。因此，芬兰开发专门针对农村地区的模式，并通过各种方式加速推广。芬兰交通政策的目标关注着社会和经济的可持续性——从农村地区人口的角度来看也是如此。为了进一步破除阻碍农村地区的可达性和流动性，芬兰特别注意通往乡村道路的较低路网，所有权的变化和农村企业的产生所提供的机会也用于促进气候行动，支持继任者愿意朝着更加碳中和的方向发展业务。

二、芬兰智慧村落建设实践

农村政策委员会。2021年2月18日，芬兰政府任命了新的农村政策委员会，任期为2021年3月1日至2025年12月31日。MANE旨在支持政府准备和实施跨行政和具有战略意义的国家农村政策问题。理事会在政府分配的任务框架内概述了国家农村政策的实施和发展。MANE由负责农村政策的农业和林业部长Jari Leppä担任主席。副主席是负责区域政策的经济事务部长Mika Lintilä。委员会的组成反映了农村政策的跨行政性质，代表不同区域层面农村发展工作的社会不同部门的代表，在国家农村政策方面都有代表。理事会拥有 34 名成员。MANE 的任务是通过在理事会主持下的广泛的农村政策合作网络来执行。主要实施者是理事会秘书处和农村发展专题网络。任务如下：（1）在跨行政和具有战略意义的国家农村政策问题上支持决策者，并准备和实施政府的农村政策指导方针以协助政府。(2) 实施 2021—2027 年总体农村政策计划和有关单独定义主题的发展工作，以及监督行政部门和非行政行为者之间的合作执行情况。（3）对政府不同部门正在进行和正在进行的农村政策项目的影响。（4）制定农村政策和农村发展的结构、政策和方法，以支持和实施基于地方的政策和发展。(5) 增加农村研究和信息，特别是通过国家资助农村研究和发展项目以及促进农村行为者之间的国家和国际信息和经验交流。（6）促进国家区域发展与欧盟农村和区域政策的协调。改善农村、群岛和城市地区与城市和群。（7）政策行动者之间互动与合作的条件。芬兰农村研发项目支持实施《2014—2020 年农村综合政策规划》和落实农村政策委员会 MANE 的十项任务，项目必须是全国性的和具有农村意义的，这些项目强调研究与开发之间的相互作用。

  农村晴雨表。农村晴雨表了解芬兰人如何了解农村的性质。农村晴雨表的目的是阐明芬兰公民、公共部门决策者、商业决策者、媒体和农村专家对农村的看法。除其他外，它包括以下主题：美好生活的要素、对农村的看法、区域认同、企业家精神和生计、农村发展和农村的未来。农村晴雨表提供了芬兰人民对农村性质看法的统计代表性样本。2020 年农村晴雨表是 Sitra 在 2009 年和 2011 年的地标计划中实施的地标晴雨表的延续，是由农村政策委员会/农林部委托进行的一项调查，由自然资源中心编制和解释。2020 年农村晴雨表调查是在新冠肺炎疫情暴发之前进行的。该研究还首次将年轻的城市居民作为一个特殊的目标群体。2020 年农村晴雨表调查结果为：一是乡村充满了积极的形象。多达 61%的芬兰人将美好生活与乡村联系在一起。其中年轻人占 51%。人口稀少的农村和核心农村地区的知识更丰富，但甚至超过一半（53.5%）生活在城市的人将美好生活与农村联系在一起。国民经济负担、压力、现代性和排斥等属性与农村无关。除了美好的生活，自然、真实性和社区与乡村的联系最为紧密，甚至很多或非常多。与城市（10%）相比，芬兰市民更强烈地将环保生活方式与乡村（58.9%）联系在一起。二是区域类型身份有其自己的特点——年龄是一个有趣的因素。鉴于区域认同，37%的芬兰人认为自己既是农村人，又是公民。41%的人认为自己是城市人，20%的人认为自己是农村人。年龄是地区类型认同的一个有趣因素。受访者年龄越大，地区类型认同越重要，越能确定该认同是农村的。受访者越年轻，感知身份就越有可能是城市的。年轻的市民拥有最强烈的城市认同感，但这里也有多面性。Pyysiäinen 说，令人兴奋的是，在被视为特殊群体的年轻城镇居民中，13%的人也认为自己是农村人，31%的人认为自己是城市人，而 54%的人认为是城市人。一些已经加剧的有趣趋势是，农村被更多地视为未来的资源。三是乡村是欲望的栖息地－多样性是巨大的。农村晴雨表询问芬兰人住在哪里以及他们想住在哪里。因此，许多人希望生活在更乡村的环境中。但根据晴雨表现实芬兰不会出现一波大的移民潮——无论是去农村还是去城市。2020 年农村晴雨表证实，未来也将有对小屋的需求。在 24 岁至 44 岁的年轻人中，有 37%的人相信 10 年后他们将在农村拥有一座度假屋。四是以居民需求为导向的发展。《农村晴雨表》还征求对农村未来及其发展的看法。39%的芬兰人完全同意农村的发展应主要基于农村人口的需求。最重要的发展需求是开发新的运营服务方式，吸引新的居民和交通基础设施。，最不重要的发展措施则是巩固社区结构。63%的市民认为限制偏远地区的公共服务是不合适的，只有 17%的市民认为应该限制在人烟稀少地区的建设。

宽带作为农村活力投资。到 2019 年年底，芬兰 38%的家庭都可以使用光纤。2025 年宽带目标为 100Mbit/s，可提升至 1Gbit/s。为此，芬兰加强有组织的合作、共建和市场化建设，以此产生一个运作良好的基础设施。在农村地区，特别是在人烟稀少的地区，公共支持很重要，而且往往是光纤建设的先决条件。即使在人口稀少的地区，公共支持也可以实现可持续的投资成本。由于农村和人烟稀少的地区，特别是长距离和流域的特点，公共支持抵消了建设成本，因此光纤是激发芬兰乡村活力的关键前提。其意义和影响在于光纤建设中的有效性是根据需要-输入-输出-效果-效率链来创建的。（1）需求：光纤是对未来的投资。可靠和高速的电信网络是可与道路和电网相媲美的基础设施。这些都影响着芬兰农村地区的活力和福祉，影响着发展机遇。（2）输入：公众支持：政治决策和市政战略指导方针是公众支持的先决条件。在市政战略指导方针和政治决策中考虑到地方和区域需求。(3) 私人资金：建设光纤网络也需要私人资金。为确保这一点，宽带用户必须有足够的需求。(4) 输出：农村地区应拥有可靠的高速电信网络。(5) 影响：可靠和快速的链接使新服务能够增强农村地区的吸引力。(6) 成效：农村地区的活力和竞争力将增强，带来就业和创业机会以及积极的人口趋势。基础设施是区域发展的决定因素之一。光纤建设可以启动一个积极发展的循环。光纤投资作为门槛投资，对以下主题产生积极的影响循环：(1) 数字服务是可能的。(2) 日常生活和工作生活中的服务正在改善。(3) 业务影响、位置独立性、有利的运营环境、可访问性将得到改善。(4) 住房和休闲。(5) 工作的转变和新技术的利用。(6) 远程办公，多地点，乡村的软景点。(7) 充满活力和竞争力的乡村。

第五章　中国智慧村落建设

第一节　浙江：智慧乡村的领航者

党的十九届五中全会提出："走中国特色社会主义乡村振兴道路，全面实施乡村振兴战略，强化以工补农、以城带乡，推动形成工农互促、城乡互补、协调发展、共同繁荣的新型工农城乡关系，加快农业农村现代化。"浙江省宁波市近年来加快推进"数字乡村"战略，以党建引领、科技支撑、全社会参与，将新一代信息技术与乡村治理、民生服务、乡村发展相融合，为乡村振兴提供新契机新动能。

一、宁波市慈溪市

宁波市"数字乡村"建设赋能乡村振兴。近年来，宁波市抓住数字化改革机遇，加快数字乡村建设，打造了一批具有宁波辨识度的标志性成果。目前，慈溪市入选国家首批数字乡村试点地区，宁波市和鄞州区、奉化区分别成为浙江省"数字乡村"试点市、县。围绕广大基层与村民群众的利益关切，宁波市以党建为引领，积极探索乡村全领域全域化智慧管理，在乡村生态保护、文化传承、人居环境、卫生健康、公共服务、经济公开等多个方面，以数字化智能化为抓手，信息一码归，要素一网通，服务一次办，打通软硬件数字屏障，将互联网、大数据、智慧工程等新兴信息技术应用于"数字乡村"，增加了党委政府工作的透明度，提高了广大村民踊跃参与乡村治理、共享治理成果的积极性和满意度。

实施乡村振兴是党的十九大提出的一项重大战略。中国电信浙江公司围绕党的十九大提出的"产业兴旺、生态宜居、乡风文明、治理有效、生活富裕"乡村振兴计划总要求，全面开展数字乡村基础设施建设行动，全力打造以5G、云、安全、千兆光宽带为核心的数字乡村信息化能力底座，同时启动"十亿助力、万村共建"数字乡村云平台服务项目，为浙江省1万个村开展数字乡村云平台建设，全面助力乡村治理数字化、农村产业智能化和村民生活智慧化。

为全面贯彻落实《数字乡村建设发展战略纲要》，宁波围绕"智慧乡村""大脑+应用"的综合改革，以"四个化"为抓手，扎实推进智慧农业的"向前进"。

一是对智慧乡村进行全面规划。宁波市根据《数字乡村建设发展战略纲要》的要求，组织编制了《宁波市数字乡村建设发展规划（2020—2025年）》，对全市智慧农业建设进行了全面的规划。以数字技术创新为核心驱动力，以数字农业、智慧乡村、数据惠农为重点领域，宁波市制定了《宁波市数字农业三年计划》《宁波市数字乡村建设实施方案》和《数字乡村"大脑+应用"集成改革实施方案》等一系列方案，扎实推进全市农业农村领域数字化改革，明确农业产业大脑建设思路：聚焦乡村产业数字赋能需求，重点建设内容为农业产业一张图、种业强市、种粮一件事、智慧畜牧（甬牧慧）、智慧渔业、智慧农机、农田建设、品牌农业、地产农产品保供、农旅融合等数字化应用场景。

二是推进5G基础设施建设。先后出台《宁波市5G应用和产业化实施方案》《宁波市数字基础设施建设"十四五"规划》，明确5G基础设施建设和"5G+智慧农业"的顶层设计和发展方向。打造以5G为核心的生态农业监控体系，实施现代农业物联网工程，全面推广智慧农业等重点智慧应用项目，加快实现农业生产从传统的靠经验转向靠数据、靠智能，大力推进乡村振兴设施智能化建设。

三是发展数字农业试点。随着农业生产技术的进步，农业生产模式也在发生着变化，越来越多的农民开始运用数字技术来提高农业生产效率。为了转变这一发展模式，宁波市提出了"数字农业"和"智慧农业"的建设思路。

四是实施农机购置与应用补贴。出台《宁波市2021—2023年农业机械购置补贴实施方案》，今后，农业农村部将继续对粮食、生猪等重要农畜产品生产所需要的农业机械，以及特色农业生产所需要的农业机械进行补贴；对农业绿色发展、农业数字化发展所需要的农业机械，以及高端、复式、智能等符合标准的农业机械具进行补贴。

宁波市在"5G+智慧农业"方面取得了很大的进展。按照浙江省农业厅的有关要求，目前已确定35家宁波市首批智慧农业工厂35个。在浙江省农业厅发布的首批公布的智慧农业工厂名单中，宁波市入选27个，位居全省第二。

宁波数字乡村建设成果。随着智慧乡村建设的快速发展，宁波农业农村的生产加工方式与行业生态发生了巨大而深刻的变化。宁波的农机农业大户，可以依托北斗定位系统和物联网技术，开展田间自动播种、智能避障、自动掉头转弯等全套自动作业。作为海洋大市，宁波的远洋捕捞船队，可通过船位仪、雷达仪、自动防碰撞系统等智能化信息化装备，及时发现鱼汛，实现海上无隙加油、货物驳运等作业。

养殖业的数字化智慧化是农业现代化的重要标志。作为我国养猪业后起之秀的宁波天胜牧业董事长朱升海说，近年来天升农牧全面引入采用智能化数字化装备与技术，对生猪饲养过程，包括饲喂、检疫、用药、出栏等各个环节，可实施实时监控，视觉化展现，一旦发现情况，即可随时采取应对措施，现天胜牧业已被国家农业农村部列为示范基地。

在乡村振兴、乡村产业大数据智慧化的背景下，宁波市以资源共享、信息共享为纽带，推动农业与旅游业、餐饮业、大健康等现代产业的高位嫁接、无缝对接、跨界整合，上线农产品质量安全监管与服务平台，推进智慧农业云平台建设，并在全领域全产业推广"机器换人"，现已创建省级农业领域示范县三个，主要农作物耕种收机械化率达90%。

在"数字乡村"建设中，宁波重视发挥金融支农的重大作用，制定了宁波银行服务乡村振兴的实施意见。目前宁波农村基础金融服务覆盖率达100%，政策性农业保险险种数量达到108个，保费收入4.39亿元，为20余万农户提供450多亿元风险保障，2020年赔付2.75亿元，农业保险深度达1.3%，居全省领先地位。

宁波慈城年糕在全国颇有名气，建设银行宁波市分行与宁波农业农村部门密切配合，运用数字技术、大数据技术，从年糕原料种植、加工生产、市场推广、商场销售等各个环节，予以全产业链跟进与金融支持，在2020年遭遇疫情时更全力给予信贷保障，使这一特色产业成为当地重要的文化品牌与民生工程。建设银行宁波市分行还与宁波市农业农村局联手合作，举办"金智惠民"培训班，为"数字乡村"建设中的金融创新问题予以辅导解疑。

农产品的销售推广难风险大是农业产业共性化难题，宁波市通过大数据整合，一二三产联动，依托互联网+的神奇魅力，帮助农民把农产品卖出去，土特产"红"起来，让农产品进入产、供、销一体化良性发展。

位于宁波革命老区四明山深处的余姚鹿亭乡中村，出产番薯、山枣，以往每到收获季节村民总要为销售发愁。在"数字乡村"建设中，这个村在上级帮助下，成立了"农合联"中村服务社，通过互联网电商平台，把山村里的土特产销到了全国各地，番薯粉丝的价格翻了一番。当地政府还乘势推出了精品养生旅游线，线上线下呼应，吸引游客来此观光赏景、休闲住宿，更提高了当地土特产的知名度。

"农业产业的高风险，农产品的销难卖难，很大程度还在于广大农村发展不平衡，信息不对称，带来了诸多不适应症。"中国智慧工程研究会智慧乡村委员会是我国"智慧乡村""数字乡村"建设的权威研究机构和积极推动者，该委员会秘书长周贤立说，我们把宁波先进的数字化物流技术、服务模式，引入推荐给东北吉林市，在当地供销社的帮助支持下，为当地农业合作社、农机大户，提供精准的、点对点的物流技术与辅导，着力打破为农户服务最后一公里，深受农户欢迎。

宁波市农业农村局党组书记、局长李强表示，作为浙江省"数字乡村"试点城市，我们将以数字赋能农业高质量发展和乡村全面振兴，加快推进数字乡村基础设施体系、数据资源体系、业务应用体系建设，分层分级推进数字农业、乡村治理、"三农"决策管理等数字化应用，形成农业农村生产经营、乡村治理、管理服务三大领域业务应用体系，加快建设一批数字田园、数字牧场、数字渔场、智慧农机、智慧农旅等试点示范，推动现代数字技术与乡村生产生活生态全面融合，持续缩小城乡"数字鸿沟"。

二、杭州市临安区

临安是数字乡村的先发地,近年来,立足临安区农业农村发展实际,围绕打造"中国数字乡村第一县"目标,临安紧抓国家数字乡村试点契机,在充分调研的基础上,聚焦农业生产、农村生活、生态环境"三生"融合,秉承数字化、市场化、系统化"三化"协同,生产、生活、生态"三生"融合原则,全力推进"天目云农"数字乡村建设;通过天空地一体化监测预警网络体系建设,加强主导产业整体态势感知能力、病虫害预警能力;依托山核桃和天目雷笋两大产业大脑,不断夯实乡村产业数字基础。数字和网络的触角已经延伸至乡村产业的众多领域,改变着农民生活的点点滴滴,城乡之间的"数字鸿沟"逐步消弭,乡村振兴的新活力不断涌现。

除了数字赋能现代农业,今年以来,临安区还重点推进14个数字乡村样板村建设,在治理端,创新应用"公共驾驶舱+特色舱"模式,统一建设村级标准数字驾驶舱,推进乡村高效治理。在应用端,全面推广"乡村E治理"小程序,解决村民生活生产方方面面的问题。"如何让数字化技术、数字化应用场景能够在村里落地,让老百姓享受数字化带来的好处,是我们一直以来探索的重点。"区农业农村局有关负责人表示,接下来将进一步做强两端,让数字化场景做得更好、做得更优,让每个村的特色场景做出亮点、做出特色,为全省乃至全国数字乡村建设提供"临安样本"。

依托数字乡村建设,临安区还迭代升级打造一批未来乡村。月亮桥村是浙江省第二批未来乡村,2020年以来,月亮桥村以"月亮中心"为核心,打造文化创意产业轴、民宿集群发展轴,建设民宿集群区、文旅融合区、农旅融合区、匠人创业区四区,统筹打造未来乡村蓝图。截至目前,已建成未来邻里中心和未来养老中心。

2020年10月以来,临安以数字乡村全国试点为契机,做好顶层架构设计,建设天目云农"数字乡村"。通过天空地一体化监测预警网络体系建设,全面加强主导产业整体态势感知能力、主要病虫害预警能力,以保障产业经济健康稳定发展;通过统建村级标准驾驶舱,贯通应用20余个区级部门图层、数据，同时统建上线"乡村E治理"掌上应用，构建村民信用积分体系，实现"办事家门口，服务不出村"，两端统建杜绝了一村一系统现象，大幅度降低开发成本，解决了数据标准问题。结合特色优势产业，开发山核桃、天目雷笋产业大脑，赋能产业发展，通过浙里办"临农一件事"17个"我要系列"，实现社会化服务集成服务。

三、临安区数字乡村建设实施方案

为贯彻落实《数字乡村发展战略纲要》《浙江省数字乡村建设实施方案》和《杭州市数字乡村建设实施方案》，加快推进临安区数字乡村建设，扎实做好数字乡村全国试点，制订了以下方案。

一是总体要求。按照省委数字化改革要求，充分把握杭州打造"数智杭州·宜居天堂"的战略机遇，立足临安自身特色，加快构建"天目云农"一张网。完善乡村信息基础设施和数据资源体系，以数字化改革撬动农业农村领域改革，全力促进乡村产业数字化和数字产业化，加快推进现代数字技术与乡村生产、生活、生态全面融合，缩小城乡"数字鸿沟"，继续保持临安区县域数字农业农村发展走在全国前列，奋力把临安区数字乡村打造成为浙江省"重要窗口"的标志性成果，成为推动临安区共同富裕示范区建设的重要抓手。

二是建设目标。到2022年，高标准通过国家级数字乡村试点地区考核验收，培育数字乡村样板镇（村）10个，数字乡村建设成效明显。乡村信息基础设施有效提升，乡镇和村落景区5G信号全覆盖；实施数字镇村整建制示范，乡村数字经济快速发展，主导产业数字化改造逐步推进，全域农业农村数字化发展水平稳步提升。乡村数字化治理体系初步形成，"基层治理四平台"更加完善，农村地区立体化、信息化治安防控体系逐渐形成。乡村公共服务数字化加快普及，政务服务事项实现100%"掌上办"，教育、医疗、文化旅游、社会救助等领域数字化应用向乡村广泛延伸。到2025年，培育数字乡村样板镇（村）50个以上，"天目云农"一张网全面建成。主导产业发展、农产品流通、行业监管、社会治理、公共服务等领域核心业务应用全面推广，数字技术应用全面覆盖规模生产经营主体，乡村数字经济发展壮大，电子商务专业村达到40个，农产品电商年销售额超

60亿元。乡村治理体系日趋完善，政府运行、公共服务等领域数字化应用更加广泛，形成具有临安特色的产业融合与城乡融合数字化发展模式，实现"三农"数据"全面共享、互联互通"，业务应用"横向协同、纵向贯通"，为农服务"上下联动、实时高效"，数字乡村发展水平持续在全省领跑、全国领先。

三是框架布局。按照数字乡村集成创新、整体智治示范建设目标要求，围绕农业高质高效、农村宜居宜业、农民富裕富足三大发展目标，运用系统集成理念和数字技术，构建临安数字乡村"135N"（一张网、三个平台、五大示范区、N个特色应用）的建设体系。

四是重点任务。立足产业数字化、管理智能化、服务在线化、应用便捷化，重点推进乡村现代信息基础设施提升、乡村数据资源体系构建、乡村产业数字转型、乡村数字治理体系完善、数字公共服务水平提升，通过打造数字乡村样板镇（村），加快形成共建共享、互联互通、各具特色、交相辉映的数字乡村发展模式，为未来乡村建设夯实基础。

"天目云农"临安样板。构建"天目云农"数字乡村一张网，基于统一的地理空间框架，通过标准化的资源要素管理，将不同来源、不同类型、不同应用的乡村要素资源进行规范、整合、叠加，并以数字经济、数字服务、数字治理三大模块为集成的数字乡村一张网形式，直观、形象、动态地进行展示、决策分析与应用。

打造"天目云农"三大平台，打造助力产业提能的数字经济平台、促进服务提质的数字服务平台、推动治理提效的数字治理平台。聚焦"融合"，助力产业提能。突出数字技术与农业产业经济深度融合，加快山核桃、天目雷笋、生态畜牧等主导产业数字化转型；聚焦"智治"，推动治理提效。围绕社会综治、村庄管理等基层治理难点，开展农户行为信用评价，利用物理模型、物联感知等技术，构建乡村治理新体系，全面提升乡村治理能力；聚焦"延伸"，促进服务提质。在政务服务、公共安全、教育医疗等重点领域数字化先行先试，推动公共服务功能向乡村延伸。

聚力数字底座，全面构建数字乡村一张网。临安区创新构建"135N"数字乡村建设体系，搭建1个"天目云农"数字乡村平台，聚焦乡村数字经济、数字治理、数字服务三大重点，创建青山湖"城乡融合"全域治理集成等五大创新示范区，构建数字乡村应用的系统基础。

平台归集全域涉农数据，目前已打通18个部门数据。在完善信息基础设施方面，全区建设4G基站3000+个、5G基站997个，开发智慧农村总平台和60多个个性化子平台，平台产品和高速宽带惠及近5万个农户家庭。

聚力数字经济，全面推动乡村产业业态升级。临安区大力推动智慧农业建设，创新开发"山核桃"和"天目雷笋"两大产业大脑，加快推进农业现代化。全区每年安排专项扶持资金1000万元，实施电商高质量发展三年行动计划，累计培育省级电商镇4个、省级电商专业村27个，电商服务站点实现行政村全覆盖。在全省率先成立"新农人"联合会，吸引近600名新乡贤返乡创业。大力发展智慧乡村旅游，打造天目村落、天目山宝等"天目"系列农业农村区域公共品牌，全区14家村落景区运营商与22个村集体完成合作签约，村民人均增收2400元。

聚力数字治理，全面推动乡村治理形态升级。临安区构建共建共治共享新格局。一是创新设立村社微型法庭工作室，打通司法便民最后一公里；二是在"天目清廉乡村"平台公开村级财务、村级工程资产资源、民生补助、农民建房等内容，规范基层权力运行。今年以来，通过平台开展民主决策监督3804次、村级财务监督4152次，发现违规问题223起；三是建立"防灾天目"应用场景，以"微应急"科学防控地质灾害。全区今年已有效避让地质灾害124起；四是打造社会治理风险预测预警预防体系，以"微预警"精准研判各类风险。截至目前，形成预警信息308条，化解各类风险隐患283起；五是打造青山湖街道"青和翼"全域智治平台，实现民生问题"一键反馈"、基层执法人员人人参与。目前已处置"民呼我为"报料3700余个，平均处置时长减少至8.7分钟，流转处置率达100%。

聚力数字惠民，全面推动乡村服务样态升级。紧紧围绕人民群众"急难愁盼"问题，临安区着力提升住房安居、普惠金融、医疗卫生等领域服务保障水平。在住房安居方面，临安区创新农房全生命周期综合管理服务应用，实现农房审批办证"零材料"、建房监管"零盲区"、贴心服务"零距离"、安全管理"全覆盖"。在普惠金融方面，临安区加大农信融资担保支持力度，推出"天目云贷"，依托农业生产主体信用评价体系和"浙农码"核定授信额度，最快两个工作日放款、最高获批200万元。同时，开设政策性险种24种，总计承保46万余户（人），保额14.76余亿元，累计赔付800余万元。在医疗卫生领域，临安区全力推进智慧教学、远程医疗、智慧养老建设，如面向高血压、糖尿病等慢性病患者投放穿戴设备，实行全天候健康监测、全过程异常报警、全时段远程诊断服务，服务群众达8.6万人次。

四、湖州市德清县

数字乡村建设实现美丽乡村智慧升级。"数字乡村"是我国新时代"乡村振兴"战略的一项重大任务，也是我国"数字中国"的一个重要组成部分。作为浙江农村改革发源地，近年来，德清县以实现农业和农村现代化为目标，大力实施"数字革命"，推动数字技术与农业农村生产、生态和生活方式的全面转型，并取得一定阶段性成果。其中，"德清县乡村全域数字化治理系统构建"被评为联合国"2030可持续发展行动方案"，"'数字乡村一张图'遥感监测助力乡村智治"被评为全国"数字乡村建设指南1.0"，并被评为浙江省唯一的典型案例，"德清"在"数字中国"建设大会上获得了"数字乡村"建设创新成果。湖州市德清县实现美丽乡村智慧升级主要体现在以下几个方面。

一是建设全局性的智慧治理领导系统。在"整体智慧治理"的思想指导下，注重多跨协同和系统集成，构建一个共建共治共享的平台，不断扩大整体突破的倍增效应。首先，建立"一三五"的制度框架。以省级公共信息平台为依托，以"城市大脑"为依托，建立统一的信息基础；建立起以"浙里办""浙政钉"等为核心的"数字乡村一张地图"为支撑的手机应用系统，并建立起以"四个基层治理平台"为基础的农村数字化管理统一指挥系统。其次，健全有效的协调推进机制。构建起一个统筹协调推进机制，将"技术专班+业务专员"的周例会进行常态化推进，形成清单管理、改革探索的部门横向大联动，系统谋划、整体推进。一方面，通过统筹领导干部和管理干部，协调解决项目建设中存在的困难和问题，及时调整和优化项目实施方案，确保项目稳步推进；另一方面，通过统筹各方面力量资源，研究制定相关政策、规定和指引，确保工作扎实落地。最后，通过对乡村治理场景的开放，信息反馈通道的畅通，对"网上乡贤议事会""信用账本""幸福云"等应用进行创新，鼓励和引导村民、社会团体、市场主体等广泛参与和回乡创业,形成多层次的协同治理格局。

二是数字孪生赋能乡村治理。以"数字乡村一张图"的迭代升级为切入点,推动乡村治理体系与能力的现代化。将注意力集中在物联感知上,构建出七大类感知设备,全领域数字化空间规划建设管控体系,打造出一个动态可视的"孪生镜像图",从而实现基础设施可视化、人与人交互信息的有效留存和再现。重点放在数据共享,对58个部门中的282种基本数据进行收集,为乡村治理提供了一个全面、系统的数据支持,构建一个涵盖了整个区域的"数据收集池"。同时也要重点关注"数字乡村一张图"的作用,"数字乡村一张图"涵盖了全县各乡镇,自动生成分析报告,一目了然的"异常变动"管理,化身为多才多艺的"精算师"和贴心的"大管家"。

三是数字服务充盈幸福质感。坚持"以人为本"的发展理念,不断充实情景,提高数据"温度"。首先,对工程进行了情景化。根据农村治理的实际需要,"一张图"已逐渐上线120多个功能,如规划布局、民宿管理等。其次,应用便利化。打通部门内部和部门之间的应用系统,形成问题建议"收集——交办——办理——反馈"闭环处置机制。在农村,依托"一村一名大学生"培养工程,在每个行政村建立村级代办点,通过"就近跑一次"实现在线求职、助残养老等民生服务。最后,将服务普惠化。以农村为重点,实现"一张床一码一装置"的应用场景在18家养老院全面覆盖;以"互联网+义务教育"为重点,推动农村和农村教育资源的共享;以乡村慢性病管理为重点,为乡村慢性病患者及时、有效地提供健康咨询与服务。

德清县"牵手"阿里打造"数字乡村"样板。德清县把农村电商经济作为推进乡村振兴的重要抓手,以特色产业为支撑,近年来,德清县始终立足自身特色,坚持以"数字经济"赋能农业发展,以"互联网+"激活乡村发展活力,推动农村实体经济与数字技术深度融合,催生出一批新业态、新模式、新动能。聚焦下渚湖青虾、禹越黑鱼等德清县优质农产品建设产业链,打造盒马鲜生示范基地和供货基地;围绕1+N模式,打造1个农村电商园,搭建N个电商平台;引导涉农企业开展农产品网络销售,推广电商发展新模式。德清创新打造县域农产品一体化数字配送平台,通过"浙农码"打通优质农产品销售渠道,结合同城配送系统,缩短供应半径、减少流通环节，农产品6小时内全县域直达。

德清县与阿里巴巴集团签署战略合作协议，联手共建数字乡村。阿里巴巴集团通过农产品产业链延伸使其更符合互联网时代消费者的喜好，加强人才培训和培育，在德清县挂牌数字乡村电商实训基地，通过培训、沙龙等线上线下的形式，理论结合实操为德清县培训各类多层次数字化人才。

一次探索有效提升"数字乡村"建设能力。近年来，得益于在"数字乡村"领域的积极探索，德清县收获累累"数字"硕果：与阿里巴巴集团在"城市大脑"、淘宝、盒马鲜生等"数字"领域，开展广泛而深入的合作；在浙江率先构建"数字乡村一张图"，建成全国首个渔业尾水治理全域智能监管平台；成为浙江唯一的全国数字农业试点县。双方将重点打造"数字渔业生产服务平台"和"旅游大数据应用平台"。阿里巴巴乡村事业部还将联合浙江大学中国农村发展研究院等，共同组建设立"数字乡村联合实验室"，通过构建电商新型人才培训、乡村数字治理体系等举措，促使乡村数字治理能力有效提升。

阿里巴巴"数字乡村"是阿里巴巴服务县域乡村振兴的一个重要窗口，充分发挥"科技助创新""平台联结市场"的核心优势，立足于县域，从产业、人才、组织等多个方面，对县域农业农村进行全方位规划，促进县域农业农村现代化的发展。以产业数字化和政府数字化为核心，为企业提供"基层政府数字化管理平台+工具+服务+人才"的一体化解决方案。通过实施品牌化提升乡村价值、互联网化助力农文旅融合、数智化打通产供销全链路、实训化推动乡村就业创业这四条路径，为全国各县域提供一套综合性、可持续的数字乡村解决方案。

随着"阿里巴巴数字乡村"合作示范县的不断涌现，一张数字乡村的美好图景正在徐徐展开。"数字引擎"正以一种全新的方式，在乡村道路上穿行，在深山沟壑中穿行，在乡村生活中融入诸多场景，在生活中改变着生活中的点点滴滴。

五、嘉兴市平湖市

乡村"智变"。近年来，平湖以数字化改革助推数字乡村高质量发展，并取得累累硕果。2019年以来，平湖市先后列入第一批省级乡村振兴产业发展示范建设县、省级乡村振兴集成创新示范建设县和省数字乡村试点示范县，2020年又列入国家数字乡村试点市；平湖市获评2022年浙江数字乡村"金翼奖"十佳县；市委网信办、市农业农村局获评2022年浙江省数字乡村建设工作成绩突出集体；钟埭街道沈家弄村入选"百优村"；2022年获全国县域数字农业农村发展先进县。自国家数字乡村创建试点工作开展以来，平湖市聚焦农业高质高效、乡村宜居宜业、农民富裕富足三条"跑道"，依托数字化改革推进数字乡村高质量发展，奋力打造农业农村现代化先行地。

首先，数字赋能，农业高质高效。在平湖农业经济开发区内，一个依托于物联网的数字农业样板间已然成形。手机遥控温室环境、施肥机自动调节水肥比……走进区内的绿迹数字农业生态工厂，几排高端大气的高规格连栋大棚映入眼帘。手机上点一点，两台无人驾驶机器就会按照设定线路穿梭在园区内，一个运输农产品，一个进行植培。打开手机中的App，浙江绿迹农业科技有限公司总经理余魁就可以随时查看12个大棚内的实时监测画面，大棚内实时智能调节的温度、光照情况，以及施肥机自动为每种农作物调配的水量、农药和氮、磷、钾等含量。

随着智慧农业建设的加快推进，农业时代不断迈出新的步伐。数字赋能农业生产，依托省试点项目，共投资4.17亿元开展智慧农业建设，累计培育数字农业示范园区6个，建成数字农业工厂8个（其中省级3个），未来农场1家，完成种养基地数字化改造56家。与此同时，大数据在各领域广泛应用。平湖数字乡村大数据平台实时归集农业农村各领域数据资源，已集成27个应用场景赋能数字乡村。如"农智云"系统，实现农作物全生命周期管控；通过各类线上销售平台，农产品网上零售额达16.52亿元；全市78家农资店实现"肥药两制"，农业投入品减量15%；病虫害智能监测预警、养殖尾水治理实现全域覆盖。此外，智慧农业科技不断创新。实施农业"双强"行动，共安装北斗农机管家483台、植保无人机304台，实现农机的精准作业和管理。加强与中国水稻研究所等科研院校合作，促进科技成果转化。累计获评国家级和省级星创天地3家、省级农业科技园区1个，农业科技贡献率达68%。

其次，数字助力，乡村宜居宜业。推进数字乡村建设，是乡村振兴战略的重要内容,也是农业农村现代化的题中应有之义。近年来,数字引领乡村治理"智治"成效日益彰显。全面推广红色根脉强基工程应用和"红船云"智慧党建系统,实现党员管理、党员教育、党组织活动线上化率100%。网上公布政务服务事项2431个,在线办理率达97%,"一网通办"办件率达97.33%。全市113个村社区全部设立了便民服务点,实现市镇两级服务中心24小时自助服务区全覆盖,方便群众不受时限就近办。"善治宝"应用,创新"股份分红+善治积分"乡村治理新模式,通过积分规则,引导村民主动参与乡村治理,实现乡村善治;"雪亮工程"实现公共安全视频监控联网行政村全覆盖;"十情图"社会治理一张图辅助提升基层综合治理水平。灾害洞察和智慧应用系统完成多次暴雨、内涝灾害监测预警。特别是台风"烟花"期间,精准预警内涝风险点位17个,实现城市零受淹,经济损失降低了46.5%,有效保障了人民生命财产安全。通过"善治宝"应用、"智能垃圾分类监测管理系统"等开展农村人居环境整治监测,农村生活垃圾分类准确率达92.6%,资源化利用率和无害化处理率实现100%。

农业"智"变,乡村"智"治。数字助力乡村服务,数字生活更加高效。金平湖智慧健康养老服务中心为1000余名特殊老年人免费发放智能看护产品并24小时后台看护。"增财实学"应用,实现"学历+技能"双提升教育一站式精准服务,实现技能证书"一证多用、全省通兑",落实个人补贴机制,激发了市民参与双提升的积极性。农村中小学实现"三个课堂"应用落地,3个案例入围浙江省"互联网+义务教育"专题案例。"精平扶"困难群体精准帮扶应用实现困难群众精准画像,让困难群众申请救助更便捷,救助结果可感可知;"智慧救助系统"在全省率先建成我市大救助共享数据池,实现精准救助并主动预警潜在救助对象,予以提前介入救助。全市公立医疗机构互联网医院全覆盖,共开展互联网咨询1704例。医共体成员单位均建立了"医共体云诊室",增强了百姓的获得感和幸福感。推进"互联网+"人社服务,共发行电子社保卡54.5万人次,覆盖总人口率达71%。通过社保卡金融账户发放的财政资金达3亿元,推动政府各类待遇补贴发放至社会保障卡金融账户。举办网络安全宣传周等活动,开展长三角宣传部门交流协作平台网络安全作品进校园等,广泛向群众普及网络安全文化。

最后，数字引领，农民富裕富足。"大番茄一篮五斤18元、无花果果干三包25元……"在平湖市数字乡村体验馆的农副产品交易展示屏上，农产品线上交易的时间、产品名称、销售平台、销售额一目了然。这些交易订单都依托"本家鲜"电商平台来完成。为解决农产品线上销售难题，平湖市将农业数字化覆盖到农产品销售环节，创新开发"本家鲜"特色应用场景，"小投入大回报"，一站式解决农户客源少、开店难、销售渠道单一等问题。"平湖的哪种农产品销量好，哪个农场更受人喜欢，都能通过数据一键知道"。平湖市农业农村局相关负责人介绍说，在"本家鲜"小程序上，都是本地基地直采的商品。平湖市不断推进农业数字化发展，努力为农户打通产销一体化渠道，让市民足不出户就能买到刚刚从田里采摘的"金平湖"品牌农产品。如此一来，农户们的钱袋子"鼓"了，居民的日常买菜也变得更加便利了。特别值得一提的是，疫情期间曾存在众多农产品销售难题，通过小程序"本家鲜"电商平台，居家隔离或者不便出门的居民也能顺利买到必要的生活物资，电商平台在抗击疫情中发挥了积极的作用。

数字赋能，拉近了农户与买家的时空距离，填平了区域发展不平衡的鸿沟，也有利于建立从生产到流通的全过程数字化体系。目前，我市还投入省以及地方财政资金1900万元，建立"金平湖"农产品智慧物流中心，与当地基地开展合作80家以上，项目辐射至浙江松阳、青田，以及新疆沙雅、四川茂县等对口支援地区，打造了山海协作飞地经济新模式，去年销售额达1.6亿元，产业共富之路越走越宽广。

接下来，平湖市还将从实际出发，聚力打造"1+8+N"共富体，抓住资源关键要素，组建市级强村公司，谋划"抱团富"应用场景，全方位盘活土地、农房、乡村劳务、文旅景观等优质资源，实现聚变共富中资源的共建共享。今年，我市重点推进开发"抱团富"和"稻米产业大脑+未来农场"两个新增应用。"抱团富"主要以增加农民财产性收入来源为切入口，聚焦强村富民综合集成改革，盘活土地、农房、资金、劳力等要素资源，集成创新村富带民富多种"抱团"共富模式，实现村富带民富共赢增收。"稻米产业大脑+未来农场"以未来农场建设为小切入口，加快全产业链数字化转型，推动实施"米香"振兴计划，实现粮食绿色种植、稳产增产、稻米优质优价，打造"金平湖"稻米品牌大目标。在数字化改革引领下，平湖市将沿着"数智农业"跃升发展的系统底图，迭代农业"最强大脑"，优化平湖市特色应用场景，努力奋进乡村振兴新征程。

"金平湖·云尚三农"数字乡村建设模式。

平湖市以创建全国数字乡村试点城市，省级工业振兴示范县，省级数字乡村示范县为依托，加强顶层设计，积极探索实践，打造了金平湖"1+1+N"数字乡村大脑，即建立"1"个数字乡村大数据平台、"1"个数字农业发展先行区以及"浙农服""浙农补""善治宝"等"N"个应用场景，实现平台贯通、数据共享、业务协同，赋能农业产业、乡村治理和农民生活，让越来越多的农户成为农业农村数据采集的"传感器"，实现数据的"取之于民、用之于民"。

"金平湖·云尚三农"入选全国数字乡村建设典型案例，"金平湖'1+1+N'数字乡村'大脑'建设案例"入选中央网信办信息化局编制的《国家数字乡村建设指南》并同步发布推广，"粮食生产中农机全程数字化应用""智能病虫害监测系统集成应用"入选"2021全国数字农业农村新技术新产品新模式优秀案例"，"股份分红+善治积分"收益分配模式入选全国乡村治理积分制八大典型案例。平湖市数字农业农村建设硕果累累，已累计培育数字农业示范园区6个，累计建成数字农业工厂6个，累计完成种养基地数字化改造42家。2020年，农产品网上销售额突破5.2亿元，培育推广"金平湖鲜到家"等4个农产品电商品牌，形成一批乡村智慧旅游、观光农业等新业态。

一是农业信息化全面推进。以优质大米、绿色蔬菜、精致水果、高档花卉、生态渔业等为重点，发展"智慧农业"。目前，平湖市已累计培育数字农业示范园区6个，累计建成数字农业工厂6个，累计完成种养基地数字化改造42家，实现智能化生产和管理。物联网、大数据、云计算等新一代信息技术在农业生产经营和管理中有深入应用。实现了生产管理数字化、流通营销数字化，行业监管数字化。

二是农村电商全面发展。快递网点行政村覆盖率达100%，2020年，农产品网上销售额突破5.2亿元，做大做强"网上农博平湖馆"，加大"金平湖鲜到家""盐味鲜到家""本家鲜"等4个农产品电商品牌的培育和推广。

三是农村新业态全面培育。培育了一批乡村智慧旅游、创意农业、认养农业、观光农业、都市农业等任一项新业态，形成一定的产业规模。返乡下乡人员利用"互联网+"开展创新创业，取得了积极的成果。

四是信息基础设施全面保障。农村地区固定宽带家庭普及率100%，开展了多项传统基础设施的数字化改造升级，并取得明显进展，信息服务站点实现行政村全覆盖。

五是乡村治理数字化全面实现。公共安全视频监控联网实现行政村全覆盖。实施"雪亮工程"，实现了公共安全视频监控联网行政村的全覆盖。行政村实现村务、财务网上公开比例达100%。

六是乡村信息服务全面提升。农村中小学光纤宽带覆盖比例达100%，并全面实现"专递课堂""名师课堂""名校网络课堂"3个课堂应用落地。远程医疗乡镇医疗机构覆盖率达100%，电子社保卡签发数/社保卡总数超过76.23%。

第二节 江苏：智慧乡村的践行者

一、苏州市张家港市

数字农业农村。作为全国数字乡村建设试点城市，张家港市坚持"统筹规划、先急后缓、分步实施"的原则，按照"建平台、强服务、促应用"的工作思路，以推进农村基础设施建设、农业产业发展、社会治理、民生服务等领域数字化改造和提升为重点，系统性地推进乡村振兴。在张家港市，越来越多的农民享受到了"智慧"带来的便利。在农村公路上，不仅有道路运输车辆运行实时监控系统，还有道路运输动态信息发布系统；在农村灌溉方面，通过物联网技术实现了对田间灌溉设备的实时监控与数据采集；在乡村治理方面，通过"互联网+"的模式实现了智慧平安村点全覆盖等等。一个个小场景背后，是一张全域覆盖、互联互通的数字乡村网。随着数字乡村建设不断向全方位、广度和深度拓展，张家港市以数字化手段赋能乡村治理，为乡村振兴插上了一双"数字翅膀"。

一是强化基础、深化发展为智慧农业升级赋能。张家港市坚持顶层设计，出台了《张家港数字农业农村三年发展规划（2021—2023年）》等重要规划，建立张家港市"互联网+"现代农业联席会议制度，统筹协调全市农业农村信息化重大事项，积极探索智慧农业发展途径。在农业生产方面，以"好用、管用、实用"为导向，加快智慧农业对农业的赋能，构建智慧农业的应用场景。加快推动物联网、大数据、人工智能等现代信息技术与种植业、畜牧业、渔业的深度融合，持续提升农业的信息化建设与服务水平，不断完善信息基础设施，持续推动农村产业数字化转型。加强特色农产品品牌建设，强化特色农产品品牌的市场影响力和竞争力，推动特色农产品实现可持续发展。

二是平台共享、数字支撑为惠农便民强化功能。张家港市一直在增加农村信息基础设施的投资，并在全国率先建立了"张家港数字乡村"平台，集数据采集、应用管理、宣传展示于一体，具有很强的实用性和服务性。"张家港数字乡村"平台从2018年开始运营以来，已汇集各类涉农数据资源近千万条，初步实现了对农业生产经营和农村公共服务等领域的"多网合一、一网统管"。同时，通过建立"互联网+政务""互联网+医疗"等多种智慧服务，在一定程度上达到了供需双方的精确匹配，减轻了由于发展而造成的城乡资源不平衡的矛盾。特别是在疫情防控期间，通过线上线下结合、大数据精准分析等手段，极大地便利了村民们的生活，提升了农民们的幸福感。

三是以党建引领，科技保障，提高乡村治理效率。张家港坚持以党建为先导，充分发挥党组织的战斗堡垒作用，利用互联网、云计算等技术，构建了一个"云党务""云课堂""云阵地""党建云"，为广大党员和群众提供了一系列具有特色的"红色城堡"，让"家中的红色城堡"服务于更多的人，加快了乡村振兴的步伐。

与此同时，张家港市将乡村治理纳入网格化联动指挥平台，通过完善"大数据+网格化+铁脚板"治理机制、整合12345热线、数字城管、原网格通过开发建设网格化联动指挥平台、建立应急管理综合应用总平台等途径，着力构建资源共享、数据互通、运转高效的"共建、共治、共享"社会治理新格局。2021年上半年，张家港市群众对网格服务管理的满意率保持苏州第一。除此之外，张家港市还积极搭建"张家港美丽乡村"平台、环境质量自动检测平台等，实现环境保护的直观化、自动化，为美丽乡村建设保驾护航。

数字赋能乡村向"网"。2020年以来，张家港市以入选国家数字乡村建设试点为契机，坚持规划引领、多元投入和资源下沉，全面完善数字乡村基建、治理、服务和产业"四大体系"，积极探索资源共享和可持续发展"两项机制"，取得了一批可推广、可借鉴、可复制的经验成果。基础设施实现提档升级，实施传统基础设施数字化改造工程，打通了数字乡村发展"大动脉"。乡村产业实现提质增效，农业物联网应用基地面积1.1万亩，打造两个全生产链管理系统、六个智慧农业品牌。乡村治理实现提优进位，实施"云上红堡"等一批数字党建项目，建成覆盖市镇村三级的一体化公共服务办理平台。惠民服务实现提速扩面，"虚拟养老院"服务到村，基层医疗辅助决策实现基层社区卫生服务站全覆盖，建成基层公共文化服务数字集群。长效机制实现提标创优，搭建"农业农村一张图"体系，建成苏州市智慧农村示范村18个。作为首批国家数字乡村试点地区之一，近年来，张家港市把数字乡村与城乡一体化、智慧城市统筹建设政务服务、城乡治理、社会生活、产业发展等各个领域智慧化应用基本实现城乡全覆盖。

农业上"网"高质量托起乡村产业。大农苏州农业科技有限公司智慧植物工厂副总经理周景江介绍："这些蔬菜靠'喝'管道中循环流动的水和营养液长大，营养液精准控制，全程不使用农药，无重金属残留。"依托网络通信、物联网、自动控制及软件技术，点点鼠标或者手机，就能操控大棚的遮阳网、通风系统、降温系统等设备和系统，并通过24小时不间断监测，实现异常情况智能预警。"使用手机小程序下单，通过冷链物流，当天采摘的水培蔬菜次日就能送达餐桌，无须清洗即可直接食用。"周景江说，除了开发手机程序，公司已和电商平台对接，通过电商平台打开销路。"十三五"规划以来，张家港市农业电子商务交易额年均增速20%以上，2020年，农业电子商务交易额12.98亿元；张家港市还大力发展农业物联网、智慧农机等先进智能装备，全市各类农业物联网应用基地达50家。

"数字进村"，乡村治理装上"智慧大脑"。"在新闸村发现农作物垃圾，请及时关注。"日前，张家港市大新镇专职网格员严斌在新闸村开展网格巡查工作时，发现某农户家门前的道路旁，堆放着一堆农作物垃圾，于是立即拿出手机拍照，登记相关信息，并登录"联动张家港"客户端，将信息上传至网格化联动指挥平台。短短几秒钟，在张家港市社会综合治理网格化联动中心指挥大厅内的屏幕上，就播放了由严斌上报的事件信息。网格坐席员通过研判，将该信息分派到大新镇新闸村，村里立即安排人员前往处理。

张家港市通过建设网格化联动信息指挥平台，实现市联动中心、镇分中心、村（社区）工作站三级平台及移动终端一网融合、一体运行，精准开展网格服务，满足群众需求。平台引入人工智能、地理信息系统等技术，实现视频监控全时段自动巡检、自动抓取城市管理违规行为、自动生成案卷，初步形成了大受理、大分析、大联动、大智慧、大服务、大考核的社会治理制度化体系。

二、南京市浦口区

数字乡村激发乡村振兴新动能。数字乡村既是乡村振兴的战略方向，也是建设数字中国的重要内容。近年来，浦口区聚焦基础设施建设、智慧农业升级、乡村数字治理、公共服务等多个方面，按照"一年成效、两年样板、五年覆盖"三个阶段目标，部署与完善了浦口区数字乡村大数据中心、"三农"服务平台、新型农村社区数字化治理平台3个"数字乡村"平台，大田、畜牧、水产、设施4类数字农业基地和10个物联网基地，基本实现了数字化支撑"生产、生活、生态"服务，初步探索出具有浦口特色的数字乡村建设体制创新机制，试点区数字乡村建设取得明显成效。

一是无人耕种、精准监测，利用智慧农业解放生产力。农为邦本，本固邦宁。借助大数据、物联网、人工智能等数字技术，现代农业逐渐告别了"靠天吃饭"的生产方式，农民逐渐从会种田向"慧"种田转变。将青虾饲料倒入作业箱中，启动起飞指令后，无人机按照预先设定好的速度和轨迹在池塘上空稳步盘旋，清晰可见的饲料颗粒撒落在水面，不到一分钟的工夫，就能完成5亩虾塘的饲料投喂。7月中旬左右，虾苗就要长大了。南京市浦口区的村民用无人机消毒、投喂饲料，160亩虾塘半天就能完成，效率是以前的10倍左右。以浦口国家数字乡村试点区建设项目为契机，永宁共兴青虾特色产业园对2000亩数字渔场进行了智能装备升级改造。目前产业园正在打造青虾物流基地，测试"低温+充氧"包装方法的运输成活率，未来将依托邮政网络构建青虾一小时供应圈，打通青虾销售产业链。

二是利用数字治理，激活基层神经末梢。乡村第一线，治理在最末端，在浦口区永宁街道东葛社区指挥分中心，数字乡村综合治理平台格外醒目，在平台的屏幕上，网格地图动态展示社区内的人、事、地、网格等各类数据。监控大屏每30秒轮换一次监控点位，71个监控探头远程巡查，环境监测、疫情管控、防汛抗旱等信息清晰呈现。智慧赋能乡村治理，浦口区在东葛社区试点打造网格化智慧云平台，探索网格化社会治理新模式。"自平台运行以来，通过监控远程发现问题上百起，也化解了很多矛盾纠纷。"该社区党总支书记朱远刚介绍。东葛社区在数字乡村试点建设中，除了打造基于大数据应用的"乡村大脑"外，还建立了村社数据平台，同时搭建线上平台对接居民需求，建立基层问题处置反馈闭环流程，实现小事不出村、大事不出镇。浦口区既是国家级数字乡村试点区，也是江苏省级新型农村社区数字乡村治理机制改革"试点田"。2022年以来，借力南京国家农创中心，统筹院士团队等科技研发力量，浦口区按照"123N"数字乡村建设顶层框架，纵深推进都市近郊型数字乡村建设。

三是打造"最强大脑"，以补短板推动见成效。都市近郊型数字乡村整体架构的建设成果，在浦口区数字乡村大数据可视化决策指挥中心也可窥见一二。数据中心三屏并立，智慧农业板块，农业物联网装备371组、认证农场10家，大田种植、设施园艺、水产养殖、畜禽养殖等以数据柱状图呈现；美丽乡村板块，共享村庄13个、旅游景区22个，康养文化、楚汉文化、"非遗"文化等关键词跃上屏幕。既有直观的数据和场景分布，也有以图形、图像、词云等呈现的各类数据分析结果。基础数据的整合共享，是农业农村发展的数据底座及决策依据，也是全面推进乡村振兴的加速器。作为全国首批国家级数字乡村试点之一，浦口区放大国家数字乡村试点区建设、全国农业科技现代化先行县建设先行优势，目前已经建成浦口数字乡村大数据中心，搭建了数字大田、数字温室、数字渔场、数字猪场4类典型应用场景，还有"我的浦口"一站式服务平台实现政务服务"一网通办"，"浦惠民生"服务平台实现救助帮扶高效对接、全面覆盖。其中，都市近郊型数字乡村建设等三个案例入选全省农业数字化建设优秀案例，农芯（南京）智慧农业研究院打造的浦口智慧渔业示范区入选2022全国智慧农业建设优秀案例。全年粮食种植面积7.3万亩，总产量3.24万吨，特色农业机械化率达72.02%；推进18个"非农化"图斑250亩、567个"非粮化"图斑3300亩整改落实；扎实推进长江十年禁渔，投放鱼苗76.22万尾……过去一年，在扛起耕地保护责任的同时，浦口区不仅农业综合生产能力持续增强，还不断发力构建绿色可持续生产环境，如今其绿色优质农产品占比达68.6%。

2022年，浦口区不断突出全域提升，推进美丽乡村建设，并将其转化为生产力，大力发展休闲农业、乡村民宿等新兴业态。其中，"老山美宿"品牌推广、黎家营民宿和西埂莲乡民宿入选南京市职工疗休养基地，累计创成不老村、楚韵花香等3家民宿村示范点。同时浦口区聘用乡村规划师因地制宜编制了37个实用性村庄规划，整体提升乡村形象品质，其中，永宁街道、桥林街道高汤村、汤泉街道新金社区获2022年中国最美村镇称号。据统计，2022年全区休闲农业接待游客520万人、综合收入达16.3亿元。

以党建领航构建乡村治理新格局，浦口区还深入推进移风易俗，开展婚俗改革，推动文明祭扫，持续提升乡风文明，创建全国文明村2个，区级以上文明村占比达100%。开展志愿服务进小区等各类文明实践活动2068场，受众人群达15000余人次。成功培育1135名"法律明白人"，创成全国民主法治示范村（社区）2个，省级民主法治示范村（社区）34个。

党的二十大报告明确把"全面推进乡村振兴"作为新时代新征程"三农"工作的主题，强调"坚持农业农村优先发展""扎实推动乡村产业、人才、文化、生态、组织振兴"。2023年，浦口区将着力完善现代都市农业体系，开创农民增收新愿景，推进更高水平城乡一体化，激发农业农村发展活力，以乡村振兴的实际成效推动农业高质高效、乡村宜居宜业、农民富裕富足，在乡村振兴的道路上接续奋斗。

开启智慧农业。搭建数字乡村大数据中心，打造数字大田、数字渔场等智慧农业应用场景，构筑乡村社区治理综合服务体系。作为南京含"农"量最大的板块，浦口区于2020年9月入选国家数字乡村试点名单，经过近三年的探索，数字产业、数字治理、数字服务在这里落地生根，数字化正成为助力乡村振兴的强劲动能。

智慧系统"显身手"，无人农场尽显科技范。"从水稻育苗到最后收获，不仅可以进行排期，还能随时在系统里看到生产过程中的所有数据。"不仅如此，各类智慧系统也在南京汤泉农场数字大田里"各显身手"，无人机以"之"字形进行精准赤霉病防治作业、手机远程启动进行颗粒抽水、闸门远程开启和关闭。

全产业链"护航"农产品实现优质优价的转变。南京浦口区的青虾虽凭借着独特的区域生态、资源优势，形成了个体大，爪尖黄，壳薄、体透有光泽，味美、鲜甜且营养丰富的特征，但是，传统的养殖、销售模式，阻碍了青虾产业的快速发展。数字技术赋能浦口青虾产业高质量发展势在必行。

数字渔场。南京丽铭生态园位于浦口区永宁街道联合社区永宁青虾养殖核心片区，总面积1800多亩，是集青虾养殖、生产、深加工、储藏为一体的企业园区，被市农业农村局评为"南京市市级农业产业化重点龙头企业"。研究院创新应用"N+1+N"的组织模式，搭建青虾生产透明农场，通过提供线上线下服务，突破"产、加、储、运、销"产业发展薄弱环节，精准提升青虾品牌影响力，构建"智能生产、透明供应、信任消费"的青虾透明供应体系，让小农户衔接大市场，推动农产品从优地优品向优质优价转变。

三、连云港市东海县

"物联网+农业"。为全面推进乡村振兴战略，加快农业农村现代化进程，江苏连云港市东海县抢抓"国家数字乡村试点"建设机遇，借助物联网、大数据、云计算等信息技术，有效整合全县各类涉农资源，按照"一镇一品"战略，积极推进数字乡村发展，在省级现代农业园区——黄川镇草莓产业园打造"物联网+农业"智慧平台。该平台于2019年10月启动建设，2020年5月正式投入运行，实现全镇60%草莓产业区信息化全覆盖、核心区100%物联网全覆盖。为发挥智慧平台的最大效能，从平台建设、推广到应用等各个环节，黄川草莓产业园紧紧围绕现代农业发展需要，持续深化平台建设。

一是打造智慧农业信息平台。产业园以信息技术与农业生产、经营、管理、服务全面深度融合为目标,从草莓种植发展趋势和莓农生产需求着手,通过广泛调研和实地走访,精准开发设计平台内容及各功能模块,构建了以草莓产业为重点的"数字大脑"——智慧农业信息平台。平台采取"1+2+N"模式建设,"1"是一个展示管理中心,"2"是信息交易平台和物联网综合管理平台,"N"是系统应用涉及商品管理、订单管理、土地管理、用户管理、物联网智能采集平台等模块,推进草莓生产走上智能化、经营网络化、管理数字化道路。

二是构建智能生产系统。架设信息采集器和视频监测系统,对草莓大棚空气土壤温湿度、光照强度、二氧化碳浓度等数据进行实时监测,根据监测信息实时推送预警信息、农技知识,并远程控制大棚内的卷帘、补光、灌溉设备,有效减少人工成本约30%左右。系统与全县智慧农业平台相链接,协同开展农作物生长状况、产品溯源、农药残留、病虫害等数据采集,并与市级平台对接,促进资源共享、信息共享和服务共享,进一步降低生产成本、节约劳动成本。研发电商功能模块,根据订单物流信息,分析市场价格走势、定位不同品种的客户分布,有效拓宽草莓销售市场,草莓销售额提升15%。

三是提高农民数字素养和技能。开展数字农业信息化管理培训,通过案例讲解、现场观摩、经验交流等方式,展示数字农业智能决策下的无人农业、数字农业发展优势,鼓励引导草莓种植合作社、草莓家庭农场等草莓种植大户投入智慧农业建设;建立电商人才培养体系,重点针对返乡大学生、家庭农场主、退役军人等创业主体,聘请电商企业讲师和网络创业成功人士等,开展"普及培训"和"专业培训"。组织参与江苏省"苏货直播新农人培育"等活动,累计培训1000余人次,培养了一大批草莓电商创业者。

黄川镇"物联网+农业"智慧平台的应用,显著提高传统农业的管理、生产水平,降低生产成本,提高草莓品质,成为在全县可示范推广的基地模板。目前,黄川镇草莓产业园区年产草莓鲜果5万余吨,产值近10亿元,带动从业人员近6000人。经测算每年节约成本15%以上,可节省劳动用工近35%,基地亩均效益高于周边平均水平15%以上,园区劳动力人均增收超过2.4万元,高于全镇可支配收入的16.7%。

手机成为新农具。为更好地促进数字赋能乡村振兴，近年来，东海县重点围绕集聚数字资源、联通数字网络、应用数字场景，建成农业物联网信息系统，核心区农业物联网覆盖率90%以上。同时抢抓数字乡村建设机遇，以农产品电商为突破口，先后出台了电商发展规划、加快电商发展实施意见、电商高质量发展十项工程等一揽子政策文件；设立800万元电商发展专项资金，完善"一村一特色、一镇一精品"产业体系；建立东海农产品大数据库，打造"福如东海、晶质农品"农业区域公共品牌；培养了一大批农民"网红"。

乡村振兴插上"数字翅膀"。借助一根网线，将"数字"融入传统产业，苏北大地上正铺就一条充满时代气息的富民路。小麦秆、玉兰叶片、玉米苞皮、农作物根茎等这些看起来平常的边角料，在位于沭阳县新河镇解桥工业园的沭阳翔玮生态农业开发有限公司内，通过工人们的一双双巧手变废为宝，被做成了精致的花束和花篮等工艺品，并通过网店销往全国各地乃至韩国、日本、加拿大、德国等地。创造这一奇迹的魏良余，今年46岁，回到家乡创业已有10余年。2013年，魏良余开拓电商销售渠道，创办了花卉人生旗舰店，并带动当地55名低收入贫困农户就业，带动当地380多个青年从事电商行业。

农业转型成效明显，农村电商快速发展，电商直播入驻基地，壮大了企业也富裕了农户。"数据显示国外买家偏好家居类水晶饰品，交易中心便开辟了以家居饰品为主的销售区，主播注册账号就可以来这里选品直播，后面会由交易中心安排物流发货，主播不用承担任何积压成本。"东海水晶集团党委委员、副总经理宋正强所说的交易中心，正是东海水晶跨境电商交易中心，由东海县政协牵头、江苏捷晶水晶产业发展有限公司投资组建，面积2000平方米，集研发、智能制造、销售、仓储物流、培训于一体。目前，交易中心已有1000多名主播入驻，通过Amazon、eBay、天猫国际等跨境电商平台，产品源源不断销往美国、加拿大、澳大利亚、非洲等国家和地区。随着快手、抖音、跨境电商直播基地陆续入驻东海水晶城，传统店面和柜台销售模式被彻底改写，线上店铺成为水晶销售的主渠道。目前，东海县已有线上店铺7万余家，跨境店铺5000余家。

开渔后，在赣榆区海头港码头，几乎每个清晨都会出现这样的画面：

满载海货的渔船陆续返港,海脐村村民将梭子蟹卸载上岸、分拣、加工,很快这些新鲜海货将通过网络卖到全国。"白天撒渔网,晚上互联网",越来越多的村民加入直播销售队伍,海脐村党总支书记李家仕介绍,仅今年5月至今,电商销售额已突破15亿元:"我们有很多主播一天能卖几万单,现在全村将近400户是做电商销售的,它不仅带动了我们村里老百姓就业,也带动了周边产业发展。"

手机成了"新农具",农产品沿着网线走向更广阔的田地,传统农业销售实现华丽转身。从生产端到销售端,数字技术的嫁接带来的不仅是农业生产效率的提高,更催生了新型业态涌现,数据成为撬动行业转型升级的支点。

第三节　福建:智慧乡村的排头兵

一、宁德市寿宁县

寿宁县(古属福宁府寿宁县、建宁府政和县)隶属福建省宁德市,地处闽东北部,洞宫山脉南段,东北接浙江省温州市泰顺县,西北靠浙江省丽水市景宁县、庆元县,东南接福建省福安市,西傍福建南平市政和县,位于鹫峰山脉北端,地势西北高东南低。西南邻福建宁德市周宁县,位居闽浙两省交界,素有"两省门户,五界通衢"之称。[①] 宁德市寿宁县四季分明,夏无酷热,冬无严寒,海洋性气候特征明显且垂直差异明显,盛行东南风,气候湿润,雨量充沛,降水主要集中在5—6月的雨季和7—9月的台风季,无霜期235天。1981—2010年平均气温在15.1℃,年平均降水量1976.9毫米,气候垂直差异明显。1月平均气温5.4℃,7月平均气温24.5℃。夏季长而秋季最短,它是传统的山区农业县。农业资源比较丰

---

① 寿宁县情简介 [EB/OL]. (2023-07-31) [2023-08-01]. http://www.fjsn.gov.cn/zjsn/sngk/201711/t20171118_155111.htm.

富，从事农业的人口 80% 以上，"半县香菇半县茶"是寿宁特色农业的真实写照。近年来，随着"寿宁高山茶"的推广和"生态硒锌"农业品牌的打造，呈现出传统农业产业"一茶独大"、新兴农业产业"多头并进"、乡土特色产业"蕴藏潜力"的农业产业格局，农业产值不断增大。短短三年间培育 100 个以上特色生态农业产业项目。①

数字气象乡村。农村焕发新气象，农民摆脱贫穷奔小康是农村发展的重要目标。历年来中央一号文件皆关涉农民增收、农业发展以及农村稳定。由此可见，农业、农村和农民问题在我国之重要性。此外，也反映出农业、农村以及农村所涉及一系列问题尚未得到终局性解决。但是，也需要看到的是在中央对"三农"问题的关心和重视下，与此相关许多重大问题正在不断地被解决。而福建寿宁县近些年所取得成绩正是在中央关怀下以及在自身的努力和探索下走出了一条解决"三农"问题的特色道路。具体而言，福建寿宁县在探索农村的发展道路上，主要以电子商务为支撑，掀起了一场电子商务进农村的新型浪潮。在当地县委县政府的领导下，这场运动取得重大胜利。其标志为在 2018 年授予了寿宁县电子商务进农村综合示范县的称号、2020 年 10 月，入选国家数字乡村试点地区名单、国家数字乡村试点创建工作经验做法在第四届数字中国建设峰会上做典型发言。寿宁县之所以取得这样的胜利，与当地政府推动电子商务在农村发展的工作思路密切相关。首先，寿宁县领导班子高度重视电子商务工作。早在 2018 年寿宁县即成立了以县委书记为组长的电子商务工作领导小组。② 其次，以专项资金形式为电子商务进农村提供有力支持。为此，寿宁县人民政府制定了《寿宁县电子商务进农村综合示范项目专项资金管理办法》。根据该办法，寿宁县定期公开电子商务进农村综合示范县资金支出情况表。最后，在具体工作方案上，一是建设县级农村电子商务公共服务中心；二是建设农村电子商务供应链管理体系；三是建设农村电子商务"我+1"产业扶贫体系；四是建设农村电子商务服务站体系；五是建设农村电子商务物流体系；六是建设农村电子商务营销体系；七是建设农村电

---

① 郭慧敏. 乡村振兴战略背景下发展社宁县特色生态农业的思考［J］. 基层农科推广，2019（10）：56-58.

② 关于成立寿宁县电子商务工作领导小组的通知［EB/OL］.（2018-04-25）［2023-08-08］. http://www.fjsn.gov.cn/zwgk/jzfp/201912/t20191213_1252582.htm.

子商务培训体系；八是建设农村电子商务统计体系。[①] 正是在前述因素的共同作用下，寿宁县电子商务建设取得重要成绩。凭借着电子商务的支撑，寿宁县的农民收入增收、农业得到进一步发展，寿宁县也于2019年成功脱贫。需要强调的是，寿宁的脱贫之路是一条极具特色之路，为中国其他县城的脱贫以及农村的发展提供了借鉴和地方方案。

三产融合。产业融合的思想起源于20世纪60年代，经过半个世纪的发展和完善，已形成了较为全面的理论体系。2015年中央一号文件紧紧围绕加大改革创新力度，加快农业现代化建设的主题，提出"三产融合"。时至现在对于三产融合的内涵和外延，学界并无统一定论。"产业融合是什么？"学者们的回答大致可以分为两大类，一类从产业融合的特征的角度对其进行定义，另一类从产业融合的范围的角度对其进行定义对比。从融合的范围来看，产业融合的狭义层次的定义是，在数字融合的基础上出现的产业边界模糊化的现象，现实中不少信息制造企业和信息服务公司，如英特尔、微软等所用的"产业融合"的概念。广义层次的定义，认为融合不仅发生在信息产业及其相关部门，而且可以拓展到所有的产业，是消除市场准入障碍和产业界限后，迄今各自分离的市场的合并与汇合。笔者采纳肖卫东以及杜志雄的观点。[②] 两位学者认为，三产融合的特征具有如下特点，一是产业边界更加模糊；二是农业经营主体更加多元化；三是农业功能和业态创新更加丰富；四是利益联结机制更加完善和多样化。[③] 因此，后续对于寿宁县三产融合的讨论主要围绕前述特征展开。

产业融合以各产业的发展为前提，而产业的融合也推动了产业的快速发展。在"十三五"期间，寿宁县生产总值年均增长5.3%。其中三次产业年均分别增加了3.6%、4.3%和7.6%。三次产业结构由2015年的19.5

[①] 抓紧申报电子商务进农村示范项目补助 [EB/OL]. (2019-08-12) [2023-08-08]. http://www.fjsn.gov.cn/zwgk/zcfg/201901/t20190104_883567.htm.

[②] 苏毅清，游玉婷，王志刚. 农村一二三产业融合发展：理论探讨、现状分析与对策建议 [J]. 中国软科学，2016（8）：17-18.

[③] 肖卫东，杜志雄. 农村一二三产业融合：内涵要解、发展现状与未来思路 [J]. 西北农林科技大学学报（社会科学版），2019,19(06):120-129. DOI:10.13968/j.cnki.1009-9107.2019.06.14.

：48.9：31.6 调整到 2020 年的 16.6：36.4：47.0。① 从该数据中可以看出寿宁县在"十三五"期间各产业不断得到发展，产业结构也实现较大优化。特别是第二产业结构在寿宁县产业结构中的下降以及第三产业中的提升，说明了寿宁县生态环境的进一步改良。而寿宁县之所以能够保持各产业的发展以及优化产业结构，是与寿宁县所实施的每一项具体措施分不开的。其中，产业融合发展即是其重要法宝。其代表性的典型事例有，寿宁金花白茶研究院的成立。寿宁植茶历史悠久，明景泰八年（1457），茶叶就以大宗土特产品对外销售，清咸丰、同治年间（1851—1874），县内生产的红茶，号称"坦洋功夫"，中华民国二十五年（1936），全县植茶面积就达 5.73 万亩，年产毛茶 1044.5 吨。② 基于寿宁县悠久的茶叶种植经验以及种植基地，在寿宁成立金花白茶研究院，并成功研制金花白茶填补了国内白茶市场的一项空白。同时，打造了寿宁县的一张新名片。使得寿宁县在茶叶市场上更具影响力。而金花白茶的研究成功，更为重要的意义在于，其体现了科学技术与茶叶的融合、专业技术人员与茶叶产业发展的融合、高校知识分子与茶叶产业发展的融合。③ 此外，产业融合的实例还有，芹洋乡溪源村锌橙基地、平溪镇燕窠村富锌水稻基地建立。之所以两个基地能够建立以及取得不错的效益，其得益于硒锌产业的发展壮大，是锌硒产业与第一产业融合的结果。据有关数据，寿宁县目前已形成了"一园"引领、"三区"联动、"四片"呼应的产业总体布局，开发形成了水稻、水果（葡萄、脐橙、猕猴桃、锥栗、百香果）、蔬菜、茶叶、中药材、旅游、健康养生相互融合的产业集群，完成硒锌农产品开发 100 多个，注册了 6 个农产品商标，并统一使用 CI 标识。目前，全县种植硒锌水稻面积 1.2 万亩，锌橙 2 万多亩，锌葡萄 1.2 万亩，硒锌锥栗 3000 多亩，硒锌猕猴桃 5000 亩，硒锌茶叶 7 万亩，养殖硒锌蛋禽 2.5 万羽，硒锌产业总产值 7.1

---

① 2020 年寿宁县国民经济和社会发展统计公报 ［EB/OL］．［2023 - 03 - 25］．http://www.fjsn.gov.cn/zwgk/tjxx/tjsj/202104/t20210423_1461876.htm.
② 中国南方气候最凉爽、原始风景最秀丽地方——福建省寿宁县 ［EB/OL］．［2023 - 03 - 25］．http://www.doczj.com/doc/f318642618-2.html.
③ 寿宁金花白茶研究院揭牌成立 ［EB/OL］．［2023 - 03 - 25］．https://www.sohu.com/a/454087059_99921346.

亿元。① 除了前述具体农产品发展体现了产业的融合发展。寿宁县以旅游为代表的第三产业也实现了与第一产业的高度融合发展。主要体现为拓展"+旅游"模式，旅游服务业向多业态融合发展。具体而言，寿宁县依托乡村的自然景观以及人文资源大力扶持旅游业发展，在产业融合上取得了诸多成绩。据寿宁县2021政府工作报告，主要的成绩有寿宁县红色旅游精品线路入选全国百条红色茶乡旅游精品线路、寿宁县党红色经典游列入全省庆祝建党百年·传承红色基因·百条红色旅游线路、云上花田景区获评国家3A级旅游景区、斜滩水利风景区列入省级水利风景区以及犀溪镇西浦村纳入2010—2017年中国美丽休闲乡村监测合格名单。此外，2021年度寿宁全县接待游客350万人次，实现旅游综合收入24.96亿元。②

二、南平市武夷山市

（一）"掌上南平"App

"掌上南平"App是南平市人民政府发布于2009年7月2日一款App。"掌上南平"App于2021年9月30日用户数量突破100万人。"掌上南平"App的发布是建设服务型政府的体现。因此，该App在创立之初即秉持"一网通办"的核心理念，打造"全方位、全天候、全参与"的智慧城市统一入口，构建政府与企业、百姓之间的生态系统，为群众提供一站式服务。一是，该App融合了政府信息发布、百姓事务办理流程等一系列资讯信息。二是，该App也是本地热点咨询的传播主渠道。三是，在网上办事方面，该App与政府服务App深度融合，政府将可以在网上受理、可以在网上办结的服务利用该App方便群众办理相应的事项，真正做到缩短人民群众办事时间，使群众足不出户、足不出企就能便捷办理个人事务。四是，在政民互动方面，为使群众咨询问题、反映诉求、提交意见更为方便，推出"随手拍"机制；在政企互动方面，推出政企直通车、惠企业政

---

① 2021年寿宁县政府工作报告［EB/OL］．［2023-03-25］．http：//www.fjsn.gov.cn/zwgk/gzbg/202201/t20220107_1578491.htm．

② 2021年寿宁县政府工作报告［EB/OL］．［2023-03-25］．http：//www.fjsn.gov.cn/zwgk/gzbg/202201/t20220107_1578491.htm．

策一键查、惠企政策一键等机制；在生活服务方面，突出社区便民、交通出行、医疗卫生、文化教育、环境气象、大武夷旅游等服务主题，使公众通过线上"一张网"、线下"一扇门"获得个性化、便捷化、均等化的公共服务，最终实现民生数据的线上聚焦，构建以民生信用、民生指数为核心的民生服务管理体系，创新公共服务多元化供给模式。① 显然，南平市人民政府"掌上南平"App推出，实质上是南平市人民政府充分利用互联网这一时代工具，提高自身治理能力以及治理水平的体现。此外，也是南平市人民政府"一心为民、一心为企"服务理念的体现。诸多事实也证明，南平市人民政府在数字政府、服务型政府的建设上无疑是成功的。这也启发其他地方人民政府，政府治理应当紧跟时代步伐，利用先进的时代治理工具，始终秉持为人民服务的宗旨才能不断地推动地方经济发展以及国家进步。

（二）数字赋能生态茶园（武夷山）

武夷山地处闽西北，是文化名山，茶叶名山，是武夷岩茶和武夷红茶的发源地。茶叶为地方特色产业，也是福建省九大支柱产业之一，它以茶叶闻名于世，最具有代表性是为武夷岩茶，武夷岩茶是中国十大名茶之一，2006年其传统制作技艺被列入国家非物质文化遗产名录，2013年武夷山市政府向联合国教科文组织申报世界非物质文化遗产。而武夷山之所以盛产名茶并以茶闻名于世，与其密切相关。武夷年平均气温约12℃~13℃，年降水量在2000毫米以上，是福建省降水量最多地区。这样的温度和湿度适于茶叶生长。但是，在脱贫攻坚以及乡村振兴背景下，武夷山茶产业被赋予了特别的使命。2021年，习近平总书记来到武夷山市星村镇燕子窠生态茶园视察时指出："过去茶产业是你们这里脱贫攻坚的支柱产业，今后要成为乡村振兴的支柱产业。"习近平总书记的讲话指出了武夷山茶产业在脱贫攻坚时的重要地位，以及在进一步的乡村振兴过程中的重要作用。同时为了使武夷山茶产业实现其作用。习近平总书记进一步指出："要很

---

① 掌上南平［EB/OL］.［2023-03-25］. https://www.np.gov.cn/cms/html/npszf/zsnp/;jsessionid=93D0F45B2806A6C5E1A5593FCDC899FB.

好总结科技特派员制度经验，要把茶文化、茶产业、茶科技统筹起来。"① 习近平总书记的讲话无疑指出了武夷山茶厂业的发展方向。围绕着习近平总书记高屋建瓴的伟大构想，武夷山在茶叶种植上，运用中国电信5G、物联网、视联网等技术，茶农和科技特派技术人员可以通过手机物联网实时了解茶叶生长情况。如茶叶的光照度、温湿度、土壤 pH 值等。通过这样的技术可以实现对茶叶从种植到上市全流程的质量追溯，从而使得茶叶品质得到保障。武夷山市永生茶业有限公司大坪洲生态茶园里，一盏盏捕虫灯静静伫立，吸引茶尺蠖等害虫并将它们有效杀灭。通过智能化捕虫灯捕捉到的害虫数量，公司运用大数据分析病虫害，为防治病虫害提供可靠依据。在茶叶销售上，通过直播的形式对茶叶进行推介，运用"5G+VR"摄像头对茶园的茶叶种植环境和茶园风貌进行实时慢直播，以此吸引消费者到武夷山体验景点自然风光和购买武夷山茶叶。在茶叶企业的融资上，"通过搭建武夷岩茶产业大数据平台，构建茶产业风险分析评估模型，通过对茶山网格化巡检管控、茶产品追踪溯源，向茶农茶企提供估值定价、风险评估及融资授信等服务，精准对接茶产业平台中茶企信贷需求，实现资金风险安全可控，以解决茶产业企业融资难、融资贵等问题"②。此外，中国电信南平分公司也为武夷山茶产业的发展提供了强大的技术手段支持。利用三维 GIS 技术、无人机航拍建模等技术，将市、镇、村三级的茶叶生产销售、价值、整治等茶产业相关数据，以空间化、图层化、数字化、可视化的形式予以呈现，做到了武夷山茶产业资源一张图。③

三、三明市大田县

数字乡村新引擎。2018 年，中共中央国务院印发的《关于实施乡村振兴战略的意见》一文，首次提出了"数字乡村战略"这一概念。2019 年，

---

① 习近平察看武夷山春茶长势：把茶文化、茶产业、茶科技这篇文章做好 [EB/OL]. [2023-03-25]. http://news.cctv.com/2021/03/23/ARTIoevuq1CBrCUysQRPji2q210323.shtml.
② 中国电信南平分公司凝聚数字力量助力乡村振兴——信息化守护"绿水青山"，科技赋能生态茶园 [EB/OL]. [2023-03-25]. https://www.np.gov.cn/cms/html/npszf/2021-11-25/966901599.html.
③ 福建南平电信以金融科技赋能乡村振兴 [EB/OL]. [2023-03-25]. https://baijiahao.baidu.com/s?id=1719724432028840185&wfr=spider&for=pc.

中共中央办公厅、国务院印发《数字乡村发展战略刚要》指出，数字乡村不仅是乡村振兴战略的方向，也是数字中国的重要内容。2020年中央一号文件聚焦"三农"的发展问题，关注"数字乡村"，文件指出，依托现有资源建设农业农村大数据中心，加快大数据、物联网、人工智能、区块链、智慧气象以及第五代移动通信网络等现代信息技术在农业领域的应用，开展国家数字乡村试点。[①]

2020年，大田县入选国家数字乡村试点地区公示名单。入选国家数字乡村试点地区公示名单意味着大田县乡村的发展迎来了新机遇。经过多年发展大田县在乡村数字建设上取得诸多成果。一是大田县实现了产业数字化。在此方面主要体现为，拥有178家一品一码监管平台和234个益农信息社。同时，大田县"'阳光1+1'打造消费助农新路径"入选全国消费帮扶助力乡村振兴优秀典型案例。二是，大田县实现农村信息化。该县通过推进乡村公共安全数字联网和应用，开展乡村振兴数字村庄建设，阳春村被评为信息化建设示范村。三是，大田县实现了治理智能化。如"数字物业""智慧校园"市网络生态治理中心大田分中心被列为全省智慧政法试点。[②] 大田县在数字乡村建设上所取得的成果与大田县自身的工作思路是分不开的。其具体工作思路为，一是在宏观层面注重统筹谋划。先后制定出台了《大田县"十四五"数字经济发展专项规划》《2021年大田县数字乡村试点实施方案》和《数字大田建设实施方案（2021—2023）》，前述规划以及方案的出台为大田县的数字乡村建设确立了目标以及指明了方向。二是注重数字乡村基础设施的建设。策划数字乡村建设项目11个、在"双创"园建成电商产业园以及电商公共服务中心、改造提升益农信息站234个，开通农资监管平台账号266个、入驻"一品一码"监管平台企业178家。三是注重与科研单位合作，吸取其他市县的数字乡村建设经验。四是以乡村需求为导向开展数字乡村建设。如针对网络犯罪问题利用数字打击涉网违法犯罪。针对农业生产问题，利用数字服务农业生产。如大田美人茶核心产区建设智慧茶园建设。针对乡村养老问题，建立"互联网+山区居家养老"110模式。针对乡村医疗问题，采用云桌面技术将医院

---

① 中国政府网. 中共中央国务院印发乡村振兴战略规划（2018—2022年）.
② 大田县积极打造数字经济新高地 [EB/OL]. [2023-03-25]. https://baijiahao.baidu.com/s? id=1720354167085712812&wfr=spider&for=pc.

HIS系统延伸至乡村卫生所，实现偏远农村慢性病与医保特殊门诊等远程医疗和远程医保结算乡镇全覆盖。①

通过对大田县数字乡村建设成果以及思路的分析。大田县数字乡村建设之所以取得累累成果，一方面离不开国家数字乡村建设的契机，另一方面在大田县被确立为数字乡村建设的试点以后，大田县的建设思路无疑是其数字乡村建设取得重要成果的根本原因。具体而言，在制定数字乡村的建设方案以及建设目标时注重需求导向，在乡村中对数字服务有着重要需求的领域优先予以考虑。此外，需要注重与科研单位的合作。因为对于数字乡村建设的诸多技术性问题，需要吸取和引进技术经验以及技术人才方能推动数字乡村建设的平稳、接续进行。而大田县数字乡村建设的方案和思路实际上具有可推广和可复制性。借鉴大田县的数字乡村建设的工作思路，其他市县的乡村在建设上少走弯路，同时，也可以借力数字乡村建设推动乡村振兴。

"数字阳春"。阳春村为福建省三明市大田县吴山乡下辖村。阳春村有着福建省省级乡村振兴实绩突出村的称号。2021年9月，中央农村工作领导小组办公室、农业农村部、中央宣传部、民政部、司法部、国家乡村振兴局将阳春村确立为"第二批全国乡村治理示范村"②。阳春村曾经远近闻名的贫困村转变为省级乡村振兴实绩突出村、第二批全国乡村治理示范村，一方面离不开阳春村党支部书记林乐坚的领导。另一方面主要得益于其以产业数字化作为发展主线的工作思路。首先，打造数字阳春平台。阳春村积极与中国电信合作，利用天翼大喇叭、智能烟感、天翼看家监控以及人脸识别监控等设备，实现一张可视化图表全景呈现村里的农业生产、治安监控、森林防火、水文水质等动态信息。如智能烟感系统的运用能够实现智能化火灾预警。智能水务系统能够及时反映河流的水位线，以便防汛抗洪。再如独居老人安装智能水表、智能电表。当智能水表和电表出现异常时，及时通知街坊邻居以及村委会工作人员上门查看有关情况。其次，引进行政便民一体机、远程医疗、人像采集

---

① 大田：推动数字乡村建设 突出"三个注重"[EB/OL].[2023-03-25]. http://www.agri.cn/V20/ZX/qgxxlb_1/fj/202204/t20220408_7837449.htm.
② 福建省三明市大田县吴山镇阳春村[EB/OL].[2023-03-25]. http://www.tcmap.com.cn/fujian/datian_wushanxiang_yangchuncun.html.

分析等智能设施，弥补乡村医疗资源的不足。同时便于不方便出行的弱势群体足不出户就能享受高质量的治疗。最后，注重村里数字基础设施建设。中国电信三明分公司已在阳春村实现4G网络与百兆光网全面覆盖，并建成村级5G基站。得益于电信基础设施的完善，农户可在抖音、快手、淘宝等网络平台开设带货直播，销售茶叶、笋干、香菇等特色农产品。①

从阳春村的数字建设来看，得益于"数字技术"推广和运用，其成为走在信息时代前沿的乡村代表。从其发展过程来看，可以明显看出数字建设与乡村建设的密切联系。一是体现在脱贫攻坚和乡村振兴上，由于数字技术的运用，农民可以借助良好的信息基础设施售卖地方特色产品。由此，大大拓展了农民农产品的售卖渠道，增加了其收入。二是体现在乡村服务上，远程医疗、智能水表、电表等技术手段的运用，大大提升对于弱势群体的相应情况的了解，能及时发现其可能面临的危险。而天翼看家监控、人脸识别监控等设备的运用能及时使村民对自家情况（包括安全情况、孩子以及老人在家情况）及时进行了解。对于前述第一点而言，当数字建设切实使得农民的收入得到提高。并且农民也更加意愿推动自己所在乡村信息基础设施的改善。对于前述第二点实质原理与第一点相似。综前所述，乡村数字建设实际上不是纯粹的资金投入，相应资金的投入能够取得重大的回报。因此，从长远计，乡村的发展应借力信息技术的发展。

四、龙岩市上杭县

（一）老区山区数字特色

上杭县隶属福建省龙岩市，位于福建省西南部，南接永定区和广东省蕉岭县，北接长汀县、连城县，西与武平县接壤，东临新罗区，总面积2879平方千米。上杭县地势由东北向西南倾斜。旧县河以东属玳瑁山脉主

---

① 福建：中国电信打造智慧阳春［EB/OL］.［2023-03-25］. https://m.thepaper.cn/baijiahao_15077975.

体，以西属武夷山脉南段东侧，大部分属中低山、低山，少部分为丘陵。[1]上杭县既是重要的革命老区，也是重要的是红色圣地，它在实施乡村振兴战略中担负着重要的使命和责任。上杭县是著名的中央苏区，它是全国第一批公布的21个原中央苏区县之一。当年，全县共有1.5万人参加革命队伍，有9000多人为国捐躯，1955年至1964年授衔的开国将军有27人，占福建省三分之一。古田会议会址成为全国重点文物保护单位。1929年，彪炳史册的古田会议在这里召开，开辟了一条政治建军与思想建党的成功之路。2014年，在这里召开了全军政治工作会议，政治建军的时代新篇被开启，并且开创了强军兴军新局面。[2] 2019年，中华人民共和国成立70周年，也是"古田会议"召开90周年、"新古田会议"召开5周年，国家支持福建和老区的加快发展。2021年，中共上杭县委办公室、上杭县人民政府办公室印发《上杭县数字乡自2020年10月被列为国家数字乡村试点》地区以来，上杭县按照中办、国办印发的《数字乡村发展战略纲要》重点任务和国家七部委印发的《数字乡村建设指南1.0》有关要求，在中央、省、市有关部门的精心指导下，围绕"为什么建、怎么建、建成什么样、谁来建"等问题，稳步推进数字乡村战略实施，走出了一条符合老区山区特色的"数字乡村建设的上杭之路"，并在数字经济助推下连续六次跻身福建县域经济实力"十强县"。

（二）数字乡村建设的上杭之路

数字乡村建设在我国乡村建设过程中具有重要的地位。2019年5月，中共中央办公厅、国务院办公厅印发了《数字乡村发展战略纲要》。2022年4月，中央网信办、农业农村部、国家发展和改革委员会、工业和信息化部、国家乡村振兴局联合印发《2022年数字乡村发展工作要点》。2022年1月，中央网信办、农业农村部、国家发展改革委、工业和信息化部、科技部、住房和城乡建设部、商务部、市场监管总局、国家新闻出版广电总局、国家乡村振兴局印发《数字乡村发展行动计划（2022—2025年）》。

---

[1] 上杭县地方志编纂委员会. 上杭县志（1988—2003）[M]. 北京：方志出版社，2015.01.

[2] 上杭县是红色圣地［EB/OL］.［2023-03-25］. http://www.shanghang.gov.cn/zjsh/dlqk/202110/t20211011_1829084.htm.

上杭县作为数字乡村建设的重要试点县，为了落实数字乡村建设的规划。上杭县先后制定了《上杭县数字乡村全国试点建设实施方案（试行）》《上杭县创建国家级电子商务进农村综合示范县工作实施方案》等文件。一系列文件的制定为乡村的数字建设指明了方向、勾画了蓝图。其中《上杭县数字乡村全国试点建设实施方案（试行）》具体包括：（一）互联网+产业；（二）互联网+公共服务；（三）互联网+乡村治理；（四）互联网+党建。此外，2021年6月11日《上杭县创建国家级电子商务进农村综合示范县工作实施方案》公布实施。该方案对农村电子商务的建设做出了规划，一是确立了建设完善县电子商务公共服务中心；二是建设完善农产品上行服务体系；三是建设完善农村电子商务培训体系。[①] 上杭县数字乡村的建设，除了前述在政策层面的积极探索以外。上杭县也积极探索国家数字乡村建设工作新模式。

首先，建立统筹协调与督查考核机制等两种机制。第一，建立统筹协调机制。上杭县主要是围绕"为何建？怎样建？建成什么样？以及由谁来负责？"等问题，专门成立工作专班和领导小组，形成常态化沟通协调机制梳理，确定重点工程与建设任务，明确建责任主体、设时间表及路线图，统筹协调推进数字乡村建设工作。第二，建立督查考核机制。上杭县将数字乡村建设工作纳入年度工作考核，并督促各部门结合自身的工作职责定期向上级部门汇报工作的进展情况，确保数字乡村建设工作有序、高效及全面贯彻落实。

其次，要求用好便民服务平台、农业服务平台及社会治理平台三种类型的平台。在用好便民服务平台方面，可充分利用上杭县所建立的12345便民服务平台管理中心和数字城管监督指挥中心，配齐配全网格信息采集员，实施区域网格管理，实时采集城市管理问题。在用好农业服务平台上。已经开通"12316"农业服务电话热线，并建立了1个县级运营中心、4个市级物联网示范点以及已建立266个村级益农信息社。通过这些方式积极开展农业信息化服务。在用好社会治理平台层面，当前致力于建成1个县级和22个镇级网格化服务管理中心，并且目前已经建成344个村网格

---

① 上杭县创建国家级电子商务进农村综合示范县工作实施方案［EB/OL］．［2023-03-25］．http://www.shanghang.gov.cn/ztzl/zxzt/yqfkzjz_71504/dzswggl/202106/t20210618_1795890.htm.

化服务管理工作站，一定程度上实现了县、乡、村三级网格化全覆盖、联网相互穿透。

最后，推动服务城乡管理、服务农业农村、服务社会治理、服务基层党建四项服务。一是在服务城乡管理层面。网格信息采集员采用主动采集与被动收集相结合的方式，实时采集城乡管理问题，处理群众反映的各种举报、咨询、投诉及建议。并规范工作流程，建立健全回访督查制度，尽力做到最大限度地服务百姓。此前，践行绿色出行理念。引进福建易行通信息科技有限公司共建共享自行车网点，共享自行车已投放1075辆；引进的福建鑫天宇通信工程有限公司，共享电车自行车投放了1200辆。这切实落实和解决城乡群众出行"最后一公里"的问题。二是在服务农业农村上。目前设立农作物长势长相田间定点2个监测点，通过收集农业生产各个关键时期的信息，预测产量的趋势，实现灾情上报。探索实施"数字+农业"行动。一方面，体现在该县建设省级标准设施大棚面积1800亩，农产品仓储保鲜冷链设施建设85座7780吨农产品初加工组装式冷藏库，6个果蔬产品包装智能分级分拣装置处理中心，1座热泵控温控湿式热风烘房，4个市级农业物联网示范点，1个省级物联网应用基地，5套养殖池环境信息实时采集系统，2个农业物联网管理平台，2个物联网中控中心。另一方面，则体现在积极运用遥感技术、物联网及人工智能等新一代信息技术与产品。如有通桥村鑫中合农业科技有限公司、"红古田"果蔬产业园以及三田华润种鸡场等农副产品企业和湖洋镇观音井同心果业商会，一共有56家会员；再如，在特色农副产品"上杭乌梅、脐橙、石龙鸡、杭晚蜜柚"等一系列产品中实现全过程的融合应用和集成示范。三是在服务社会治理上。制定出台《关于进一步压实责任推进乡村综治网格化管理工作的意见》，应用综治网格化信息平台和"综治一格通"，对人口信息数据进行采集、核对、修改。加强信访信息系统管理，实现群众信访事项网上办理、全流程在线办理，推动信访件受理、转办、交办、督办等环节有序运行，畅通诉求渠道，提高调处能力。如加强"雪亮工程"安防监控系统的建设，完成一类视频监控高清智能卡口174套和22套红绿灯电子警察，建立74个停车场、107套人像卡口以及接入社会面监控资源6840套。四是在服务基层党建上。党员干部发挥先锋模范作用，在职党员主动参与社区小区治理，采取"社区党组织下单—党员干部领单"模式激活党员"红细胞"。其中在职的5527名党员到居住社区的报到，343名党员兼任121个小区党支部的委员，已收集到1856条关于小区（网格）环境卫生的建议意见，1821条已采纳并解决。采取"党建+新时代文明实践"工作模式，有39553人党员的志愿积极参与疫情防控、创城、微心愿帮扶等志愿服务。①

除了以上之外，上杭县在建设数字乡村的过程中，注重调动各类企业积极参与数字乡村的建设。激发各种资本注入数字乡村的建设之中。其中参与主体包括个人、社会团体、企事业单位、国家机构等。激发的社会资本包括央企、国企及民营社会资本。各类社会主体的参与能够实现技术上的互补、数字资源上的共享，从而促进上杭县数字乡村建设。而各类资本的激发能够为数字乡村建设提供强有力的物质支持。经过上杭县不懈的努力，华润五丰农业生态循环产业园、三丫生态农业金花茶产业基地、见见农科元等一批龙头、示范和骨干农业经营主体纷纷选择其作为落脚点，投资超过20亿元。经过多年的努力，上杭县在电子政务、机关效能建设、数字经济等考评中名列龙岩市前茅，2019年被国家发展和改革委员会列为国家县城新型城镇化建设示范县。更为重要的通过数字乡村的建设进一步缩小城乡之间基本公共服务和收入水平差距的差异。②而上杭县数字乡村建设除了前述所取得一系列名誉和头衔以及宏观上的成绩以外，从微观视角来看，其取得的成绩也是可圈可点。特举例如下：例一，上杭县鑫中合农业科技有限公司利用水肥一体化滴灌系统以及温湿度监测系统等种植各种蔬菜。通过大数据、物联网、人工智能等技术应用，收集和分析果蔬园土壤主要成分、年积温、年积水、主要病虫害等大数据，建设智慧果蔬园打造了一个打造集教学、旅游、生产功能为一体的农产品种植示范基地。例二，在养殖上利用智能水表、污水流量计、视频监控探头等技术实时监控生猪的生长情况以及污水排放情况，做到智能化养殖以及环保型养殖。数字乡村建设除了惠及前述企业生产农民养殖以外，同时也为生活带来极大

---

① 上杭县积极探索国家数字乡村建设工作新模式［EB/OL］.［2023-03-25］. http://www.fjshxww.com/rdzt/qmshgg/202112/t20211216_564849.htm.
② "国家数字乡村试点建设的上杭实践"之一："数字乡村"建设 激活老区山区乡村振兴新动能［EB/OL］.［2023-03-25］. http://www.fjshxww.com/shxw/shxw/202111/t20211125_564306.htm.

便利。如上杭县率先建立"互联网+养老"的综合性居家养老服务平台，独辟养老新路径。此外，推行"互联网+分级诊疗"项目，解决"看病难、看病贵"问题。

第四节 广东：智慧乡村的领跑者

一、韶关市南雄市

"数"说韶关。韶关市为广东省所确立的5个省级电子商务进农村综合示范县之一。为促进韶关市电子商务产业发展，落实《国务院关于大力发展电子商务加快培育经济新动力的意见》（国发〔2015〕24号）和《广东省关于加快发展电子商务的意见》（粤府办〔2012〕131号），韶关市根据自身情况制定了《韶关市促进电子商务发展扶持措施》（以下简称《措施》）。《措施》对韶关市电子商务的发展提出了四点重要意见。一是支持产业园区建设，促进电子商务产业集聚发展；二是支持电子商务企业做大做强；三是支持电子商务配套的快递配送体系建设；四是重视人才引进和培养，鼓励创业和培训。在电商发展上，韶关市还积极举办各种电商比赛以此推动电商产业的发展，促进电商人才的实际运用能力的提升。如比较有名的是2019年韶关"丹霞杯"返乡人员农村电商大赛、广东"众创杯"创业创新大赛之农村电商赛决赛等。正式出台，明确指出支持电子商务配套的快递配送体系建设。[①]《措施》对于支持韶关市电子商务的发展是全方位、多角度的。不仅关注到电子商务产业园区发展的集聚效应的重要性，也关注到电子商务企业在其中的重要地位。同时，也指出物流配套体系对于电子商务发展的配套作用。最为重要的是看到了人才在电子商务发展过程中的地位。此外，韶关市根据《国务院关于同意在鄂尔多斯等27个城市和地区设立跨境电子商务综合试验区的批复》（国函〔2022〕8号）文

---

① 韶关市人民政府办公室关于印发韶关市促进电子商务发展扶持措施的通知［EB/OL］.［2023-03-25］. https://www.sg.gov.cn/zw/sgszfgb/2018nd7q/content/post_1727990.html.

件精神，韶关市成为跨境电商综试区之一。该试点在韶关的确立，对于韶关市贸易高质量发展、外贸电商企业转型升级开辟新的道路。借由试点的先机韶关市成立"韶关市跨境电商清关服务中心"。在逐步发张过程中又进一步成立了韶关进出境快件监管中心。"中心"的成立以及"中心"功能的完善。对于韶关市外贸发展发挥了极为重要的作用，也进一步推动韶关市外贸规模的扩大，传统产业的升级。韶关市电商发展的代表成果之一为英德市供销社开发建设的"即送网"。英德店电子商务平台和电子商务配送中心建设，并实现"实体店+电子商务+社区配送"三位一体的综合服务平台。此外，华南数谷大数据产业园以"一区一园一城"为主要规划方向，打造以数据中心为核心、大数据相关产业齐发展的"1+N"产业格局。目前，华南数谷大数据产业园建设已取得阶段性成果："华南数谷"大数据产业园被正式认定为第二批省级大数据产业园；市政府、华为、中证三方签订的智慧城市建设和大数据产业合作框架协议正抓紧启动项目落地前期工作。

  数字助推一二三产融合发展。产业融合思想最早出现在马克思和马歇尔的分工理论中。19世纪，在马克思的《资本论》一文中提出"融合理念"，它是在分工的基础上提出的。工厂手工业的发展促进了分工的产生，而由分工产生的新部门与原有手工业重新组合产生新的产业。[①] 农村一二三产业融合（简称农村三产融合）。2003—2018年，已连续发布与农业相关的"中央一号文件"。2015年《国务院办公厅关于推进农村一二三产业融合发展指导意见》明确指出，要推进农村一二三产业融合逐渐形成农村新发展格局。2016年，中央一号文件指出，要农林牧渔结合、推动粮经饲统筹、种养加一体、一二三产业融合发展，让农业成为充满希望的朝阳产业。[②] 2017年，党的十九大报告中指出，实施乡村振兴战略，促进农村一二三产业融合发展。

[①] 马克思. 资本论 第一卷 [M]. 北京：人民出版社，2004：110.
[②] 新华社. 中共中央、国务院关于落实发展新理念加快农业现代化实现全面小康目标的若干意见 [J]. 中华人民共和国国务院公报，2016，1（2）：4-13.

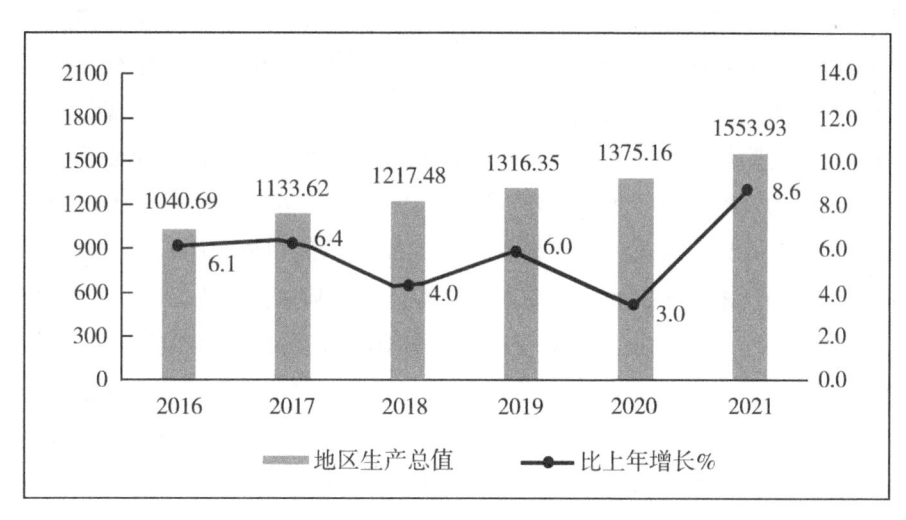

图 1　韶关地区生产总值及增长速度

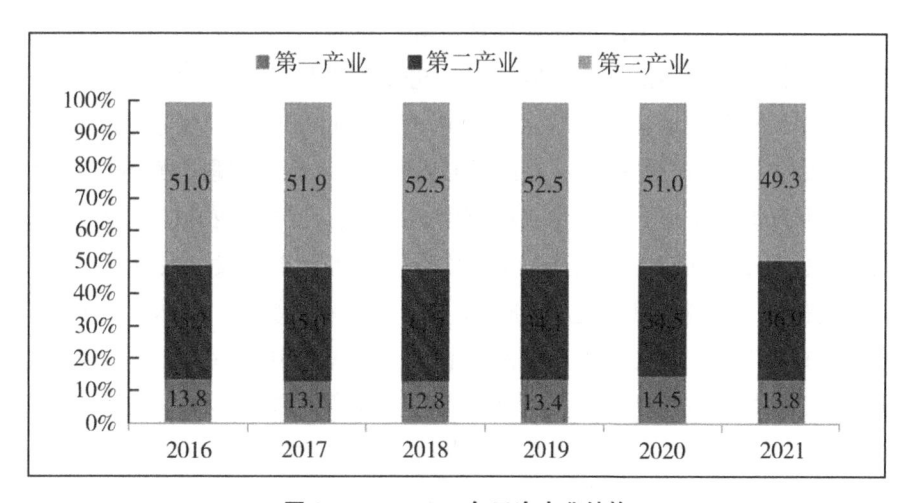

图 2　2016—2021 年三次产业结构

图 1、图 2 资料来源：2021 年韶关市国民经济和社会发展统计公报。①

顿岗镇进一步创新农业发展模式，利用"小平原"的广阔土地资源，因村制宜、因势利导，推动农业与休闲旅游相结合，打造农业生态观赏、

---

① 2021 年韶关市国民经济和社会发展统计公报［EB/OL］.［2023-03-25］. https://www.sg.gov.cn/bmpdlm/sgstjj/tjsj/content/post_2176134.html.

果林观光、农村度假、庄园式、基地型为主体的绿色农庄田园综合体。以"基地+公司+家庭农场+农户"的发展模式，培育一批经济合作社、家庭农场、龙头企业、农业科技示范户等新型农业主体，推进农业的深加工，拓宽农业的附加值。发展壮大了一批以马蹄、红线李、贡柑、葡萄等特色农业产业的规模化连片种植，建立贤丰、围下、高留等村为主的5000亩马蹄生产示范基地，宝溪万亩李果基地，G220线沿线柑橘生产基地，莲藕生产基地及周所朗时生态农业示范园5个特色农业基地，打造了以开心农场、广源生态农庄等一大批观光农业、生态休闲农业项目。全镇家庭农场40家，各类专业合作经济组织30个，种养大户319户，农业龙头企业6家。

第一，顿岗镇实施产城融合，加快重点项目落地。顿岗镇主动融入县城区，依托县产业园区，以城镇扩容为基础，以发展产业为保障，加快驱动城市更新和完善服务配套，加大项目建设力度，加快发展镇域产业经济，形成业态丰富、产城融合、城乡一体化的发展新格局。坚持以城兴产，以产兴城战略，突出"产业发展"和"重点项目"带动发展，以产业集聚为目标，编制镇区产业发展规划，充分依托墟镇扩容的城建平台，认真做好园区涉及的各项工作。落实重点工程项目班子领导联系包干责任，全力完成龙凤新村整村搬迁，完成了G535、G220线顿岗段公路升级扩建、墟镇街升级改造工程，硬底化农村道路80公里，实现了农村道路村村通。完成开心农庄、朗时生态农业、中汇农业等一批旅游开发、旅游配套项目和现代农业产业园项目，建成3000平方米集休闲、娱乐、文体活动于一体的市民文化广场。大力推进三鑫商务酒店、顿岗镇中心小学扩建、建材专业市场等一批重点项目工程。引进一批社会投资到城建、商业地产、商贸物流、农产品加工、酒店等项目，不断优化城镇功能，培育结构优化、技术先进、生态环保、就业容量大的现代产业体系向小城镇及县产业园区集聚，提升产业经济效益。加快推进新型城镇化，将农村产业融合发展与新型城镇化建设有机结合，增强城区辐射带动能力。改善环境，完善吃、住、行、游、购、娱基础功能，不断优化城镇功能，有效对接县产业园区，提升城镇的产业承接和配套能力。顿岗镇将以产城融合为平台，继续加大投入，加大招商引资力度，完善基础设施建设，推进G220线周所至亚吉山段改造、武深高速与韶赣高速始兴连接线建设和G535澄江至顿岗改线建设工程，推进围楼小镇、巴拉菲特旅游项目建设，启动顿岗镇中心小学扩建项目，全面启动了顿岗镇墟镇提升项目，一期投入 2500 多万元，打造"一河两岸、三街、两节点"提升工程，全力把顿岗墟镇建成园区生活服务中心。

第二，顿岗镇实施农旅结合的方式，打造全域旅游休闲胜地。顿岗镇以创建省全域旅游示范县为契机，结合"九龄故里·百里画廊"旅游线路开发项目，深度挖掘山、水、田、林、围楼等资源优势，推动农业与文化、体育、旅游、休闲、饮食、养老等产业深度融合，促进乡村旅游大发展。积极推动农业与第二、第三产业融合发展，大力打造观光型、生态型、体验型生态农业家庭农场旅游经济带，建立宝溪赏花基地，广源荷花园、朗时生态农业观光园、中汇旅游产业园等一大批旅游田园综合体，完成了宝溪李花赏花基地观光路道、旅游公厕、宝溪森林公园等旅游基础设施建设，通过了周所选陂省级古村落的授牌，推进万古观光围、竹林同庆围等全镇 37 座围楼保护、认养利用，发展开心、广源、金宝源等 23 家绿色农庄，打造 G220 线生态农庄旅游经济长廊。组织开展以李花、荷花为主题的乡村旅游文化节活动，带动优质农产品线上线下交易畅销达 900 多万元，带动餐饮、住宿、旅游消费大幅增加，提升了休闲农业旅游经济价值。创建了 2 个省级乡村旅游示范点、1 个市级星级民宿和示范家庭农场、1 个"墨江人家"3A 民宿和 1 个四星农庄。顿岗镇挖掘人文、历史、自然等旅游资源，以"家庭农场、围楼、休闲农业"为亮点，推进开心农场的提档升级，推动巴拉菲特、选陂古村落、万古观光围等旅游景区开业。深挖红色文化，传承红色基因，着力打造千净村陈氏宗祠等红色旅游示范点。连片连线发展乡村旅游，推出"围楼文化+乡村旅游+观光农业"精品旅游线路，打响顿岗绿色农庄经济带旅游品牌。乡村振兴，打造全省美丽乡村示范村。顿岗镇紧紧围绕"产业兴旺、生态宜居、乡风文明、治理有效、生活富裕"的总要求，深入推进人居环境整治工作，为乡村振兴打下良好基础。以打造"全省美丽乡村示范村"为目标，完成了周所、高留、千净、大村等省定贫困村的整治规划设计工作，扎实抓好周所沙洲陂、千净谭屋、高留谭屋和大村白围 4 个先行先试示范点建设。全域推进三清三拆三整治，整治工作验收达标率为 78.2%，超额完成了任务。稳步推进周所、高留、千净、大村 4 个省定贫困村创建美丽乡村示范村工作，打造了周所选陂市县人居环境整治先行示范点。实施以美丽乡村项目建设为重点，积极用好"一批政策"，稳步推进相对贫困村交通运输、安全饮水、电网改造、网络信息和文体基础设施建设，投入帮扶资金2410万元，完成周所、宝溪、千净等7个村村通公路硬底化；完成周所、寨头、高留、千净等村村通自来水工程；完成宝溪河、七北河、清化河、罗坝河等中小河流整治工作；完成了石坪、周所村高标准基本农田水圳硬底化；为大村、周所、石坪等村安装了路灯，完成周所选陂、田心、下寨、高留、东流坝等村文化活动广场建设，完成高留老屋、千净石坪等简易污水处理设施建设，全力推进寨头村、宝溪村人居环境空心村整村拆旧整治工作，打造人居环境整治示范亮点，整村拆除15个村小组共160亩。完成公路沿线路域整治工程，打造产业兴旺、乡风文明的美丽乡村样板村，不断惠及广大群众。顿岗镇将按照美丽乡村的要求，着力推进农村人居环境整治"三清三拆"向纵深发展，彻底改变农村人居环境，让广大群众共建共治共享美丽乡村建设成果。

第三，顿岗镇实施产业帮扶策略，带动村民脱贫致富。顿岗镇紧紧围绕"一年打基础，两年攻坚脱贫，三年巩固成效"的工作思路，按照"一镇一业、一村一品"区域联动的发展思路，精细制定镇、村两级产业扶贫计划，细化扶贫产业思路和规划项目。坚持把精准扶贫，打好脱贫攻坚战作为发展的第一要务，着力在精准定责、精准施策、精准扶持、精准管理、精准示范等方面发力，因地制宜、因贫施策，实施"扶贫+党建""扶贫+乡村旅游""扶贫+特色农业""扶贫+新型农业经营主体"等产业帮扶模式，投入帮扶资金1720万元，落实产业帮扶项目6宗，实行党建引领，完成了大村、高留等4个省定贫困村新建改建党群服务中心，七北、石坪2个面上村新建党群服务中心；举办荷花节扶贫活动，带动贫困户约212户719人实现增产增收。全镇已形成了"一镇一业、一村一品"产业扶贫新格局，以马蹄为产业，充分发挥身残志坚的周所村党员张锡桶的猴头菇兰花基地+合作社的帮扶效应，帮助带动36户贫困户劳动致富。还在周所村、贤丰村、高留村、千净、大村村、宝溪村、七北村相继建立了朗时生态农业、万亩马蹄基地、万亩李园、莲藕基地、百香果园、贡柑基地、光伏发电等产业扶贫基地。[①]

[①] 打造一二三产业融合发展示范镇［EB/OL］．［2023-03-30］．http://nyj.sg.gov.cn/sy/nydt/content/post_156089.html.

二、阳江市阳西县

"123+N"模式。"123+N"是什么？"1"是坚持以习近平新时代中国特色社会主义思想为指导，加强党的全面领导和党的建设。对此有如下几个方面的要求，一是始终把政治建设摆在首位。坚持不懈用党的创新理论凝心铸魂，进一步增强"四个意识"，坚定"四个自信"，做到"两个维护"，不断提高政治判断力、政治领悟力、政治执行力，让对党忠诚成为阳江党员干部最根本的政治品格，成为阳江政治生态最鲜明的政治底色。二是推动基层党组织全面进步、全面过硬。实施新一轮加强基层党建三年行动，不断提高党的组织建设制度化、规范化、科学化水平，更好地发挥基层党组织战斗堡垒作用和党员先锋模范作用。三是着力建设德才兼备的高素质干部队伍。树立正确选人用人导向，开展好县镇领导班子集中换届工作，建设忠诚干净担当的高素质干部队伍。近期，阳江启动"培苗强基"计划，从市、县两级部门选派100名优秀年轻干部到镇（街）任职，引导年轻干部到基层锤炼党性、增长才干，着力为阳江发展培养一支群众工作能力强、基层工作经验丰富、具有优良作风和为民情怀的高素质干部队伍。四是持之以恒正风肃纪反腐。坚持以上率下狠抓作风建设、纪律建设，坚定不移推进党风廉政建设和反腐败斗争。引导激励广大党员干部从伟大建党精神中汲取力量，切实以工作体现忠诚，以发展体现担当，以解决问题体现落实成效。"2"是指两个定位加快打造沿海经济带的重要战略支点、宜居宜业宜游的现代化滨海城市。"3"是指三个体系，一是以临港先进制造业和滨海旅游为重点的现代产业体系；二是以港口、快速交通和其他城乡建设工程为重点的基础设施体系；三是以优质教育、卫生和平安美丽家园为重点的宜居生活体系。"N"就是推动阳江高质量发展的若干工作方案和重大项目清单。[①]

省委十二届十四次全会提出，沿海经济带东西两翼各市要更好承接大湾区辐射带动，加快打造新的增长极，构建世界级沿海产业带。我们要把

---

① "阳江新蓝图推动""123+N"工作安排！突出建设"三个体系"[EB/OL].[2023-03-30]. https://www.sohu.com/a/482598291_121106875.

省委全会精神和省委赋予阳江的"两个定位"战略要求紧密结合、全面落实，加快打造沿海经济带的重要战略支点、宜居宜业宜游的现代化滨海城市。要发挥阳江交通支点和产业支点作用，继续深化与深圳、珠海等地的快速交通连接，把市内8个重点功能片区规划建设好，成为对接两个合作区的重要平台；要学习借鉴先进经验，着力突破阳江与两个合作区的区域发展壁垒；为两个合作区重点提供清洁能源、基础材料、产业配套、技能人才和生活用品、旅游产品等供应。新征程上继续推动阳江高质量发展，开创新局面、展现新气象，要坚持"向海发展、工业立市"，围绕"123+N"工作安排，落实"两个定位"战略要求，推动"三个体系"建设。要集中精力加快建立以临港先进制造业和滨海旅游为重点的现代产业体系，融入大湾区产业链，着力打造沿海经济带产业支点；要集中精力加快建立以港口、快速交通和其他城乡建设工程为重点的基础设施体系，进一步拉近与"双区"的时空距离，接受"双区"核心城市的辐射带动和资源溢出，以交通支点服务产业支点；一是集中精力加快建立以临港先进制造业和滨海旅游为重点的现代产业体系。省委十二届十四次全会明确提出"培育世界级先进制造业集群"。

第一，阳江坚持"向海发展、工业立市"。推动实施"链长制"，在继续发展壮大合金材料、风电、五金刀剪、食品调味品、电力能源等临港产业基础上，积极招引智能家电、装备制造、日用化工、绿色建材等产业项目，着力培育更多产业集群。大力推动规模以上企业成立研发机构、行业协会建立公共研发平台，构建产学研深度融合协同创新机制，并积极谋划打造产教融合的阳江科学城。在滨海旅游方面，对标国际一流，高水平做好海陵岛全岛国际旅游规划工作，推动滨海旅游高品质发展。第二，集中精力加快建立以港口、快速交通和其他城乡建设工程为重点的基础设施体系。阳江坚持交通先行，加快推进港口、高铁、高速、机场建设和市内道路快速化改造，形成立体化交通体系，努力打造区域交通枢纽。加快市政基础设施建设，推进市中心区的市政交通快捷化。第三，集中精力加快建立以优质教育、卫生和平安美丽家园为重点的宜居生活体系。围绕群众所需所盼，全力办好人民满意的教育和医疗卫生事业。加强城市规划建设和管理，全面巩固创卫成果，加快创建全国文明城市、国家森林城市，全力打造绿色城市、人文城市、智慧城市、活力城市、文明城市。目前，阳江正在制定城市高质量发展的十个专项规划，形成落实"123+N"工作安排的具体任务书和施工图，不久后将出台。阳江将在城市建设、产业发展、市政交通、环境治理、社会民生等领域与中国铁建、中国能建、中交集团、中国电建等央企展开全面合作，积极推进重大基础设施领域项目模式研究，推进"矿产资源+建设项目"创新合作模式，推动阳江高质量发展迈向新水平。①

短视频矩阵暨区块链。阳江市阳西县被定为全省唯一数字农业示范县和"一村一品、一镇一业"短视频矩阵暨的"区块链+农业"试点县，成功申报数字乡村试点县。在11月8日举行的阳西（北京）招商推介会上，阳西县政府分别和广东新浪、腾讯微视、西瓜视频、北京一亩田签订协议，共同打造阳西县"一村一品、一镇一业"短视频矩阵。这是阳西县作为广东省"一村一品、一镇一业"短视频矩阵暨"区块链+农业"试点县，推动试点工作的重要举措，也是阳西推动农业产业发展和乡村振兴的重要抓手。② 农业短视频矩阵，短视频矩阵，阳西先行先试。对短视频而言，矩阵营销，其实就是多渠道营销，简单说就是多平台或多账号营销的方式。短视频矩阵在创作取材上要求极高。为什么首次出现在阳西？

首先，最主要是因为该县具有丰富的素材，取材不尽。恰好阳西在素材资源上占据独特的优势。阳西依山傍海，光、温、水、热等自然条件得天独厚，物产丰饶，现有耕地面积72.46万亩，水田面积35.47万亩，程村蚝、红心鸭蛋获得国家地理标志产品保护，上洋西瓜（海皮西瓜）入选全国名特优新农产品目录，东水茶获广东省十大名茶和广东省十大绿茶称号。孙波说"之所以选择阳西作为试点，首先就是我们阳西的自然资源以及农产品非常丰富。"阳西县海淡水养殖面积达14.37万亩，2018年渔业总产量48万吨，居全省县级第一，已建成程村蚝、五彩薯、西瓜、荔枝、龙眼、辣椒、蔬菜、南药、东水山茶、优质水稻、水产品、禽畜12个具有南亚热带特色的现代农业产业化生产基地。2018年全县农业生产总值86.83亿元。

---

① "市委全会评论"推动"123+N"工作安排，在新征程上展现新气象[EB/OL]．[2023-03-30]．https://www.sohu.com/a/482994449_121106875．

② 阳西：打造"一村一品一镇一业"短视频矩阵 推动乡村振兴[EB/OL]．[2023-03-30]．https://www.sohu.com/a/352583714_120054316．

其次，阳西的人文优势突显。阳西是获得广东荔枝种植匠最多的县域，其倡导的以匠人精神种出优质荔枝的宗旨，广受业界好评。此外，颇具文化传播影响力的"晒足180天的厨邦"，全国最大生产基地就在阳西。第一，试行源于勇于突破。任何新鲜事物的发展，离不开先驱者的先行先试。阳西探索通过创新农产品销售模式和"互联网+农业"新业态，打造"一村一品"短视频矩阵建设新模式，并将"区块链+农业"技术应用试点在实施乡村振兴战略，促进农产品产销对接和农业品牌建设，努力构建应用现代信息技术支撑农业农村经济可持续发展，为全省开展"一村一品、一镇一业"农产品市场体系建设探索可复制、可推广经验。阳西县还将通过"一村一品"短视频大赛、短视频网红培训班、"一村一号"农民进驻、大Ｖ网红带货、农产品企业站台、短视频平台加持等方式，培育一批本地网红，拍摄一批农产品短视频，提升一批农产品品牌、讲好一批农产品故事，建起链接农产品与消费者的网络桥梁，促进农特产品的线上传播度，改写农产品的传统销售模式。第二，创新，源于不断实践。短视频矩阵，需要给一批批创作者搭建发挥的平台。近期，阳西发起首届阳西县"一村一品"短视频大赛，旨在深入实施乡村振兴战略，大力推进阳西县"一村一品"和"一镇一业"富民兴村产业，打造阳西县"一村一品、一镇一业"短视频矩阵。据介绍，参赛作品主要围绕阳西农特产品、相关美食、乡村人物和丰收景象等内容展开，通过村民的视角、质朴的话语和平实的镜头，展现阳西山海兼优、物产丰富的特点，以及背后的精彩故事。主办方希望通过开展本次大赛，培养一批当地短视频、网红实操手和销售员，进一步提升阳西县农产品品牌建设和市场体系建设，促进阳西县现代农业产业兴旺发展。短视频大赛征集一出，参与者众多。一批创作爱好者，深入阳西进行调研，深入了解阳西的农业产业资源，帮助更多的阳西农业产业带头人利用短视频平台推介阳西农产品。以腾讯微视为例，召集一批网红大咖、摄像能手深入阳西，开展创作。一时间，阳西成为视频制作爱好者的"打卡"胜地。据统计，阳西农业短视频大赛仅仅微视平台播放就达到千万级别，一批网红大咖争相为阳西农产品代言，阳西成为近期广东农产品短视频网红的集散地。此外，阳西开展短视频网红培训班，邀请网络达人、视频制作高手，与阳西农户、农企、政府，传授短视频拍摄技巧和经验。"只要有亮点，人人都能当网红，只要有兴趣，人人都能拍短视频。"这也是农业短视频网红培训班的宗旨和目标。

最后，阳西具有独特的数字传播平台。据孙波介绍，阳西与广东新浪、腾讯微视、西瓜视频、北京一亩田等网络公司签约，共同打造100名本土草根网红，安排财政补贴进行培训，并建立考核评价体系，明确每天直播任务量，推介本地农产品。"一村一品、一镇一业"短视频需要本地的承载平台。据了解，阳西正推进"一村一号"工程。在全县149个村居建设"一村一党建公园""村村通微信群"的基础上，联动农民合作社或当地村庄代表人，辅助每个村开设一个短视频平台账号（包括西瓜视频/新浪微博/腾讯微视/抖音），并介绍与指导短视频平台的运营方法。此外，在"区块链+农业"方面，阳西也做出了积极探索。在溯源、物流、检测、品牌、融资等方面，积极运用区块链技术，通过提升溯源能力、提高物流水平、提升检测水平、提升品牌知名度、激活资金投入等，以区块链助推现代农业发展。山海阳西，魅力无限。阳西先行先试，在农业短视频以及农业区块链方面积极探索。阳西，正成为广东农业短视频矩阵的集散地，为广东贡献阳西模式。[1]

之所以选择阳西作为试点，更多是因为阳西县自身具备良好的条件，当地干群对"一村一品、一镇一业"短视频矩阵暨"区块链+农业"试点工作具有浓厚的兴趣，也高度重视，更为重要的一点是，阳西与粤东粤西粤北大部分地区各种条件相似，因此，相较于珠三角地区，阳西作为试点，更具复制推广的价值，为全省乃至全国农业现代化探索可复制可推广的经验。据了解，第一，阳西县短视频矩阵试点做法主要有，举办短视频拍摄和直播主播培训班，培育一批阳西县当地农业领域的活跃短视频制作达人和直播网红；第二，通过专业视频制作团队和网红达人带头，带动草根内容创业者和培训班学员，拍摄出一批阳西县当地短视频+网红直播内容，推出一批阳西县名特优农产品品牌和名特优农产品代表动漫故事；第三，探索成立短视频矩阵研究院，总结推广阳西经验，在腾讯、西瓜、抖音、新浪各大平台发起"我在阳西等你"标签。通过中国移动彩铃下发信息和新浪微博等各大平台发布信息。

---

[1] 农业短视频矩阵，为什么是阳西？[EB/OL]. [2023-03-30]. http://static.nfapp.southcn.com/content/201911/16/c2811776.html？colID=null.

在执行计划与工作进展方面，阳西初定重点推进"十个一"工作，即选出一批特色农产品，打造一批网红或营销团队；进行一次短视频网红培训；举办一个短视频大赛；宣传一批好故事；推出一批短视频；通过一批网红达人直播带货；推行"一村一号"；提炼一批网络矩阵话题；建设一批农产品供应链。为了保障试点工作的顺利推进，阳西还推行了一些措施和政策来支持，如企业参加在北京的农产品推介展销会，全部由财政来负责。尤其是直播网红的培育，阳西每个月都有财政补贴。因为，阳西县相关负责人认为，每一个网红都是从不成名到成名的过程，这个培育的过程一定要发挥财政的引导作用。对于"区块链+农业"试点，阳西主要从溯源、物流、检测、品牌、融资几个方面进行探索。接下来，在广东省农业农村厅的指导下，阳西县将加快推进"一村一品、一镇一业"短视频矩阵和"区块链+农业"工作，为全省乃至全国农业现代化探索可复制可推广的经验。①

三、茂名市高州市根子镇

"根子样板"。日前，高州市根子镇人民政府与中国联通茂名市分公司签订"数字乡村"管理服务平台建设合作协议，共同推动高州根子智慧乡村建设，打造高州根子特色乡村品牌，加快推进乡村振兴高州根子镇作为茂名市乡村振兴"高州样板"的前沿阵地，近年来，紧紧围绕打造乡村振兴"根子样板"的目标要求，在推进国家级、省级荔枝现代农业产业园、国家级大唐荔乡田园综合体、省级荔枝优势产业带、省森林小镇、古树公园等重大项目建设及特色旅游等方面取得了显著成效。数字乡村建设是全面推进乡村振兴的重要抓手，中国联通积极发挥技术优势，推出了以乡村治理、乡村产业、乡村民生三大板块为核心的数字乡村解决方案，赋能提升乡村信息化水平。签约仪式上，高州市根子镇党委书记袁海峰表示，将以此次"数字乡村"管理服务平台建设合作作为契机，不断加强和茂名联通沟通交流，力争在"5G+数字乡村"应用方面率先取得实质性突破，助力

---

① 关于广东要推短视频矩阵试点，先要搞清这些问题 [EB/OL]. [2023-03-30]. http://static.nfapp.southcn.com/content/201911/17/c2812733.html.

根子农业农村现代化发展和转型进程，推动城乡信息化融合发展，赋能茂名市"精彩100"根子先行段建设，快速打造茂名市高州市根子镇乡村振兴品牌，让人民生活得更加幸福。

高州市委常委、宣传部部长杜坤玲深入根子、山美、长坡等镇（街道）调研该市数字乡村发展情况，强调要全面摸清该市乡村数字化、信息化发展情况，收集数字乡村发展的意见建议。他在调研中详细了解高州市当前在数字乡村建设方面的推进情况，随后，又分别在根子镇、山美街道、长坡镇召开座谈会，听取部分镇街和有关单位推进数字乡村发展情况及设想汇报。数字乡村是伴随网络化、信息化和数字化在农业农村经济社会发展中的应用，以及农民现代信息技能的提高而内生的农业农村现代化发展和转型进程，既是乡村振兴的战略方向，也是建设数字中国的重要内容。今年8月，高州市被确定为广东省数字乡村发展试点县（市）。10月，高州市又被列为国家数字乡村发展试点地区，成为全省三个国家级数字乡村发展试点（县）市之一。试点实施时间为2020年6月至2021年12月。这次调研旨在摸清高州市数字乡村发展的现状，了解农村农民的需求，明确该市数字乡村发展的目标和推进措施，制定出符合该市实际又对标国家、省试点任务要求的可落地落实的具体实施方案，尽快推出高州市具体实施方案。杜坤玲要求，要准确把握上级关于数字乡村试点工作文件的精神，明确工作目标、具体任务、完成的时间和职能部门的职责。各部门、各镇（街道）要密切配合，制定工作清单，提出合理性意见和要求。要有埋头苦干精神，开拓进取，推动数字乡村发展试点工作的顺利开展，努力开创数字乡村发展试点工作新局面，为推进高州市经济社会高质量发展作贡献。①

"5G+数字乡村"。5G时代经历了移动通信从1G到5G的迭代升级，它的悄然到来具有里程碑意义和时代价值。5G技术的高速发展使智慧社会建设和数字国家成为全球共识，它一诞生就让人类社会逐渐跨入"万物互联"的时代。2019年，国务院在《关于坚持农业农村优先发展做好"三农"工作的若干意见》中明确提出，要实施数字乡村战略，加快推进宽带

---

① 市领导专题调研数字乡村试点工作［EB/OL］.［2023-03-30］. http：//www.gaozhou.gov.cn/gkmlpt/content/0/831/post_831465.html#2338.

网络向村庄延伸，深入推进互联网与现代农业深度融合，帮助广大农民多渠道增加收入。同年，中共中央印发的《数字乡村发展战略纲要》指出，到2020年，数字乡村建设取得初步成效，明显提升农村互联网渗透度和普及率。到2025年，数字乡村建设取得重要进展，要在乡村普及和深化4G基础上，努力实现5G技术的创新应用，进一步缩小城乡的"数字鸿沟"。数字乡村是指广大乡村基于全新一代的网络信息技术在农业农村经济社会发展中的广泛应用，以人工智能和网络大数据为重要依托，以数字技术创新驱动乡村振兴的内在活力，通过智慧乡村建设，实现农业生产数据化、治理数据化与产业数据化，不断提高传统产业数字化智能化水平，加速重构经济发展与乡村治理模式的新型经济形态，以期推动全球经济格局和产业形态深度变革。① 5G时代下，"互联网+"正成为激发基层治理和乡村建设潜能的巨大动力。近年来实施的数字乡村战略把数字乡村建设与智慧乡村作为重要的内容，并将其摆在突出位置。习近平总书记多次强调，要让互联网技术与农村深度紧密结合，着力打造基于互联网的新型农业产业的模式，要利用互联网提升农业生产智能化水平，加快完善新型农业生产经营体系，这为实施数字乡村战略，发展智慧农业指明了方向。②

2020年，茂名联通运用5G技术配合茂名农业农村局建成全国首个荔枝"智慧果园"以及茂名水果所荔枝种植生产智慧果园试点建设项目，助力茂名荔枝国家现代农业产业园高质量完成创建任务，在2020年全国申请认定的49个产业园中以第一名的成绩顺利通过认定。双方将认真落实党中央国务院、省委省政府和市委市政府的决策部署，根据《广东数字农业农村发展行动计划（2020—2025年）》文件要求，围绕广东数字农业"三个创建、八个培育"的工作指引，充分运用联通在5G、物联网等新基建技术及云计算、大数据、产业数字化转型方面的综合优势，不断创新模式、革新技术、熔铸生态，打造全国的数字农业农村标杆，开创数字农业农村更加广阔的发展前景，为巩固拓展茂名脱贫攻坚成果、全面推进乡村振兴、加快农业农村现代化作出更大贡献，奋力谱写乡村振兴新篇章。③

---

① 郭红东. 建设"数字乡村"助推乡村振兴［J］. 杭州（周刊），2018（47）.
② 常凌翀. 5G时代数字乡村战略推进的内在逻辑［J］. 新闻论坛，2022（2）：81-84.
③ 市农业农村局与茂名联通成功签约5G+数字农业全产业链战略合作协议［EB/OL］.［2023-04-25］. https://baijiahao.baidu.com/s? id=1698071949350021932&wfr=spider&for=pc.

2021年4月，茂名市农业农村局与中国联通茂名市分公司"5G+数字农业"全产业链战略合作协议签约仪式在茂名联通2楼会议室隆重举行，双方的合作对提高茂名市农业农村信息化水平，引领、驱动农业现代化发展、带动农业相关产业发展、助力乡村振兴都具有重要的意义，将进一步推动茂名智慧农业建设，实现茂名农业高质量发展。近年来，在茂名市委市政府的指导下，茂名农业农村局紧紧围绕打造乡村振兴"茂名样板"的目标要求，扎实推进农业农村现代化建设，乡村振兴建设进一步提速发力。2021年第一季度，茂名市农业农村经济继续延续好势头，稳中迈大步，全市完成农业产值201.55亿元，同比增长8.4%，实现增加值135.82亿元，增长6.5%。联通在助力数字农业农村的发展方面取得了良好的成效，截止到2020年年底，广东联通已经在21个地市落地建设23个标杆项目，包括为省农业农村厅建成广东省农业农村大数据服务平台；承担阳西数字农业示范县项目建设，助力"一云一馆两园"等项目落地；在茂名，联通承建了两个国家级荔枝产业园、化橘红大数据分析平台以及农垦信息化平台，为茂名农业提供科学生产、资源管理、品牌打造、质量溯源等全方位服务，促进茂名产业融合升级，助力茂名现代农业发展。2021年中央一号文件提出，到2025年，农业农村现代化取得重要进展，农业基础设施现代化迈上新台阶，农村生活设施便利化初步实现，城乡基本公共服务均等化水平明显提高。要发展智慧农业，建立农业农村大数据体系，推动新一代信息技术与农业生产经营深度融合。根据本次签订的战略合作协议，双方将按照"着眼长远、共同发展、互赢共利"的原则，进一步加深5G+农业网络建设及信息化应用领域的战略合作，共同推进茂名市智慧农业建设，加快茂名农业数字化转型升级。茂名联通作为数字基础设施的提供者，5G+数字农业的创新服务者，打造了丰富的智慧农业应用及标杆案例，具备在数字农业领域独特的战略优势和实践路径。

2020年8月，高州入选广东省数字乡村发展试点县（市）；10月，中央网信办网站公布了首批国家数字乡村试点地区名单，高州榜上有名，是广东省三个国家试点地区之一。2021年，中央一号文件再次强调要加快推进农业现代化，为数字乡村建设指明了方向和路径。高州成为首批国家数字乡村试点地区的背后，离不开茂名市委网信办的支持和努力。去年7月份，省下发了《关于转发〈关于开展国家数字乡村试点工作的通知〉的通知》。茂名市委网信办立即根据通知要求，会同农业农村、发展改革、工业和信息化等部门，指导高州市完善申报书内容，并积极与上级相关部门沟通，争取上级部门的支持，力推高州市成为国家级的数字乡村试点地区。

在高州市成为国家级数字乡村试点地区后，茂名市委网信办加大工作力度，联合市发展和改革局、市工业和信息化局、市农业农村局等部门联合下发了通知，要求有关单位加强统筹协调、加强政策支持、狠抓工作落实，积极开展好数字乡村的有关工作。并组织人员深入调研，梳理高州市存在的问题，积极协调予以解决。此外，成功入选省、国家数字乡村试点区，与高州市农业农村各项建设成效也密不可分。高州数字农业基础扎实，目前已成功通过省级电子商务进农村综合示范项目绩效验收，国家级电子商务进农村综合示范县项目建设正在稳健推进。成为省、国家数字乡村试点，这对高州市来说是重要机遇，也是挑战。当下，高州市委市政府高度重视，各相关部门通力协作，立足从高州实际出发，精心谋划推动，着力探索数字乡村建设新模式，构筑美好数字生活新图景。现在走进高州市根子镇荔枝园，你会发现，一些大树旁挂着二维码，扫码便可实时了解果树情况、网上订果、网上包树、管理监测，甚至一对一"包养"。数字化养殖、网上政务、直播带货……在高州市，数字乡村早已在乡村治理、产业振兴、城乡融合等方面发力，融入乡村生活的每个场景，也改变了老百姓日常的点点滴滴。①

---

① 先试先行！高州着力探索数字乡村建设新模式［EB/OL］.［2023-05-15］. https://m.thepaper.cn/baijiahao_11693368.

第六章　建设中的贵州智慧村落

第一节　千户苗寨：贵州数字乡村样板

数字赋能文化产业。当今时代随着网络信息技术的不断发展和进步，数字技术的应用深刻地改变了我们的生产方式、生活方式和交往方式。数字化赋能企业、教育、医学、交通等的发展，使其产生了质与量的飞跃。大数据时代下，越来越讲究数字赋能，智慧城市，智慧园区、智慧交通、智慧工厂、智慧水利等都属于此，借用数字孪生技术，使数据三维可视化动态展现，更全面高效地看清问题。

当前，我国十分重视文化产业发展，一系列支持文化产业发展的政策与措施接连落地，从2009年文化部《关于加快文化产业发展的指导意见》出台，到2020年6月中宣部文改办下发《关于做好国家文化大数据体系建设工作通知》，2020年11月文化和旅游部发布《关于推动数字文化产业高质量发展的意见》，再到2022年5月中共中央办公厅、国务院办公厅印发的《关于推进实施国家文化数字化战略的意见》，为文化产业高质量发展提供了政策利好。习近平总书记强调："要推动文化产业高质量发展，健全现代文化产业体系和市场体系，推动各类文化市场主体发展壮大，培育新型文化业态和文化消费模式，以高质量文化供给增强人们的文化获得感、幸福感。"这为推动文化产业转型升级、实现高质量发展指明了方向、明确了路径。据国家统计局数据显示，2018年全国文化及相关产业增加值为41171亿元，占GDP的比重为4.48%。2019年全国文化及相关产业增加值 44363 亿元，占 GDP 比重 4.5%。相较于我国其他行业的产业增加值而言，文化产业的发展仍具有上升空间。

当今数字技术的进步不仅能为教育、医疗、交通等赋能，同样也可以为文化产业赋能，为文化产业的发展保驾护航，催生出多元化、多样化的文化消费新场景和新业态，从而促进国民经济增长。

文化产业是国家经济体系中的重要组成部分，在国家经济体系中占据着举足轻重的地位。在中国特色社会主义进入新时代的背景下，要想实现文化产业高质量发展，还需要走很长一段路。但是它的未来还是比较光明的。一方面，伴随着文化和科技的持续融合，文化产业的数字化和科技化逐渐展现出了更加强大的发展势能。文化产业在互联网、物联网、大数据等技术手段的加持下，不断推陈出新，让更多人对数字文化产业有了更加全面而深入的了解。与此同时，伴随着大数据技术的日益成熟，对文化产业特别是对数字文化产业的发展具有重要的指导意义。因此，"大数据"对数字文化产业的"赋能"就成了一个崭新的时代命题。

数字文化产业的高质量发展，必须依托大数据技术，构建大数据文化产业高质量发展体系。一方面，随着全球经济的快速发展和现代科技的飞速进步，文化产业逐渐成为国民经济中的一项新兴产业，在世界范围内，文化产业对经济发展的推动作用得到了各国的普遍认同，许多国家也开始意识到了文化产业对经济的推动作用和对基础设施的推动作用。因此，文化产业的发展水平已经成为一个国家现代化和综合国力的主要指标，逐渐被称为经济发展的"加速器"。另一方面，自从大数据技术被运用到文化产业之后，它给文化产业的生产制造、产品营销等环节组成的网络带来了一场全新的变革，在这种链式结构中，信息流、物流、资金流三种流动过程都被数字技术不断地优化。所以，在未来的发展过程中，数字技术将会对文化产业的资本流动速度、文化产业的知识产权保护、文化产业的合作社区的建立等起到积极的作用。

基于上述问题，我们提出了"大数据如何更好地与数字文化产业融合"的研究主题。具体来看，首先，我们从"大数据对数字文化产业发展的促进作用是什么"的角度，分析了大数据技术对数字文化产业发展的促进作用，即大数据技术是如何在数字文化产业发展中发挥作用的；其次，从"大数据技术在数字文化产业中的应用将会以什么样的方式进行"的角度，分析了大数据技术在数字文化产业中应用将会以怎样的方式进行；最后，我们从"大数据技术在数字文化产业发展中发挥作用与其作用机理是什么"的角度，分析了大数据技术在数字文化产业发展中发挥作用的机理。上述问题的厘清，将有助于明确大数据技术在数字文化产业发展中起到积极推动作用还是消极阻碍作用，为评价大数据技术在数字文化产业发展中发挥的积极社会效应还是消极社会效应提供科学依据。2022年1月18日，国务院印发《关于支持贵州在新时代西部大开发上创新路的意见》，赋予贵州省"数字经济发展创新区"的战略定位，并指明"深入实施数字经济战略，强化科技创新支撑，激活数据要素潜能，推动数字经济与实体经济融合发展，为产业转型升级和数字中国建设探索经验"的方向路径，为贵州全力发展数字经济提供强大动力。在文化产业方面，要加快建立以数字经济为主体的现代产业体系，推动新一代信息技术与文化创意、影视制作、演出娱乐等传统产业深度融合，实施数字产业强链行动，促进文化和旅游产业链、供应链的重塑与重构，培育一批具有强大影响力和竞争力的文化和旅游品牌。在大数据的支撑下，持续培育一批具有广泛影响力的文化和旅游品牌。

发展观光体育器材制造。推动交通和旅游、农业和旅游等领域的深度融合，培育康养旅游、文化体验、山地运动和乡村休闲等综合性旅游服务，打造旅游和旅游示范省。积极推进旅游资源的有效利用，积极推进重点旅游项目的招商引资。对"贵州旅游·一码游贵州"平台进行了改造和升级。大力发展具有民族特色的乡村文化和旅游业，加大对民族传统工艺品的保护和传承力度，大力发展苗族绣、贵银等民族特色工艺品，创建"黔系列"民族文化产业和旅游商品的品牌。加快优秀文化和旅游资源的数字化转化和开发，推动景区、博物馆等开发线上数字化体验产品，以长征数字科技艺术馆为引领，培育一批具有广泛影响力的数字文化和旅游品牌。

贵州将在现在和未来的一个阶段，紧紧抓住国家的重大政策机遇，坚持以科技创新为驱动发展的战略支撑点，主动抓住数字经济中的技术革命机会，争取新一轮的发展优势。

以4A级景区"西江千户苗寨"为例，该景区坐落在贵州省黔东南苗族侗族自治州的雷山县。近年来，西江千户苗寨景区不断加快相关配套设施的建设，提高了游客服务质量。西江千户苗寨通过升级改造，打造出"5G+智慧苗寨"的新名片，开启了"智慧旅游"的新时代。以 5G 为基础，结合大数据、云计算等技术，构建了以 5G 为基础的"智慧景区"信息化平台。利用这个平台，景区可以对闸机、摄像头、报警柱等进行统一的管理和控制，同时还可以对票务、游客、分销、直销等数据进行采集和管理，游客画像、景区客流、应急等数据可以用图表、热力图等形式来直观地展示出来。通过微信、公众号和手机 App，游客可以享受预约门票、刷码进入、路线规划、购买商品和处理投诉等服务。

目前，西江千户苗寨已实现景区信息服务集成化、市场营销精准化、产业运行数据化、行业管理智能化，景区管理现代化水平和旅游服务水平得到大幅提升，形成了独有的"西江模式"（李天翼：2018）。

近年来，为了积极应对疫情的影响，西江千户苗寨推出了更多乡村旅游、康养旅游、生态旅游、自驾车旅游等线路产品，抢抓科技赋能的机遇，谋划线上产品布局和品牌宣传，探索应对疫情防控所需的新技术、新业态、新模式，积极开发线上数字化、智慧化、可视化的优质文化旅游产品。与此同时，还在景区活动上加大投入力度，加强活动频次，重视游客参与度。得益于这些努力，仅 2022 年暑期"旅游黄金月"（7 月至 8 月）期间，西江千户苗寨景区共接待游客 87.26 万人次，旅游综合收入达 8.28 亿元，创疫情以来暑期旅游旺季新高。

智慧赋能文化旅游。智慧（狭义的）是高等生物所具有的基于神经器官（物质基础）一种高级的综合能力，包含：感知、知识、记忆、理解、联想、情感、逻辑、辨别、计算、分析、判断、文化、中庸、包容、决定等多种能力。智慧让人可以深刻地理解人、事、物、社会、宇宙、现状、过去、将来，拥有思考、分析、探求真理的能力。与智力不同，智慧表示智力器官的终极功能，与"形而上谓之道"有异曲同工之处，智力是"形而下谓之器"。智慧使我们做出导致成功的决策，有智慧的人称为智者。

这是一个智能化迅猛发展的时代。"智慧地球"这一概念是 IBM 前首席执行官彭明盛在 2009 年 1 月 28 日奥巴马就任美国总统后与美国工商业领袖举行的"圆桌会议"上首次提出。"智慧地球"的战略认为，IT 产业下一阶段的任务是把新一代 IT 技术充分运用在各行各业之中，具体地说，就是把感应器嵌入和装备到电网、铁路、桥梁、隧道、公路、建筑、供水系统、大坝、油气管道等各种物体中，并且被普遍连接，形成所谓"物联网"，然后将"物联网"与现有的互联网整合起来，实现人类社会与物理系统的整合，在这个整合的网络当中，存在能力超级强大的中心计算机群，能够对整合网络内的人员、机器、设备和基础设施实施实时的管理和控制，在此基础上，人类可以以更加精细和动态的方式管理生产和生活，达到"智慧"状态，提高资源利用率和生产力水平，改善人与自然间的关系。智慧，作为高等生物特有的特征，开始被赋予许多没有生命的物体，许多行业和地域。例如智慧城市、智慧江苏、智慧上海、智慧社区、智慧家庭、智慧校园、智慧工业、智慧农业等。

物联网（Internet of Things，IOT）是旅游发展重要的基础。物联网是新一代信息技术的重要组成部分，也是"信息化"时代的重要发展阶段。顾名思义，物联网就是物物相连的互联网。这有两层意思：其一，物联网的核心和基础仍然是互联网，是在互联网基础上的延伸和扩展的网络；其二，其用户端延伸和扩展到了任何物品与物品之间，进行信息交换和通信，也就是物物相息。物联网通过智能感知、识别技术与普适计算等通信感知技术，广泛应用于网络的融合中。同样文化旅游业在信息技术支持和智慧赋能加持下，传统旅游业不断地优化升级转型为智慧旅游[①]。

旅游旺季"一码贵州"平台客服不断接到游客来电，咨询、预定住宿。满足人民群众对 5G 时代美好信息生活的向往，贵州旅游正加速迈入全新"数字时代"，开启"智慧旅游"新时代，不管是出行还是在景区都能体验到信息技术带来的便利。疫情结束后，沉寂近三年的旅游业迎来强力复苏，现在只需登陆"一码贵州"就可以找景点、订酒店、寻美食。

据该平台数据显示，2023 年 1 月较上月订房量上涨 12%，春节假期省内特色酒店及民宿订房约在 40% 左右，贵阳周边民宿及各地温泉、滑雪、暖冬产品颇受游客青睐。

为了让游客在旅行当中能有畅快体验，贵州电商云公司技术工程事业群打造了 5G 消息数字身份认证助力全域旅游服务方案，游客去酒店只需刷脸就可快速完成入住办理以及费用支付，通过构建智慧文旅数据服务平台，带动文旅场景周边的商家、餐饮、住宿、夜间经济的持续发展。

---

① 江洪，智慧农业导论——理论、技术和应用 [M]. 上海：上海交通大学出版社，2015：1.

在数字经济的大背景下，对旅游业进行了精确的营销分析，以推动旅游业的消费。公司以"5G信息+互联网+旅游"的模式，向游客们提供"一对一"的贴心推荐服务，以满足游客们高质量、个性化和多样化的旅游需求。西江千户苗寨，是贵州省黔东南苗族侗族自治州雷山县苗族聚居地，距离雷山县城36公里，距离黔东南州33公里，是一个由十几个天然村落组成的群山连绵的村落，四周群山环绕，层层叠叠，一座座梯田从山上延伸到天空，白水河从寨子中流淌而过，把西江千户苗寨分成了两部分。西江千户苗寨在半山腰上修建了一座座独特的木制吊脚楼，西江千户苗寨的吊脚楼依地势而变，层层叠起。

西江苗族文化博物馆、鼓藏头家、活路头家、酿酒坊、刺绣坊、蜡染坊、银器首饰坊、观景台、嘎歌古道、田园观光区等，是西江千户苗寨的一大特色。西江千户苗寨就像一个展示苗族发展史的露天展览馆，为人们提供了一个欣赏、学习苗族传统文化的平台。依托贵州大数据基础，千户苗寨已跻身"智慧旅游"之列。古老苗寨插上"智慧翅膀"。带上MR眼镜，就能在苗寨的景点触发更多的'元宇宙'特效以及互动情节，在信息技术的加持下，古老苗寨插上'智慧翅膀'。西江苗寨采用"5G+XR"创新技术与古老苗族传说有机融合，打造苗族文化元宇宙项目——"西江幻地"。游客通过剧本情节，佩戴MR眼镜就可以在西江千户苗寨中"解谜""寻宝"，通过虚拟景象与实地场景互动，让这些科幻的体验，从电影世界照进现实，真切地感受当地历史文化。

目前，西江苗寨智慧旅游信息化建设实现了景区信息服务集成化、市场营销精准化、产业运行数据化、行业管理智能化，助力旅游监管科学化、游客体验智能化及运营管理信息化，点亮苗寨"5G+智慧苗寨"新名片，同时大幅提升游客的服务体验感知。

现如今到景区度假，交通、饮食、住宿都无法离不开一个好的网络环境，西江千户苗寨景区不仅网络全覆盖，信号也非常强，不仅满足了游客的需求，还能在流畅的直播中将美丽的苗寨展现给全国观众。在雷山西江千户苗寨举办全国"村晚"示范展示活动中，高速、稳定的5G网络助力现场表演"飞上云端"，通过直播为全国带来新春文化盛宴。据统计，活动当日在线观看量达1224余万人次。

为贯彻落实《中华人民共和国国民经济和社会发展第十四个五年规划

和 2035 年远景目标纲要》，关于"深入发展智慧旅游"的部署安排和《"十四五"旅游业发展规划》和"加快推进以数字化、网络化、智能化为特征的智慧旅游发展"的要求，进一步推动全省智慧旅游场景应用建设，支持旅游景区进一步发展新业态、新模式，提升文旅行业智慧管理服务水平，省文化和旅游厅开展了 2022 年贵州省智慧旅游案例征集工作。经广泛征集、专家评审、征求意见、厅党组审议等程序，西江千户苗寨景区智慧旅游管理和服务案例成功入选 2022 年贵州省智慧旅游典型案例。此外，中国电信贵州公司联合雷山县文体广播旅游局对西江千户苗寨智慧旅游信息化进行提升建设，完成对标创国家 5A 级旅游景区信息化建设项目。该项目依托 5G 网络，结合大数据、云计算进行建模测算，构建"1"基础、"1"支撑、"4"平台、"N"应用展现的系统架构及多智慧景区信息化平台，实现了景区管理视频监控信息由"看得见"向"看得懂"转变，助力 5A 级景区信息化建设，打造智慧景区新标签体系。

通过综合管控平台，以"一张图"方式实现票务、游客、分销、直销等数据的采集管理，为大数据分析提供支撑；通过智慧分销平台主要解决了线上分销统一入口问题，电子票分销实现各个分销渠道购买的门票统一发码，游客可直接刷码入园；通过智慧服务平台，以线上方式为游客提供游前、游中、游后的全程服务，实现一机在手、全程无忧；通过业务综合管理平台实现景区整体运行数据的展现与分析，提升景区管理现代化水平。

西江千户苗寨景区大数据统一调度指挥平台对景区票务系统、人脸识别、消防安全、监控系统进行整合，形成了景区智能安全统一管理、统一调度的方式，建设视频数据共享基础平台，接入了消防、公安、气象、文旅、交通运输等部门数据，进行汇聚、整理、分析，把景区的人、车、物统一纳入监管；在此基础上实现 GIS 的统一展现，拓展应急指挥，安保巡检等的挂图应用。下一步，西江千户苗寨景区将继续完善景区的智能化、信息化服务建设，促进西江千户苗寨景区旅游产业发展和产业革新。

贵州省深化 5G 文旅应用场景开发建设，充分利用 5G 高网速、低延时优势，持续推出 VR/AR 导览、云直播、高清视频、AI 文娱互动、景区智能管理等"智慧旅游"应用场景。截至 2022 年，已在贵阳高坡、毕节百里杜鹃、施秉杉木河等景区推出"智慧旅游"应用场景 25 个。截至 2022

年,贵州省景区共建设 5G 基站 2762 个,全省 456 个 3A 级以上旅游景区中已有 431 个景区实现 5G 网络覆盖,为智慧景区保驾护航。今年,省通信管理局将继续在加强 5G 网络建设、提升网络质量、深化智慧旅游应用等方面下功夫,持续做好支持旅游产业化发展各项重点任务。

如今,贵州旅游景区通过搭建 5G 智慧管理平台,融合综合管控、应急指挥调度、视频监控等功能,形成 5G 旅游专网平台软件的咨询、预订、购买、接待和售后服务体系,在健全和完善景区基础服务设施的基础上,优化和便利景区内的环境保护、卫生整治、安全保卫等方面的运行管理,进一步整合旅游资源,为游客提供更多便利。

第二节 青岩古镇:贵州数字乡村样板

全域智慧旅游。在中国,越来越多的人认识到旅游是一个综合性的产业,并在发展过程中逐步形成了"全域旅游"这一概念。"全域旅游"不仅是指对景点的开发,更多的是指对整个地区旅游业生态环境和全社会旅游发展环境的系统谋划。以"全域旅游"为目标,从全域视角重新审视旅游业在国民经济中的地位和作用,以更加开放的视野、创新的思维和理念对旅游业进行全面规划、统筹协调。"全域旅游"是指从资源开发、产业布局到体制机制、市场营销、政策法规等各个方面,对旅游业进行全方位规划与管理,促进旅游业的发展。在中国提出"全域旅游"理念已经一年多了,各地也出台了不少关于"全域旅游"发展的相关政策,但由于缺乏对全域思想的认识和顶层设计,导致各地在这方面建设进度缓慢,且出现了许多误区。"全域旅游"理念的提出,旨在从全域视角重新审视旅游业在国民经济中的地位和作用,树立以"全域"为理念的旅游发展战略,促进城市、景区和农村等各个区域旅游业和谐、协调发展,构建旅游业新格局。所谓"全域",即是指全域旅游的空间概念和范围界定。我国地域广阔,各地区的发展差异很大,需要有一个全局观念来对"全域"进行整体谋划。所谓"智慧",即是利用信息技术、互联网、大数据等先进手段对旅游资源进行整合和优化配置,提高旅游服务效率和质量。目前全国范围内已经开展智慧城市建设的城市很多，如北京、上海、广州等，但是要想把智慧城市真正实现全域覆盖还需要政府以及企业加大投入力度，加快建设步伐。当前中国互联网发展进入快车道，在"全域旅游"思想指导下也迎来了新的发展机遇。智慧旅游成为"全域旅游"思想下对互联网应用模式和技术支持进行全面革新的关键。在全域智慧旅游环境下要实现全域信息化建设就需要建立一套标准的数据交换系统及统一标准的应用平台和信息管理系统平台。在"全域旅游"背景下建立标准数据交换系统及统一标准应用平台是实现全域智慧旅游战略目标的关键技术支撑。只有以统一规范标准的数据交换系统及统一标准化应用平台为基础，建立起一套标准化应用环境才能保障实施过程中数据交换及管理工作顺利进行。随着"全域旅游"热兴起以及全域旅游生态圈建设提出要求，智慧景区建设也进入快速发展期。通过构建全网感知、智能决策和服务精准推送等"三大系统"以及提供"四类服务"和构建"五大管理"（资源管理、服务与安全）为一体的"五级架构"（基础架构层、感知体系层、业务协同层、服务运营控制与评价）智慧管控平台及大数据分析系统来全面实现全域智慧化建设工作。

青岩"5G+"。青岩古镇，位于贵州省贵阳市花溪区南部，距贵阳市中心城区29千米，距花溪城区29千米，为明清两代军事重镇。青岩古镇"基于AI人脸识别算法的'游途旅拍'旅游风景区5G新应用解决方案"项目，由中国移动贵州公司、青岩古镇景区管理有限公司和贵州游途信息技术有限公司共同打造，旨在利用5G技术全面提升智慧旅游系统，给游客带来更便捷、快速、智能的游览体验，打造成为青岩古镇5A级旅游景区"5G+"典型应用示范。

"游途旅拍"短视频服务运用5G、AI人脸识别、视频影像云合成等技术，结合景区特色文创元素，为游客提供完整且充满交互体验的短视频影像。通过云计算生成个性化vlog，可以让游客体验新颖的旅游记录方式，进一步提升景区品牌综合影响力。

以5G、VR/AR、8K超高清视频、云计算等新一代数字信息技术为代表的数字科技，在助力智慧导览、移动讲解、在线预订、个性化推送等景区服务方面发挥着积极而高效的作用。同时，5G网络在人流云管控、环境云监测等方面也大大提升了旅游精细化服务和管理水平。目前，青岩古镇全景区已实现5G信号无死角覆盖，为智慧旅游打下了坚实的基础。

青岩古镇是贵州省重点文物保护单位，因此，摄像头等电子设备安装受到了极大限制。然而，5G无线通信的出现，有效打破了设备线缆铺设的限制。同时，5G技术带来的高并发传输能够有效保障传输稳定性。现在，景区按需灵活部署电子设备，最大限度保护了古镇建筑，还原它最原始的风貌。

节假日的密集客流量将带来大量高清视频流，对传输链路速率及延时提出了更高要求，5G网络高速率、大容量、低延时的优势，为"游途旅拍"短视频服务提供了有力保障。

在数据传输安全方面，5G提供了更高级别的数据传输安全防护，同时，"游途旅拍"短视频服务所设计的分布式系统架构，秉持"未授权不调用"和"限时自动清除"，采用加密传输存储和API标准化管理，从源头保障用户的个人肖像使用权益等问题。目前，"游途旅拍"项目主要设备在青岩古镇的部署已经完成，正处于线上调试阶段，即将正式投入运营使用。下一步，围绕数字活市，在"软件再出发"行动计划引领下，贵州游途信息技术有限公司将持续以先进数字化信息技术为核心，结合新媒体、旅游文创、5G新应用等优质服务深耕文旅业，为贵阳贵安数字经济高质量发展添砖加瓦。

在新冠肺炎疫情常态化防控形势下，旅游景区艰难前行。青岩古镇是贵阳市区唯一的5A级旅游景区，凭借其得天独厚的地理位置和丰富的旅游资源，凭借自身的优势，借助景区的转型升级，实现了自身的自我救赎，并将以云计算、大数据、物联平台、5G等新技术为支持，打造"景+N"的"青岩古镇公共智慧旅游服务平台"，将景区内的餐饮、住宿、商品等业态集中起来，实施精细化的管理，提高景区的服务品质，发挥出最大的旅游效益。

近几年来，青岩古镇一直致力于丰富旅游业态，促进旅游消费升级，促进旅游与工业、农业和现代服务业的结合。为了让更多的游客在青岩落脚，延长了景点的营业时间，增加了游客的消费时间，让更多的人选择在青岩生活，这也为民宿、酒店等产业的发展提供了强有力的支持。古香古色的唐门茶楼、寻棠巷的韵味、云萃阁的临山的高级酒店，让游人感受到了别样的小镇风情，深受人们的欢迎。景区将继续为当地的民宿和客栈提供金融服务、客源引流、系统搭建、物资供应等方面的赋能，同时还会引进外部的优质酒店，提升他们的住宿质量，帮助他们的消费转化。该景区对平台大数据手段进行了充分利用，从地域、品类偏好、购买渠道、高价值客户、品牌偏好等方面对客户群体进行了划分，并对游客展开了客户数据洞察分析，从而实现了针对不同人群的自动精准营销，从而提高了客户黏性。同时，景区将通过线上线下举行营销活动，结合乡村振兴战略，充分发挥青岩古镇资源优势、区位优势，构建强大的产品供应体系。目前，青岩镇已经筛选出了"果树""花木""蔬菜""特色林木""食用菌"5种特色产业，并将其纳入"一村一特"工程，同时，还将建设物流和仓储车间，以农产品和水果为主导，以丰富的生产供应为重点。

青岩古镇主要集中了大量餐饮、住宿、旅游商品销售等商户，但规模较小，经营较为分散，总体而言仍属于区域性的特色小镇。旅游消费的基础和前提仍然是配套设施的落后和文化的挖掘不够。业态单一也是制约青岩古镇旅游发展的重要原因之一。在此基础上，构建"青岩古镇智慧旅游公共服务平台"，涵盖"食、住、行、游、购、娱、商、学、养"九大要素，形成新型的集群化、规模化的市场主体，并以此为基础，构建"青岩古镇智慧旅游"的全产业链，促进"智慧旅游"产业的快速发展。除此之外，景区还打算对卤猪脚、玫瑰糖、糍粑稀饭、玫瑰冰粉等知名小吃及银饰、土特产等的制作工艺、原料采购、经营标准等进行统一，并制定相应的行业标准，从而有效地提高景区的服务质量，持续满足广大游客的多样化、个性化、差异化的需求，从而实现品牌输出。

第三节　息烽——建设中的智慧乡村

智慧乡村建设政策。在建设智慧乡村过程中，应将信息技术的开发应用与发展规划、基础设施、公共服务等统筹考虑，并制定政策鼓励发展新业态。在农业生产中推广使用新技术、新装备，推动信息农业发展。素有"贵州第一淘宝村"之称的息烽县永靖镇立碑村。以前的辣椒、蕨菜等农产品，都是要在集市上出售的，但现在，他们可以不出家门，仅靠网络销售农产品，就能赚个几百万元。为降低农产品积压与销售的滞后性，息烽还搭建了农特产品销售的平台，许多回乡创业的农民，用数字化的网络把农产品与销售联系起来，让山货"出山"变得更容易。接单、装箱、打包、发货，这些都是他们的工作流程。通过网络销售、直播带货等线上方式，使当地农副特色产品小豆腐、酸菜、蕨菜在网络上火爆销售，这不仅帮助农民解决了农产品滞销的问题，也让许多返乡创业人员变得富裕起来。

息烽县牢牢把握国发〔2022〕2号文件带来的重要政治机遇，进一步扬优势，补短板，补弱项，科学规划，健全工作体制，健全工作制度，全面推进各项工作。"云上养鸡""数字化防疫""数字电商""数字教育"等，都在贵州的"数字乡村"中得到了广泛应用。这些都是贵州"数字农村"中的一部分。自全国开展"数字乡村"试点工作以来，贵州大数据技术"进村入户"的步伐不断加快，既推动了地方乡村生产、生活方式"提档升级"，又实现了城乡"同网同速"，又提升了乡村振兴的"质量"和"智慧"，实现了人民群众的实实在在受益。2018年4月20日，习近平总书记在全国网络安全和信息化工作会议上指出："让人民群众在信息化发展中有更多获得感、幸福感、安全感。"以"数字乡村"为切入点，息烽正在通过"数字乡村"的建设来促进和提高农业、农村的现代化。

在息烽县县域大数据创新应用展示中心里，一张大屏幕接入了医疗、教育、农业等12个板块的信息内容，让整个息烽全县情况在此"一网览尽"。息烽县作为中国首批国家数字乡村建设试点地区之一，息烽县抓住机遇大力发展种植业、养殖业。"云上养鸡"就是息烽县数字乡村建设的一部分。在息烽县数字肉鸡养鸡云平台中，大屏幕上显示的是鸡舍中的有关情况，包括温度、湿度、光照、氨氮等，农民都可以通过手机，进行远程监控。若出现异常情况，可及时向农户发出预警。农场主们关心的动物疾病，也被大数据所控制。从纸张到文字，再到电子设备，让防疫员的工作效率得到了很大的提高，而在此之后，手机更成为农民无法离开的"新农具"。询问、查看、登记、拍照、注射疫苗、防疫人员在"防控管家"App上，只需要5分钟的时间，就可以完成一只猪的整个防疫过程。这样的工作效率，是之前的一倍还多，大大节省了员工的时间。通过智能分析，智能提取，在"防控管家"的动物防疫信息化管理平台上，1分钟内就可以完成数据的统计。息烽县"嘉禾牧业"公司的养鸡场，饲养员用一台简易的机器，便可将数万只商品化肉鸡喂饲完毕。只要按下一个按钮，就能让机械将食物送进饲养场，既能节省人力，又能提高饲养场的效率。

息烽县以贵州"数字农村建设监控大数据可视化"平台为依托，推进了农村人居环境的信息化管理工作。在息烽，全县161个村庄，1247个垃圾收集点，40辆垃圾清运车，都安装了物联网数据采集设备，并把收集到的数据，通过物联网、人工智能等信息技术，对县城内的农村生活垃圾进行收集、运输、回收、处理等全过程进行监控和分析，从而有效地解决了农村生活垃圾清运管理的难题。

息烽县强化互联网、大数据、物联网等信息技术与农业生产全过程的融合应用，加快推进现代信息技术与农业生产经营深度融合，促进智慧乡村建设由点及面拓展延伸至产业集群、产业链和价值链的全过程。在农产品加工流通设施建设方面，支持电子商务发展，推进农村电商综合示范；提升农产品冷链物流能力，鼓励发展仓储保鲜配送等现代物流服务。政府应加快推进智慧农机建设，促进农机具与信息化深度融合。加大农机购置补贴力度，鼓励农民购买先进适用农业机械，提高乡村机械化水平。在设施农业、农产品初加工方面，建设一批"互联网+"农产品出村进城。

南山驿站田园综合体核心村。2019年5月，中共中央办公厅国务院办公厅印发《数字乡村发展战略纲要》指出，数字乡村建设是伴随网络化、信息化和数字化在农业农村经济社会发展中的应用，以及农民现代信息技能的提高而内生的农业农村现代化发展和转型进程，既是乡村振兴的战略方向，也是建设数字中国的重要内容。

永靖镇以《数字乡村发展战略纲要》为指引，以息烽县《美丽南山田园综合体规划》为依托，在现有美丽南山基础设施建设较为完善的基础上，围绕县委"南山片区开发建设"新愿景，立足"永靖核心开发区域"新定位，在以永靖镇坪上村为核心的南山区域，以乡村振兴为目标，以产业为核心，以文化为灵魂，以科技为引领，以基础设施为支撑，打造"一镇四区"新目标，即打造以大党建促大发展的智慧党建示范镇、小镇建设为主的智慧小城镇试验区、以南山温泉开发为主的智慧康养旅居核心区、以县内农特产品加工为主的智慧农业农副产品加工区、以美丽南山田园综合体为主的智慧观光旅游样板区，从而成为县城南移发展的新引擎，带动息烽县乡村振兴的全面推进，最终实现"村庄美、产业兴、农民富、环境优"的目标。

永靖镇坪上村位于息烽县永靖镇南部，是通往省城贵阳的重要通道，兰海高速公路穿村而过，区域内息烽南收费站已投入运营，通往正在建设中的贵阳城市干道不足0.5千米，距县城高铁站19千米，公路铁路交通便利，地处贵阳市区和遵义市半小时经济辐射圈内，发展潜力巨大。毗邻息烽县四大原始丛林之一的南望山，区域内有800余亩的关冲林场，森林资源丰富，覆盖率达57.65%，是天然氧吧；海拔1254~1513米，雨量充沛，年降雨量1100毫米左右，气候冬无严寒、夏无酷暑，年平均吸引重庆、江浙一带、山东等省份前来避暑的游客上千人。

该地区产业结构调整到位，基础设施完善，农业产业发展良好，综合体区域有八月瓜采摘园200亩、猕猴桃300亩、菊花1000余亩、辣椒50亩、李子1000亩、柿子500亩、葡萄200亩、刺梨300亩、桃子100亩、鱼塘25亩，养殖蜜蜂200余箱，有菊花深加工基地，"十四五"规划期间拟在南山田园合体建设农产品深加工基地，配套物流冷链等基础设施。旅游业发展前景好，综合体内旅游设施完善，建设有南山驿站、红色书院、森林温泉、红色拓展训练基地、森林探险步道、帐篷酒店、观景塔、小南海湿地公园、五谷共享酒店、精品民宿等旅游资源。息烽县累计打造田园综合体15个，特色小镇13个，"绿色息烽·富美乡村"示范点14个。坪上村是美丽南山田园综合体组成部分，同时还是"红色经典·生态家园"富美乡村示范点。大型活动经验丰富，2015年，作为贵阳市贯彻十八届五中全会精神调研精准扶贫、美丽乡村建设及农村环境综合整治现场观摩推进会现场观摩点之一；2018年，作为举办贵州省首届"中国农民丰收节"暨第六届贵阳农业嘉年华活动的关键场地。

南山田园综合体数字乡村建设优势

网络全覆盖，农村信息基础设施较为完善。南山田园综合体位于贵阳市息烽镇黎安村和坪上村。坪上村及其周边村寨设有4G基站5个，4G网络覆盖100%，四大网络运营商铺设光缆80余千米，宽带用户302户。全县累计新建及改造通信基站超过1400余座，累计布放信息传输光缆超过

4000千米，全县宽带接入端口建设超过11万口，实现4G无线覆盖20户以上自然村覆盖率达100%，数据宽带行政村覆盖率达100%，为数字乡村的建设提供有力保障。

电子商务进农村，数字经济稳步推进。2019年6月，息烽县"创建国家级电子商务进农村综合示范县"获批以来，各项工作有序推进。结合息烽实际，对农村地区的电商物流系统进行了创新。该县整合了邮政、供销、交通、扶贫等部门的资源，构建了"农村物流系统与农村网点共建共享"的合作模式。同时，引进贵州智通世界信息科技有限公司等物流企业，开始了一个3000平方米的县级物流快件仓储分拣中心的建设，实现了对快件的统一分拣和配送。截至目前，全县电商创业人数突破1600人，京东、苏宁、淘宝等第三方平台上有264家店铺，商品品种400多种，网上零售总额达到6570.98万元。立碑村是贵州首家"淘宝村"，被阿里研究院评为"中国淘宝村"。

雪亮工程建设，信息化治理能力有提升。"雪亮工程"项目已采集车辆卡口信息1.13亿余条，日均约65万条，人脸卡口信息742万余条，日均约4.3万条，通过对人像和车辆布控产生预警信息6259条，视频巡查获得刑事案件涉案线索视频83起，破获刑事案件76起。

强化平台建设，信息服务体系发展有成效。一是智慧交通，"通村村"平台在息烽全面部署上线，县级调度中心已开始运营，平台注册用户量达1.4万余人，全省排名第二，日均活跃量达300人次，每天为村民提供查询车辆信息200余条，为村民提供便捷出行服务。二是智慧医疗，县域药店推广"处方药智能问诊平台"。截至目前，县域34家药店已开通应用，累计问诊8000余次；完善息烽县人口健康信息云平台，搭建了我县健康医疗云平台，完成基础服务管理平台、医疗业务协同平台、居民健康服务平台、医疗业务监管平台、大数据分析平台、医疗核心业务平台6方面的16个业务系统功能开发，逐步实现医疗数据汇聚，累计电子健康档案203282份。三是智慧教育，建成1000M进校100M进班网络工程，中小学班班通覆盖率达到100%。四是智慧城市，已成立大数据智慧城市调度中心。

招商引资平台建设，双线运行作有保障。引进"黔津道电商物流凤巢产业园项目""裸眼3D""普惠金融"等项目落地息烽，浙江网商银行股份有限公司"普惠金融"服务项目，目前正与蚂蚁金服洽谈数字经济合作项目（网络货运平台项目）。建成"云上息烽·美丽乡村"云平台应用场景和息烽县旅游产业运行监测及应急指挥平台，开发了"云上息烽"手机 App 应用系统，建立了"云上息烽·美丽乡村"数据资源服务云系统。

以习近平新时代中国特色社会主义思想为指引，坚持高标准要求、高水平开放、高质量发展的发展理念，以乡村振兴为目标，以产业为核心，以文化为灵魂，以科技为引领，以基础设施为支撑，以美丽南山田园综合体建设为载体，围绕智慧党建、智慧农业、智慧小城镇、智慧观光旅游、智慧康养着力打造现代化智慧·南山田园综合体。围绕县委"南山片区开发建设"新愿景，立足"永靖核心开发区域"新定位，打造"一镇四区"新目标，即打造以"大党建"促进"大发展"的智慧党建示范镇、新萝小镇建设为主的智慧小城镇试验区、以南山温泉开发为主的智慧康养旅居核心区、以县内农特产品加工为主的智慧农业农副产品加工区、以美丽南山田园综合体为主的智慧观光旅游样板区，从而成为县城南移发展的新引擎。

抓党建信息化建设，提升乡村治理水平现代化，打造智慧党建示范镇。一是强化信息平台建设。依托阿里巴巴旗下钉钉平台，建立基于党建引领的村民组织化运营平台，打造协同高效的"在线型"政府，为村级社群提供基层治理的数字化服务工具，提高乡村重要信息上传下达效率，强化党建引领作用。打造数字化户籍人口管理新方式，各类人群信息精准触达，重要消息一键通知，互联网+党建学习，让先进力量带动乡村发展。实现乡村管理智能化、信息化、实时化，切实提升乡村治理能力现代化水平。二是创建智慧党建红色品牌。依托"筑梦南山"党建抖音平台，推出"网红支书"云人物，整合党建区域红色 IP 与网红支书，建设智慧红色书院，研发红创文化产品，助推红旅融合党建示范带。

围绕衣食住用行，提升智能生活、家居服务，打造智慧小城镇试验区。依托 5G 网络建设、人工智能技术、大数据分析应用、物联网技术，围绕衣食住用行，打造一批智能化家居、出行、生活服务链，实现小镇建设智能化管理，如环境卫生监控与清理、生活用品实时配送、饮水安全智能监控等，借新萝智慧小镇建设的契机，打造集"食、游、购、娱、体、展、演"等要素为一体的智能夜生活体验区，发展"夜经济"，打造智慧小城镇试验区。

围绕南山温泉开发，以智能精品民宿为抓手，打造智慧康养旅居核心区。依托贵阳市大数据产业发展，搭建南山智慧旅游平台，引入区域旅游景点、乡村民宿、农家乐等资源，运用AI、VR、5G等新技术，打造立体、动态、沉浸式的展示互动平台。打造片区智能化精品乡愁民宿，农场小家庭，配套智慧停车场等，打造智慧康养旅居核心区。

引进自动化生产工艺，依托产业结构调整优势，建设智慧农业农副产品加工区。一是依托息烽县产业结构调整优势，在南山建造智能食品加工厂。围绕息烽菊花、脆红李、刺梨、葡萄等产业，建造智能数控生产车间，将本地特色的农特产品进行订单式个性化生产、精细化加工、精品化包装，增加农特产品的附加值。二是以淘宝村建设为契机，强化"云上息烽App"的建设和推广，实现农副产品产销信息的实时共享与跟踪。如以5G技术为支撑，消费者通过手机对产品生产全过程进行跟踪；深度开展"互联网+"、大数据分析技术的运用，实现市场供给需求分布的动态监控，智能数控生产车间自动调整产品生产结构等。

以美丽南山田园综合体为载体，"互联网+"、物联网，打造智慧观光旅游样板区。美丽南山田园综合体紧扣"美丽南山·心的驿站"主题，遵循"农味无穷、趣味无限、庄园引领、共建共享"理念，按照"一线引领、两区融合、三营连线、四园支撑、八农庄共享"规划，目前，建成区域近10平方千米，已建成南山温泉大健康园区和田园农庄休闲体验园区两个区域，红色研学、山地越野、房车露营三个营地，花园、果园、稻园、蜜园四个产业园区，温泉共享庄园、玫瑰共享庄园、小南海共享庄园、驿站共享庄园、红色共享庄园、南山共享蜜园、五谷共享庄园、稻梦共享庄园八个共享庄园。通过引入"互联网+"、物联网技术，串珠成链，实现各个体验观光点的有效连接，打造沉浸式体验智慧观光旅游样板区。

同时打造息烽县永靖镇南山智慧康养建设工程项目，以南山温泉为核心，打造智慧康养体系，建立康养指标数据库，丰富康养项目，建立游客康养恢复进度等体系，为游客提供不一样的服务。

第四节　修文——建设中的智慧乡村

　　智慧乡村建设政策。在智慧乡村建设中修文县在各个方面投入大量的人力、物力、财力，其中包括智慧农业、农村电子商务、乡村绿色生活智慧党建、"互联网+政务服务"等。

　　乡村治理数字化。在贵阳市的坚强领导下，修文县紧紧围绕"在贵阳修文，在城市的后面，有一个美丽的乡村"这一定位，全力推进智慧乡村建设。通过数字赋能，让数字红利惠及农民、惠及农村、造福农业，让数字技术助力乡村振兴，打造一个美丽的智慧乡村。"智能回收"系统助力生活垃圾源头减量为了进一步提高修文县居民的生活质量，修文县以"智能回收"系统为依托，积极推动"垃圾回收"系统的建设，通过数据共享、技术支撑等手段，实现了对垃圾回收系统的有效管理。修文县城管部门正积极推进"智慧环卫"的建设，通过信息化和智能化手段，突破信息资源的屏障，实现了农村生活垃圾转运车的信息与省级平台的对接，由原来的被动处理转移到了前端的主动回收，促进了农村生活垃圾的收集和处理，为城市环境卫生的精细化管理奠定了坚实的基础。

　　智能定位设备的统一安装。坚持"精"和"细"的原则，大力推动农村生活垃圾收集和运输系统。采用进村入户、现场核查等方式，展开摸底排查工作，对各乡镇垃圾收转运车辆及垃圾池、垃圾斗、垃圾转运站和非正规垃圾堆放点数量，以及需要安装 GPS 定位系统的垃圾转运车辆进行统计。为全县所有乡镇的农村生活垃圾收集和转运车统一安装 GPS 导航系统，并投入使用。指导各乡镇负责垃圾处理的人员，将收集点的各方面信息在电子监控平台上及时录入，做到"日产日清"。

　　详细记录垃圾收运全过程。数字化监测平台主要是利用对农村生活垃圾的收转运车辆进行定位分析，对收集、转运、处理、处置全过程进行监控，对车辆的运行轨迹和功能进行清楚的记录，判断出乡镇中转站建设情况、垃圾收集点建设情况、收转运车辆配备情况，以及农村生活垃圾的清运数量、行政村生活垃圾治理覆盖率等。接入农村生活垃圾收运体系数字化监测平台，垃圾转运车工作情况，在监测系统平台上可以一目了然，这大大降低了基层填表报数的负担，同时还提高了数据统计质量，从而提升了基层的卫生管理水平，促进了人居环境的持续改善，乡村面貌也在一天天地发生着变化。

制定收运制度完善收运工作。制定《修文县城乡生活垃圾收运体系考核暂行办法》，将农村生活垃圾收运工作纳入年度主要工作目标。每月不定期对各乡（镇）、街道生活垃圾收运工作进行监督检查，对垃圾处理工作不力的村进行通报，考核结果纳入年终目标考核。

乡村产业数字化。修文县在大力发展智慧农业的过程中，加快了"党支部+合作社+农户""党支部+村集体+农民"等模式的建设，目前已经发展出了16.7万亩的猕猴桃，2021年，总产量已经达到了7万吨，总产值达到了25亿元。为新建的30个农产品产地冷藏保鲜项目都配备大数据智能采集系统，持续提升农业生产经营智能化、网络化水平。"修文果"是贵阳一种受国家保护的农产品，是一种具有"特色"的农产品，也是一种特色农产品。修文县始终坚持将党的组织与产业紧密结合，形成"以党带动人致富的链条"。"小绿果"能变身"发财果"，离不开大数据的帮助，修文县引进了大数据物联网溯源系统，实现了猕猴桃的种植过程可跟踪、可监控，并引入了物联网技术，实现了水肥一体化精细管理，实现了产量和质量的提升。到目前为止，已经有多个猕猴桃种植园与物联网大数据平台对接，覆盖了6万多亩的猕猴桃种植基地。

农民生活数字化。在我国，农民的文化水平普遍较低。农村的大部分农民文化水平和知识水平都比较低，因此，当他们种植不熟悉的作物时，就会出现产量和质量都不高的问题。这在一定程度上阻碍了作物产量和品种多样性的实现。另外，我国多数农村地区农业生产机械化水平不高，农业生产没有科技的有力支持，农民多数使用传统方法耕作，费时费力且经济效益不高。但在智慧乡村建设的进程中，这些问题在逐步得到解决。农户可通过益农资信服务平台，收看、学、用、养等。息烽县建立了"益农"信息服务平台，按照"有场地，有人员，有设备，有宽带，有网页，有可持续运营""六有"的要求，向全县农民提供"公益""便民""电子商务"和"培训体验"等服务，服务了5万多名农民。为提高农产品销量，以打造数字乡村为契机，利用"互联网+"推进电子商务进农村，在全市规范设置农村电商服务站点380个,建成县级物流服务中心6个,实现乡级快递网点全覆盖,通过乡村智慧物流配送体系,打通"黔货出山""网货下乡"双向通道,不仅可以助农增收,还为农村老百姓提供了便利的生活服务。

谷堡镇数字乡村

猕猴桃的"守护神"。谷堡镇位于贵州省贵阳市修文县城西南部,乡政府所在地距修文县城9千米,东接龙场镇,南连清镇市,西邻洒坪乡,北抵小箐乡。该乡总面积121.1平方千米,辖19个行政村:谷堡村、折溪村、长冲村、平寨村、尖山村、大堰村、红焰村、新堰村、哨上村、下花村、上花村、大寨村、下洞村、富裕村、水口村、红星村、平滩村、大塘村、绿水村,截至2008年,共130个村民组,总人口24458人,其中农业人口24100人。境内海拔在840米~1360米之间。①

贵阳市修文县谷堡镇是贵州省优质的猕猴桃种植区,也是当地最大、最多、最好的猕猴桃产区。猕猴桃是谷堡镇主要的经济支柱产业,在以前猕猴桃被盗事件频频发生,给谷堡镇带来了重大的经济损失。近年来,随着"数字乡村"建设在修文县谷堡镇的深入推进,当地村民们的生活也有了更多的便利和保障。在猕猴桃成熟的季节,猕猴桃被盗的现象也有了明显减少。

2021年6月,中国电信贵阳分公司与中国电信修文分公司上下通力协作、前后联动,在一个多月的时间里,完成了修文县谷堡镇"数字乡村"的建设,在索桥村的重要卡口和猕猴桃易盗区域布设24个监控点,通过人脸识别、车辆识别等功能,结合"数字乡村"应用平台,实现综治重点区域全覆盖、重点人员强监控、重保场所易管控,运用大数据实现人、事、物、情的智慧化分析,建成智慧安监预警体系,成为修文猕猴桃养殖基地的"守护神"。

"智慧安全监控"系统建立以来,"威慑"效果明显,猕猴桃失窃案明

---

① 谷堡镇 [EB/OL]. (2022-07-05) [2023-06-03]. https://baike.so.com/doc/26802838-28117535.html.

显减少。正因为如此，如今谷堡镇的居民，不管是猕猴桃被偷，家畜失踪，或是发生了矛盾，都会主动向综治中心求助，请求协助处理，鱼塘、农场和果园也都有了安装监控设备的需求。修文县谷堡镇修文猕猴桃养殖基地的果农们，再也无须昼夜担心、寝食难安，数字乡村智能安防，筑起保护网，全天候守护，让贵州的特色"三农"产品更健康安全地成长。中国电信修文分公司将继续以"谷堡镇数字乡村"建设为突破口，充分发挥中国电信网络、信息化、数字化"三化"的优势，推动农村治安综合治理，为"三农"工作做出新的贡献，为维护和建设美丽乡村做出自己的努力。

部分猕猴桃园也推出了"预约"功能，让游客通过手机预约。从订购那天开始，他们就可以通过自己的手机，随时了解奇异果的生长情况。订购模式可以让城市的人流、物流、技术流、资金流进入农村，发展订单式农业，从而可以有效地解决农产品堆积、没有销售渠道、生产端资金链不足等问题。实现猕猴桃订单、溯源、数字化、一体化。保障顾客购买的奇异果的安全、绿色、绿色，实现了从种植到产品的数字化运作，提升了猕猴桃的流通效率。闲暇的时候，打开手机，就能看到果子一天一天地变大。当果子完全成熟时，顾客可以凭果子上标注的名字和专用号码，找到预定的果子采摘，不仅增加了游客的体验，也带动了当地的旅游。

灵林农业借助大数据来卖猕猴桃，这一尝试似乎是个巧合，但实际上却是和贵阳大数据发展紧密相连的。灵林农场创始人彭亮相信，要让猕猴桃插上科技之翼，才能适应现代消费者对它的需要。彭亮以大数据为依托，以贵阳为依托，以大数据为依托，开展了猕猴桃产业的发展。灵林农场已在修文县谷堡镇折溪村建设了1000亩的"可视大数据猕猴桃"旅游体验园区，建立了"监测监控、生产管理、质量保证、销售服务"的数字化管理体系，并以新思维和中国联通集团贵阳分公司、周边知名景区、旅游企业、物流企业等建立了"全程、全域"的"可视大数据"旅游体验平台。用户可以在"灵林农业"App上，在"灵林商城""贵灵林"上，在官方微信上购买。在订购之后，消费者可以在任何时候，都可以用自己的手机，了解所订购的猕猴桃果树以及实时的环境信息，包括了空气温度、空气湿度、光照强度、土壤温度、土壤湿度等。在水果完全成熟之后，消费者可以去果园体验采摘的乐趣，也可以由公司将水果寄到家里。今年首次试行，灵林农业便有 1000 余株猕猴桃被认购，部分企业还组织职工前往消费助农。大数据助力种出的"放心果"，获得上佳口碑。修文猕猴桃在市场上的反响很好，特别是'7 不够'等优质品牌。修文猕猴桃"嫁接"大数据，成效不只体现在销售上。种植可视，生产实时环境数据随时"掌"握；智能监测，让猕猴桃生产加工销售全流程信息可追溯。整个奇异果产业链正在逐步焕发出勃勃生机。灵林农场的开拓，也为折溪村带来了更多的人气，附近的村民都将自己的猕猴桃运到了这里，开始有了示范作用。

修文县也有不少的果园，也有不少的公司，利用大数据，种植出了猕猴桃。修文县本着"探路"之志，先声夺人，从理念确立、策略制定、平台搭建、模型构建等方面，深入开展"大数据"战略活动，开展"大数据""突围战"，并开发建设了"修文县农业云计算平台"。

修文县的农业云系统平台，利用前端的种植物联网采集设备，对种植数据进行收集，并将其与仓储、销售等有效数据进行交互，从而构成一个完整的数据链条，将农产品的种植过程变得透明，加工、销售数据变得清晰，并将这些数据反馈到种植中。在大数据分析系统的支持下，将大数据与猕猴桃产业进行了深度的融合，达到了从品种种苗选育、种植、采收、分选、加工到市场销售等整个产业链的目的。目前，已经获得了 25 项专利，在国内处于领先水平。

修文县农业云系统平台覆盖的果园都有终身唯一的二维码，也就是猕猴桃的"身份证"。通过扫码，消费者可以了解到整个果园的所有种植过程；监管部门可以了解到农药残留产生在哪个环节，以此指导农药肥料管理；农业科技人员可以从这些数据中挖掘出高糖度猕猴桃是在怎样的气候环境和用肥用药条件下种植出来的；市场人员可以从优果率中总结好的猕猴桃果园是如何管理的。

到目前为止，修文县共有 417 个果园完成了从种植到储存、加工到销售的全程跟踪，涵盖了全县 6 万多亩的猕猴桃，并逐渐向蔬菜、食用菌、养殖等领域拓展；修文县"农云"平台还在毕节、麻江、成都、苍溪等地拓展了应用。

数据赋能激活整个产业链。将大数据应用到猕猴桃的销售中，在最初的试验阶段，就取得了很好的效果，这让企业对未来的发展有了更多的信心。除了运用大数据来促进猕猴桃和周边产品的销售之外，一些企业还将构建一个全季节的观光旅游平台，在春季可以赏花、野炊，夏季可以垂钓、露营、漂流，秋季可以采摘、举办篝火晚会，冬季可以备年货，让游客在一年中都可以享受到这些乐趣。

小小的果子，却蕴含着莫大的智慧。通过对大数据的灵活运用，修文猕猴桃全产业链在全国农产品频频出现安全事故、市场低迷的情况下，它的异军突起，收购价格比全国猕猴桃平均价格高出一倍以上，市场零售价与进口高档猕猴桃接近，质量优良，可与国际标准相媲美，是国产猕猴桃的优秀代表。在大数据的支持下，修文县的猕猴桃产业已初步形成生态化、规模化、标准化和品牌化的局面。大数据为猕猴桃产业发展提供了新机遇，实现了种植可视化、智能监控，为修文县猕猴桃产业发展注入了新的活力。

第五节　黔西——建设中的智慧乡村

智慧乡村建设政策。智慧乡村建设与信息化发展密切相关，要加快"互联网+"战略实施，推动农村产业结构调整。鼓励农业龙头企业、农民合作社等新型经营主体加快发展，并制定政策措施鼓励其运用信息技术开展电子商务、发展"互联网+"新业态。实施农村电商工程，促进传统产业转型升级。鼓励农民创业，支持"互联网+"新业态发展。黔西市高度重视智慧乡村的建设，精心谋划，总体布局，整体推进和督促落实。

扎实推进通信信息基础设施建设，推进数字农业发展。黔西市大力推广应用电子商务、远程教育和农业物联网等信息技术与现代农业深度融合，实现农产品产销精准对接和高效流通。制定相关的标准技术规范，充分发挥国家有关部门出台的标准法规政策的引导作用和市场对新标准、新规范的需求作用，加大标准化在信息化建设中对智慧乡村建设的推动作用力度。

2017年黔西市获得国家级"电商进农村示范县"称号。食用菌产业是黔西市乡村振兴的重要生态循环产业，产业发展已经涉及多个乡（镇）。

2021年食用菌种植面积1.2万亩，其中羊肚菌7400亩，黔西市食用菌产业的发展，也正是贵州省食用菌产业发展的缩影。近年来，作为贵州的新兴产业，食用菌产业发展迅速，成功跻身全国第一梯队，用"数字"赋能，除了通过既有的网络平台，让黔西食用菌走向全国甚至世界，黔西市积极发挥点多、面广、线长的服务网络优势，搭建线上"供销同城"平台，组建线下供销同城生鲜配送中心，打造本地农产品全产业链。通过现代化的分拣和物流管理，将本地自产的生鲜农产品通过电商平台平价配送给城市居民，畅通农产品县内流通。打开农产品的致富网，就是打通线上线下的销售网，这一切的实现需要以大数据为依托，黔西市乡村振兴农业大数据平台项目，是一项从基地到市场、从田间到餐桌，融线上线下同步批发零售为一体的运营体系，乡村振兴农业大数据平台在黔西市全面建成后，每日可销售果蔬80吨，年均销售可达3万吨；线上线下结合累计销售预计可达4000万元。黔西市通过已建成的电商服务中心提供技术支持，将本地自产的果蔬、蛋禽、肉类等生鲜农产品平价提供给城市居民，挖掘市场消费活力，畅通农产品市内流通渠道，确保农产品卖得出、卖得好，同时，通过市场需求，引导种植基地形成订单种植，培育职业农民，带动农户就业增收。

加强数字化治理。随着现代信息技术的快速发展，"数字乡村"已成为新形势下推动乡村治理体系和治理能力现代化的重要手段。近年来，大关镇着力推进数字乡村建设，利用创建"雪亮工程""智慧门牌""云喇叭"等载体，不断探索数字化、信息化的运用，探索数字赋能乡村治理之路，构建乡村治理新格局。打造"智慧门牌"，实现村务村情"一码知晓"。阳光是最好的防腐剂，探索群众能够便于参与的监督平台，能充分发挥全民监督的强大合力。在充分利用村务公开栏、村情发布会等传统公开形式的基础上，大关镇创新推出"智慧门牌"，百姓通过手机扫描二维码，即可实时查看村级"三务"公开和小微权力清单，了解本村低保金、养老保险、救助资金及各项惠民政策，以及向纪检部门反映相关问题情况。自"智慧门牌"上线以来，共收到群众建议和意见2000余条，帮助解答咨询500余起，帮助解决实际困难300余起，群众反映各项民生问题86件，发现问题线索26条，立案5件，党纪政务处分5人。"智慧门牌"，让权力因大数据褪去了神秘"面纱"，尽显于"阳光"之下。推行"数据服务",实现文明实践"数据跑路"。为有效解决文明实践志愿服务群众"最后一公里"的问题,大关镇紧扣"数据多跑路、群众不跑路"这一目标,探索"大数据+文明实践"模式,搭建新时代智慧文明实践志愿服务平台,建立群众"点单"、政府"派单"、志愿者"送餐"的志愿服务新模式,并组建了惠民政策、法律援助、应急救援、教育助学、医疗健康等10支志愿服务队,登记录入志愿者538名。当群众有需要服务的事项时,通过扫描家门口二维码或关注"平安大关"微信公众号即可进入志愿服务平台,根据自身需要在家便可发起"点单"预约服务,镇实践中心接到留言后,根据待办事项类型安排相关部门、指派相关人员、准备相关材料等进行"配餐",志愿者上门开展服务完成"送餐",实现群众不出门便可办理所需事务。"大数据+智慧文明实践志愿服务"线上和线下无缝连接,打通了服务群众"最后一公里",提升了乡村治理精细化、智能化水平。用好"天眼监控",实现治安环境"一眼可查"。在基层社会治理中,"云监控"也起到了非常重要的作用,成为村民生活中不可缺少的一部分。为更好地发挥乡村基层全天候数字智能监控平台的优势,强化社会治安防控体系的建设,大关镇利用高清摄像头织密监管网络,在辖区内安装了29个"天网工程"高清摄像探头、108个"雪亮工程"摄像头,同时中国电信黔西分公司在大关镇丘林村搭建的"数字乡村"平台安装摄像头,覆盖大关镇丘林村主干道路和村办公地和大部分农户。村级信息指挥中心在"云端"即可对全村重点村民组、重要路段进行日常巡查,调度掌握各村民小组的环境卫生、道路交通安全等情况,发现脏乱差、交通堵塞等现象第一时间通知相关人员立即进行处置,提高了工作效率,节省了人力。同时安装有摄像头的农户,打开手机智能摄像头,就能看见家里老人和孩子的情况,还可以与家人实时通话。自大关镇"雪亮工程"启用以来,通过视频监控针对环境卫生、道路交通等进行了有效治理。有效地保障了群众生命、财产安全和车辆畅安通行,为乡风文明、振兴乡村提供了坚强的助力。

——播响"云上喇叭",实现惠民声音"传进千家"。广播对于大多数村民来说是接收信息的重要渠道,大关镇充分利用云广播系统,将党的政策送进农家,群众通过收听学习,让党的声音入耳、入脑、入心。黔西市坚持用"数"赋能,打造数字乡村新样板。

黔西市新仁乡化屋村

巍巍青山下，悠悠绿水旁，有一个古老神奇的村子，这就是著名的乌江源百里画廊景点——化屋苗寨。位于百里乌江画廊鸭池河大峡谷、东风湖北岸，属二水（鸭甸河、六圭河）交汇、三县连界的河谷地带，海拔870米~1360米，素有"鸡鸣三县"之称，景观壮丽，清代成寨。全村总面积8.2平方千米，辖227户978人，居住着苗、彝、汉三个民族，其中苗族人口占98%，是新仁乡乃至黔西县最具代表的苗族聚居村落。全年人均纯收入1560元，人均粮食424千克，林地面积2140.5亩，森林覆盖率17.4%。

化屋苗寨是毕节市旅游总体规划重点打造的"百里杜鹃—化屋苗寨—织金洞"精品旅游线路的一个亮点。景区内的八仙洞、水西坐佛、天竹奇峰、哈冲燕城、万象神岩、灵猫戏鼠、水西姑娘等景点，集奇、雄、峻、险、秀为一体，堪为世人称奇。

化屋村最大的特点就是具有浓厚的民族特色。东风湖畔，天竹峰脚下，生活着大量的苗族，他们穿着独特的蜡染绣花服装，唱着优美的多声部山歌，跳着芦笙舞、板凳拳、打鼓舞，这一切，都显示出这个民族悠久的历史，有着深厚的文化底蕴。1993年，贵州省文化厅授予"毕节歌舞团"称号；2007年，"化屋苗族文化空间"被授予"毕节地域文化"称号；2006年，毕节地域摄影家协会授予"毕节地域摄影创作基地"称号；2008年，国家文化部授予"中国民族文化艺术之乡"称号。现在的化屋，因为旅游业的原因，一改数百年的与世隔绝，随着公路的开通，将化屋与外面的世界连接起来，化屋也迎来了更大的发展空间，那一座座黔北特色的民宅，那一道道富有苗家特色的农家菜肴，那舒适的苗家度假酒店，那可以尽情享受湖光山色的碧波泛舟，那古老而神奇的芦笙舞，那香甜可口的苗家玉米饭，那一片片的樱桃园，那神秘的"爬神树"，一切的一切，都足以让你在化屋中流连忘返。

位于乌蒙山腹地的黔西市新仁乡化屋村，近几年来，在党和国家的一系列惠民政策的扶持下，由一个贫穷的"悬崖村"变成一个美丽的"旅游村"。现在，在贵州"移动数字农村"建设中，人们对"百里乌江"这一美丽的"百里画廊"充满了期待。现在这个数字化平台，已经将村子里的各种信息，以及家家户户的日常生活，全部记录在上面。黔西市以"5G+数字乡村一体化平台"为中心，以新仁乡化屋村为"数字乡村"试点工程为例。平台一共有八个中心板块，分别是：数字治理、智慧旅游、数字生态、智慧经济、智慧医疗、智慧教育、文明实践、信息设施，内容涵盖了各个方面。经过大半年的建设，这个平台使得化屋村的村政水平有了质的飞跃，管理工作也变得更加有效和方便。

化屋村 5G 网络全面铺开，群众的生活信息化水平又上了一个新台阶。全村人都有了高速宽带，每个家庭都有了高清晰的网络电视。随着互联网的发展和便利，电商平台和直播带货对当地居民的收入增长起到了很大的帮助作用。架好支架，架好摄像机，打好灯光，手持苗族刺绣，化屋村的绣娘们化身"主播"。化屋村"苗绣"扶贫车间内，一群刺绣女郎正在直播卖货，成为一道亮丽的风景。在网络直播和电商平台的帮助下，苗族刺绣扶贫车间的营业额已经达到了上百万元。目前，线上销售占到了整个车间总销售的 70%，在这家扶贫车间，经过网络直播、电商等方式的推广，村民们的平均年收入已达 2 万元。苗绣扶贫车间将传统的苗绣工艺与现代元素相融合，利用数字化手段，对车间生产、销售展开 5G+远程慢直播，积极拓展销售渠道，提高经济效益。此外，苗绣扶贫车间还解决了易地扶贫搬迁安置点居民就近就业的问题，有效带动了当地群众的增收致富。使部分苗族女性获得了稳定的工作，部分刺绣妇女还能在家中完成刺绣工作，并能按件数领取工资。

今天在化屋村，通过互联网的建设，帮助村庄实现了数字转型，改善了村民的生活质量，也为当地旅游产业的发展开辟了一条新的道路。化屋村"5G+'数字乡村'平台"已经被黔西市党委、政府确定为"数字乡村"建设的标杆品牌。在这里，有自然风光，有民族风情，有网络直播，有数字化管理，有传统和现代的交融，一幅充满生机和活力的乡村振兴画卷正在展开。曾经在大山深处的化屋村，如今"摇身一变"变成了一座漂亮而又时髦的现代苗寨。化屋村的大门前，摆放着一张 3D 电子地图，那是一个名为"5G+数字乡村"的展示平台，上面有村子的基础设施，有村民，有教育，有医疗等。

在此基础上，化屋村通过数字化、智能化的手段，实现了对化屋村乡村治理、旅游管理、文明实践的有效整合。化屋村的 5 G+数字乡村服务体系，以大数据为基础，为化屋村的产业发展、公共服务、生态保护等提供服务，为村民提供智慧的办公环境、理性的决策、便捷的服务。化屋村坐落在贵州乌江源头的百里大峡谷，也称"化屋基"，意思是"峭壁之下的村落"。以前，因其严酷的自然环境，这里被划为"不适宜人类居住的地方"。如今，化屋村已经是贵州省黔西市的5G数字乡村示范村，它融合了5G网络、人工智能、云计算、大数据等新兴信息技术，包括数字治理、智慧旅游、数字生态、智慧经济、智慧医疗、智慧教育、文明实践、信息基础设施八大板块，涵盖了化屋村的各个方面。

未来，"5G+数字乡村"将会在乡村旅游中发挥更大的作用。乌江百里化屋景区目前正在成为旅游热点，成为众多游客"打卡"地。大量的人流、聚集、交通拥堵等问题也随之出现。瞄准这些难点，平台依托"智慧旅游"功能，可以实现对旅游景区的客流量分析、落地欢迎短信和游客超限预警短信发送，为化屋村的景区服务提供了高效信息化服务。参观者们都在感慨，利用互联网帮助乡村建设，随着数字技术在农村的应用范围不断扩大，农村人的内在力量正在被激发、觉醒。化屋村也实现了远程教学，"5G"＋"数字乡村"，既是乡村治理的利器，也是山区儿童获得高质量教育的重要途径。教育兴旺发达，乡村振兴，提高教育水平，对巩固脱贫成果，实现真正意义上的永久脱贫，至关重要。

化屋村是近几年贵州数字经济发展的一个缩影，随着贵州"大数据"战略的实施，贵州的数字乡村建设正在有条不紊地进行，数字农业和数字生活也正在逐步完善。贵州加快了数字产业化和产业数字化的步伐，推动了大数据和实体经济的深度融合，数字经济增长速度已连续 6 年位居全国前列，贵阳贵安更是全球超级数据中心集聚最多的地方。贵州建设了一批以"劳务就业扶贫"为代表的"大数据平台"，帮助贫困劳动力实现了 290 万人的就业；推进了农村信息化建设，全省 30 多个自然村基本实现了联网。

贵州作为国家扶贫攻坚的"主战场"，作为国家第一个"大数据"综合实验区，贵州在"数字经济""扶贫"等方面的成功与经验，将为其他省份提供很好的参考。2021 年 2 月 3 日，习近平总书记来到化屋村考察调研，听取化屋村巩固拓展脱贫攻坚成果、接续推进乡村振兴、加强基层党建等情况介绍，希望乡亲们脱贫之后，继续努力奋斗，把乡村产业发展得更好，把乡村建设得更美。今年化屋村苗绣作坊的营业额达到了 400 万元，比去年翻了四番。习近平总书记对华屋人的殷切期望，使他们倍感振奋，更加渴望更好的生活，更加坚定了他们发展工业的信心。化屋村以自身的旅游资源为依托，确立了农业和旅游相结合的发展思路，建立了"旅游服务队""苗家长桌宴""化屋黄粑"等产业，把苗族蜡染、刺绣、歌舞等民族文化产业做大做强，引导村民以资源资本入股的方式，参与产业的开发，让他们在当地就业。2021 年，化屋村接待游客量超过 65 万人次，旅游综合收入超过 3 亿元，农民人均纯收入达到 19304 元，而村集体经济收入累计达 292 万元。

第六节 金沙——建设中的智慧乡村

智慧乡村建设政策。随着网络的快速发展，各地农村普遍使用宽带网络，手机、电脑等也进入了千家万户，这为广大农民带来了方便。但是，由于农民居住分散、居住比较分散、不懂电脑等原因，造成网络覆盖率低、网络使用效率低下等问题。为解决这些问题，金沙县着力建设"智慧乡村"。

"智慧乡村"建设主要包括以下几个方面：

一是建立统一的电子政务信息资源中心。将全县政务信息资源进行整合，实现互联互通、资源共享。将全县各部门的相关业务系统及各乡镇所建的信息系统统一集中到一个云平台上，实现各部门之间信息资源的交换与共享。

二是完善乡村公共服务平台。构建统一的综合服务管理平台，集成民生、社保、计生、医保、教育、气象等信息，并通过无线网络覆盖全县，将所有乡镇（街道）的居民信息进行集中管理，让广大农民能够随时随地获取所需信息。

三是推进乡村数字经济发展。以 5G 网络为基础，构建乡村数字经济网络，发展智慧农业、智慧旅游等产业。基于上述建设目标，金沙县积极采取措施加强顶层设计和统筹规划，强化资源整合和共建共享，加强政策支持和统筹推进，建立健全工作机制，加快推进"智慧乡村"建设。

为加强对"智慧乡村"建设的组织领导，金沙县成立了相关部门。各有关单位主要负责人为成员，负责研究解决全县"智慧乡村"建设中出现的重大问题。在联席会议制度下，各部门主要负责人作为"智慧乡村"建设的第一责任人，明确了相关部门在"智慧乡村"建设中的职责和任务，为加快推进"智慧乡村"建设提供了强有力的组织保障。共同研究解决全县"智慧乡村"建设中出现的重大问题，统筹推进全县"智慧乡村"建设。

近年来，金沙县西洛街道在推进乡村振兴工作中主动迎接数字化转型新挑战，在基层党建、智慧政府、审批服务等方面先行先试，积极探索组织线上建、数据云上跑的数字化乡村新路径，激发乡村振兴内生动力。

金沙县是贵州省毕节市下辖县，位于贵州省西北部，毕节市东部，东邻遵义，南毗贵阳，西靠毕节，北接成渝。金沙县森林覆盖率较高，有三丈水森林公园、冷水河自然保护区、钱壮飞烈士陵园、红军南渡乌江旧址等旅游景点和敖氏罗氏墓群石刻、清池江西会馆等国家级重点文物保护单位。金沙不但酒文化源远流长，"金沙回沙酒"连续蝉联"贵州十大名酒"称号，是中国驰名商标。而且茶文化历史悠久，清池茶在汉代被列为宫廷贡品，"清水塘"牌清池翠片荣获"贵州十大名茶"称号，因此金沙又被命名为"中国贡茶之乡"。

金沙县农村产业融合发展示范园核心区总面积约7450亩（约4.96平方千米），包含5000亩茶叶种植基地，加工、物流配送、电子商务、培训为一体的贡茶综合产业园，以及"红九军团菜籽坳伏击战"战斗遗址，连续被评定为"全国重点产茶县"和"中国茶业百强县"。示范园位于金沙县岚头镇、木孔镇和民兴街道，其中核心区位于岚头镇三桥社区和木孔镇信安社区贡茶茶园基地内。信安社区是贵州省首批23个红色美丽村庄建设试点村和特色田园乡村·乡村振兴集成示范试点村。通过三产融合发展，实现茶产业链延伸，带动示范园辐射区3个镇（街道）及全县其他乡镇（街道）协调发展。示范园内贵州金沙贡茶茶业有限公司是农业产业化国家重点龙头企业，带领贵州金三叶机械制造有限公司、贵州金兰春乡村旅游发展有限公司、贵州黔金生物科技有限公司、贵州金贡传媒发展有限公司及携手贵州金丽茶业有限公司致力于金沙县茶产业发展和建设。企业累计投入资金6.2亿元，建有标准化欧标生态茶园种植基地8.2万亩，已建成运行茶叶初加工厂9座以及1座集研发、加工、精制、仓储、物流、培训为一体的"四化"综合产业示范园区。示范园区产业基础雄厚、茶机装备制造先进、茶叶加工规模庞大，形成了独具特色的"用工业思维发展茶叶""以二产带动一产推进三产"农村产业融合发展模式，成为金沙县茶产业发展的一张亮丽名牌，为全县实现乡村振兴做出了重要的贡献，实现金沙贡茶百姓露笑容的企业愿景，完善企业公共服务平台建设以及相关配套政策等。

金沙县西洛街道

西洛街道是贵州省毕节市金沙县所管辖第一个街道（含群立、开化、申家街三个社区），位于县城西北面，距县城5千米，全街道总面积112.37平方千米。辖5个社区和6个行政村，61个居民组和69个村民组，10288户人家，36882人口。居住着汉族、苗族、彝族、仡佬族、布依族等民族。海拔在900米-1300米，气候温和，冬无严寒，夏无酷暑。境内山川毓秀，气候宜人，资源富集。森林覆盖率达50%。主要矿藏有煤、铜、硅等，煤炭储量约8亿吨。主要旅游资源有"台金现代生态观光农业科技示范园、民心苑科技示范园、大丫坡少数民族风情园、安然温泉度假中心"等现代农业观光景区，洞新场党总支第一次全体会议旧址——白云寺等人文景观，还有彝族"火把节"、苗族"踩山节"等民族风情。2013年6月，贵州省人民政府（黔府函〔2013〕140号）批准同意撤销金沙县西洛乡建制，设置西街道。以原西洛乡9个村及原城关镇山槽村、红山村地域为西洛街道行政区域，街道办事处驻群立村。现辖5个社区6个村：群立社区、申家街社区、阳灯社区、中心社区、金槐社区和红星村，中华村、开化村、洋海村、山槽村、红山村。①

实施乡村振兴，离不开现代信息技术的支撑。近几年，在金沙县西洛

---

① 西洛乡［EB/OL］.（2022-09-09）[2023-06-03] https://baike.so.com/doc/1112105-1176681.html.

街道乡村振兴工作中，面对数字化转型带来的新机遇，积极主动拥抱互联网时代，在基层党建、智慧政府、审批服务等领域率先尝试，积极探索"组织线上建""数据云端跑"的"数字乡村"发展新路子，激发了乡村振兴的内在动力。以点带面，做实"为民办实事"的十全之策。如何让数字服务于乡村振兴，金沙县西洛街道以"群立""开化""申家街"为试点，联合"喜马拉雅"（贵州）有限公司，从顶层设计入手，以"大数据""云计算"和"人工智能"等数字技术为驱动，围绕"为民党建""为民服务""产业发展"和"文化建设"四个方面，为建设智慧乡村出力。

金沙县西洛街道整合了三个社区中的 1000 亩荷花池、葡萄种植基地、蔬菜种植基地、四季民宿等，实现了"生态农业""乡村美食""创意民宿"等一站式体验，并在一张地图上找到周边景点、特色商店、美食酒店等，实现了"农旅"两大产业的深度融合。在金沙县西洛街道群立社区，每一户人家都挂着一张"智慧门牌"，参观者只要扫描金沙县西洛街道群立社区"智能门牌"，然后点击"图个方便"，就能找到停车、厕所、旅馆、饭店、娱乐等。这个牌子不是普通的牌子，一眼就能看出哪里有停车的地方，哪里有旅馆。"智慧门牌"不但为参观者提供了便利，还为工作人员提供了便利。另外，还能找到一些社区的工作人员的电话号码，方便随时和他们联系。很方便，也很实用。

党建引领。"为民党建"数字化平台的建立，是为了让更多的网民参与进来，更好地为人民服务。西洛街道为做好巩固拓展脱贫攻坚成果与乡村振兴工作的衔接，将人口、产业、文化、旅游、农特产品等多个领域进行了全方位的整合，将智慧党建、公共服务、生活服务、产业服务等 14 大类几十个项目，打造出了"党建教育云"+"管理服务云"+"农旅文化云"，让广大群众在网上可以享受到党建学习，政务服务，旅游接待等服务。

从西洛街道办事处步行 10 分钟就能到达的"西洛梦之乡"风景区，被称为"千亩荷塘"。在荷塘旁的亭台楼阁中，最显眼的是"声音图书室"与"阅读亭"。点击进入"声音图书室"，可以看到 10 多个栏目，包括治国理政，党史学习，经典著作，种田有道。"有声藏书""读书亭"等，都是西洛街道与"喜马拉雅（贵州）有限公司"共同打造的，目前正在积极探索利用"大数据""云计算""人工智能"等数字化技术,为广大群众带来更多的文化享受。西洛街街道美丽的西洛,美丽的田园风光,千亩荷花绽放,清风徐来,空气中弥漫着淡淡的花香,一栋栋整齐的建筑,一座座池塘,一条条小径,错落有致,人们在闲暇之余,三三两两地出门游山玩水。荷塘边的亭子里,饭后出门游玩的居民拿出手机,扫一扫二维码,手指轻点,打开有声图书馆,选择自己喜欢的书籍阅读起来。每天吃完晚饭都会有居民到荷花池旁、亭子里、桥上到处走走转转,走一会儿又回到亭子里来休息,又来扫一扫安装的有声图书亭,看会书后再回家。如此惬意的生活方式,已成为当地群众的一种习惯,无论是治国理政、党史学习、经典名著、农业养殖等,在这里,只要打开手机扫一扫功能,就能找到自己喜欢的书籍类型,听书、看书自由选择。打造有声图书馆,只是西洛街道探索"数字赋能乡村振兴"的一部分。群立、开化、申家街三个社区还通过抱团发展,成立社区集体股份经济合作社,投资7500余万元打造集休闲观光、创意农业、农事体验为一体的"锦绣西洛·梦幻田园"3A级景区,带动附近群众就业年增收200余万元,群众土地、资产、资金入股年分红180余万元,社区集体股份经济合作社年增收70余万元。听见世界,听见西洛。在西洛街道,群立、开化、申家街三个社区已逐步形成听书、读书的良好氛围。把"数字"植入乡村,加快数字西洛、智慧西洛、文化西洛的建设步伐,以数字化赋能乡村振兴。

在推进乡村振兴中,西洛也将数字化赋能到生活中,为群众带去便利,当群众遇到困难,可以通过"锦绣西洛"小程序,快速电话或视频求助,最近的网格员马上就能精准定位求助群众位置,让距离最近工作人员快速前往。还有"智慧网格"政务微信工作平台,群众无须下载安装App,用自己习惯的"微信群、小程序、扫一扫"便可在家门口享受相关政务服务。

为民党建这一块的数字平台,如果老百姓遇到什么困难,扫码就可以进入"锦绣西洛"小程序,工作人员和网格员就可以快速定位,到现场为老百姓解决实际问题,将为民服务办实事落到实处。金沙县西洛街街道为做好巩固脱贫成果与乡村振兴的有机结合,以基层党建为引领,将人口、产业、文化、旅游、农特产品等多方面的资源进行全方位整合,围绕智慧党建,公共服务,生活服务,产业服务等14大类几十个项目,构建"党建、教育、管理、服务农旅文化云,数字西洛",为广大群众提供网上党建学习，政务服务，旅游接待，便民服务，社会管理等各方面服务，更好地将西洛的乡村文化和旅游形象，更高效地向外部宣传，更高效地推动乡村治理，真正做到"让数据多跑路，让群众少跑腿"。目前，西洛的智慧党建和为民党建的这两个程序，运行效果不错。下一步加大宣传的力度，动员所有的老百姓都用起来，让它在老百姓心中生根发芽。目前，群立、开化、申家街三个社区都覆盖了这个数字网络，争取把这个数字网络在全街道推广。

在"智慧西洛"建设的不断深化中，"数字"的赋能为接续乡村振兴和乡村振兴提供更大的助力。目前，西洛正通过"智慧西洛""数字门牌""一网通办""一窗口"受理、"一站式"办理、"全方位"服务等数字化手段，使群众服务、乡村发展、社会管理等方面的事项，一扫就能解决，为广大群众和广大群众提供优质服务，为乡村振兴提供了"智慧之翼"。

为了让数字化更好地赋能乡村振兴，西洛街道以三个社区为试点，与喜马拉雅（贵州）公司合作，从顶层设计着手，利用大数据、云计算、人工智能等数字化手段，聚焦为民党建、治理服务、产业发展、文化建设等重点工作文章。在群立社区办公楼道里的数字党务公开栏，干部们手指滑动屏幕，轻松阅读、学习。西洛街道通过"互联网+大数据"，聚焦为民党建、治理服务、产业赋能、文化建设等重点，创建为民党建，实现党务信息从"传统公开"向"数字互动"转变，以满足党员群众个性化需求，在群立、开化、申家街三个社区打造有声智慧党建、有声图书馆、有声文化长廊等，让党史学习、党员教育培训有声有色，入脑入心。此外，还将三个社区的千亩荷塘、葡萄种植基地、蔬菜种植基地、西乡季民宿等产业进行整合规划，实现生态农业、乡村美食、创意民宿等一站式体验，周边旅游景点、特产商城、美食住宿一张图查询，"农+旅"更加深度融合发展。游客只需扫一扫"智慧门牌"，点开"图个方便"，便可"找停车、找公厕、找民宿、找餐馆、找娱乐"。

通过党支部领办合作社，积极探索联群众、联企业、联市场的"三联"模式；加快农村电商发展，助推乡村振兴提质增效；积极培育农村新业态，打造乡村振兴新模式。

金沙县作为全国"数字乡村"试点县之一，始终坚持"以'三农'为支撑"的理念，大力推动农业信息化建设，为乡村振兴提供了新的动力。到目前为止，金沙县已建成一批集休闲观光和观光采摘为一体的体验场所，如"西洛·梦幻田园"和三丈水茶园；全年实现农产品零售额1.2亿元，其中农产品网上零售额10,998,870万元，县级农产品网上零售额占8.42%。

西洛街道加快推动农村产业结构调整，绘就"农旅融合"发展新蓝图。金叶腾葡萄种植基地于2015年年底以党组织领办合作社的方式建起。基地占地80多亩，种植葡萄、李子等水果，葡萄占地5亩，有蓝宝石、温克、阳光玫瑰等十几个品种，每亩地每年至少产葡萄2000多斤，每亩地收入1万多元。基地除了种植水果，还发展林下经济，种植香菇、鱼腥草、木耳等，相当于一亩土地可以当作三亩来利用，一年下来可以有150万元左右的收入。将土地资源及设施充分利用起来，节省了成本，加大了产出。基地还吸引了周边贫困户入股，每户每年保底分红3500元至4200元不等。吸引众多外出务工人员返乡就业，在种植基地工作，工作收入增加，每天花10分钟骑着自行车就能往返基地和家中。

西洛街道位于金沙县城西北面，距县城5千米，素有"金沙后花园"的美誉。凭借得天独厚的地理优势和资源优势，西洛街道群立、开化、申家街三个社区集体合作社联合打造了"千亩荷花园、千亩葡萄园"，形成了集休闲观光、创意农业、农事体验为一体的"锦绣西洛·梦幻田园"综合体。目前，产业综合体发展已带动10余家经营主体入驻，提供就业岗位200余个，园区务工人均年增收上万元，社区集体合作社经营性收入增长10%以上，群立、中华等社区集体经济积累达到50万元以上。在推进党组织领办合作社过程中，西洛结合实际，创新乡村发展机制和治理体系，着力补齐乡村产业、基础设施等方面的发展短板，努力打造宜居、宜农、宜商的西洛版乡村振兴。为了弥补西洛发展乡村旅游"住"的短板，引进了精品民宿的进驻。西洛街道的精品民宿"西乡季"便是其中一家，每到旺季，民宿每天的收益能达到3万元左右，年利润可达120万元。据悉，民宿15名固定员工多是周边村民，月均可增收2000多元。闲置地变商用地、自留地变旅游区、农民变服务员。西洛街道的"三变模式"招招都落在实处，盘活当地闲置土地、用活乡村资源，同时还带动当地村民在家门口就实现了就业。西洛街道将继续做优做强坝区果蔬产业、高山茶产业，加快推进"锦绣西洛·梦幻田园"景区提质升级和温泉小镇建设，以产业促就业；持续开展农村环境综合整治，打造生态乡村；加快数字西洛、智慧西洛、文化西洛建设，以数字党建促进乡村治理，以数字化赋能乡村振兴。

西乡季民宿目前接待的多是省内游客，每年5至9月是旅游旺季，每天接待省内外来荷花池游玩的游客8000余人次，收益约3万多元。接待人数呈逐日上升趋势。民宿分为别院、雅院两处，分别位于群立社区和开化社区，别院是集中式客房，而雅园则是独栋别墅，两处客房总数为25间。民宿曲径通幽、环境优雅，民宿外围配套相应的亭台、假山、流水等景致，浑然天成；置身民宿，推开窗户，入目皆景，窗外群山连绵，满眼青翠，远离城市的喧嚣，令人心旷神怡。

西乡季民宿位于西洛街道黄河大道西段，是金沙县建设投资集团有限公司下属的民宿品牌。民宿以"公司+品牌+社区集体合作社+农户"的模式，租用当地群众民房十年，投入资金打造而成。建设过程中，由金沙县建设投资集团有限公司负责资金投入、项目建设、品牌培育、市场引导、项目运营管理，社区集体合作社以资产入股方式进行分红，并优先安排当地群众就近就业，带动群众增收。

此外，金沙县建设投资集团有限公司还免费为民宿所在的西洛街道开化社区、群立社区集体合作社发展经营的农特产品提供精品包装，为了方便游客选购当地农副产品，还开通"西乡季"线上选购小程序，游客在当地体验到的美食想选购回家，可以一键下单，并通过"西乡季"微信小程序平台、民宿实体展厅进行线上、线下同步销售，同时利用"智慧金沙"农特产品产销对接等平台，多元化带动多产融合，助推集体合作社实体经济快速发展壮大，为西洛街道乡村振兴打下坚实基础。下一步，公司将整合各方资源，将"西乡季"品牌融入县内各村（社区）集体合作社的实体经济发展中，将合作社的农产品品牌打造和民宿发展相结合，延长产业链，让村里富起来，让村民的口袋鼓起来，让生活环境美起来。西洛街道按照"产业生态化、农旅一体化"的定位，以党支部为引领、合作社为主体，因地制宜选准产业，带动村民发展经济，奋力打造休闲观光型乡村振兴样板。

第七章 余 论

为了使社会能够健康发展，真正实现社会进步，就需要确立正确的社会进步观念和合理的社会进步评价尺度。社会进步是人类创造活动的价值目标，人们总是通过对已有的社会活动结果的评价，引导自己的历史创造活动。2022年中央农村工作会议上，习近平总书记强调："没有农业农村现代化，社会主义现代化就是不全面的。"[1] 智慧村落建设是解决"三农"问题，实现中国式现代化重要途径之一。

把"智慧"与"村落"联系起来最早出现在2012年。这年的12月24日中国城市低碳经济网转载了《钱江晚报》刊登的一篇题为《智慧农村，奔向致富小康路》的文章；同年，《农村经济与科技》杂志发表了《浅谈城乡统筹发展视角下的"智慧乡村"建设》的文章，[2] 接下来就是2014年《小城镇建设》刊登了另一篇期刊论文。[3] 自此以后，学界开始关注智慧村落的建设。但真正开始关注是2019年之后的事情。

提起"智慧村落"，还是要交代一下"智慧城市"。实际上，智慧村落是智慧城市的延伸。[4] 智慧城市概念是20世纪90年代初开始出现的，当时是介绍城市发展中技术和创新的使用情况，更准确地说，在20世纪90年代，研究人员从不同的角度研究城市及其正在进行的IT项目，使用不尽

---

[1] 走中国式现代化的乡村振兴道路 [EB/OL].（2023-06-16）[2023-07-29]. https://www.xuexi.cn/lgpage/detail/index.html?id=4983291725440404068&item_id=4983291725440404068.
[2] 顾彬，浅谈城乡统筹发展视角下的"智慧乡村"建设 [J]. 农村经济与科技，2012，23（06）.
[3] 王甜，智慧乡村的规划构想 [J]. 小城镇建设. 2014（10）.
[4] 顾彬，浅谈城乡统筹发展视角下的"智慧乡村"建设 [J]. 农村经济与科技. 2012，23（06）.

相同的术语来描述城市空间中的 IT 和基于通信的项目。①

从信息通信技术（ICT）的角度来看，很难找到"智慧"的正确含义。这个词在世界上很流行，用来形容任何新颖的与具有智能的东西。"智慧"这个词有很多同义词，如"敏锐""聪明""机敏""敏锐"等等。然而，当"智慧"与一些仪器设备联系在一起时，它意味着"高效"，与人联系在一起就是"知识渊博"。"智慧"一词本意为"洞见"，但如今它已与日新月异的城市相关联。随着智能技术的应用，人口得到增长、经济得到发展、城市生活效率有了明显提高。与"智慧"类似，"城市"一词也很难找到一个唯一性约束的定义。它取决于个人的经验与相关因素来指定一个意义，并确定一个地方应该满足一个城市的所有属性。一般来说，城市是一个人口密度取决于它所在的地理区域（或国家），经过人类精心建造设计（well-thought-out）的区域。根据联合国世界城市化报告，预计到2050年，世界上约67%的人口将生活在城市地区。当人口超过150万时，这些城市将视为特大城市。除了规模和重要性之外，城市还可以根据城市的发展历史的长短，分为新型城市与老城市两类。新型城市的出现是为了满足国家的经济增长的需要。一些研究人员认为，城市是一个包括社会发展的物理（建筑、桥梁等）和社会（人、机构等）等因素组成的复杂系统；前者被描述为发展的硬因素，后者为发展的软因素。如果我们想找到"智慧城市"的确切含义，那么只能是"智慧"和"城市"这两个字的组合：它可以被表述为一个使用智慧系统使日常生活更容易的城市地区。在这里，城市的智慧定义了整合其所有资源的能力，以成功和完美地实现目标，并实现之前所设定的目的。然而，如果有人要为智慧城市寻找一个标准的确切定义，那将是徒劳的；相反，却会找到很多同义词。② 总之，智慧城市概念的出现基于现有科技的发展，表达了人们对传统城市发展不足的认知，以及对现在及未来城市发展的期许。

智慧村落概念的出现亦然，尤其是对我们这样一个有着悠久农耕历史的国家来说，解决好"三农"问题是中国式现代化建设是否成功的关键，强国必先强农，农强方能国强。为此，习近平总书记在广东考察时强调：

---

① Danda B. Rawat. etc, Smart Cities Cybersecurity and Privacy[M]. Elsevier, 2019:1-2.
② Danda B. Rawat. etc, Smart Cities Cybersecurity and Privacy[M], Elsevier, 2019:1-2.

"推进中国式现代化，必须全面推进乡村振兴，解决好城乡区域发展不平衡问题。"①

一、"三农"：智慧村落建设旨归

"三农"指农业、农村和农民。农业是包括种植业、林业、畜牧业、渔业、副业五种产业形式，是国民经济中一个重要产业部门，通过培育动植物产品从而生产食品及工业原料的产业。农村是以从事农业生产为主的劳动者聚居的地方，是相对于城市的称谓，指农业区，有集镇、村落，以农业产业为主。农民按户口来说，拥有农村户口的人群可以定义为农民，目前的农民就是指长期生活在农村从事农业生产的人群。现在如何能够帮助农民增收、促进农业发展、维持农村稳定是当前的一个重要任务。一句话，就是要探索一条从传统农业向现代化转换的路径，把农民从土地中解放出来。目前，"三农"问题取得了很大的成就，但是解决"三农"的根本问题还面临着很大的挑战，还有很长的路要走。智慧村落建设是解决"三农"问题的有力抓手之一。智慧村落建设，实际上包括，智慧农民、智慧农村、智慧农业三位一体的建设。

（一）智慧农民

农民是在田地里从事生产劳动的人，语出《谷梁传·成公元年》："古者有四民。有士民，有农民，有工民，有商民，即士农工商四民。"几千年来，农民被誉为我们的衣食父母。根据国家统计局数据显示，1949年我国总人口54000多万人，48000多万人是农民，占89.36%；2021年，我国总人口14亿多人，农民人口49000多万人；占全国人口的35.28%；② 居住在城镇的人口为90199万人，占63.89%；居住在乡村的人口为50979万人，占36.11%。与2010年相比，城镇人口增加23642万人，

---

① 推进中国式现代化，必须全面推进乡村振兴 [EB/OL].（2023-04-16）[2023-07-29]. http://cpc.people.com.cn/n1/2023/0416/c64387-32665374.html.

② 国家统计局，中国统计年鉴（2022）[EB/OL].[2023-07-20]. http://www.stats.gov.cn/sj/ndsj/2022/indexch.htm.

乡村人口减少 16436 万人，城镇人口比重上升 14.21 个百分点；① 尽管如此，我国有 14 亿中国人，9 亿农民的说法。根据 2022 年国家统计局统计的数据显示，农民的人数达到 9 亿，其实，所谓 9 亿农民是笼统地指 9 亿农业户口的人数，实际上只有 7.97 亿人住在农村，占农业户口总数的 88.4%，另外 1.05 亿农业户口的人都住在城里。② 总体来讲，农民的生活是艰苦的，自古就有"锄禾日当午、汗滴禾下土"对农民生活的写照；也有耕地靠牛、温饱靠救（助）、交通靠走、通信靠吼、治安靠狗、娱乐靠酒的心酸描述；到现在，前所未有的衣食无忧、前所未有的轻松劳作、前所未有的轻松劳作，不仅是史无前例，更是加速到来；不仅是全方位提升，更是颠覆性改变。③ 2012 年全国贫困人口总数为 9899 万人，到 2020 年年底全部脱贫。④ 党的十八大以来，经过 8 年持续奋斗，到 2020 年年底，我国如期完成新时代脱贫攻坚目标任务。现行标准下 9899 万农村贫困人口全部脱贫，832 个贫困县全部摘帽，12.8 万个贫困村全部出列，14 个集中连片特困地区区域性贫困问题得到解决（如图 1、图 2 所示）⑤。

尽管 2020 年贫困县全部摘帽，但是巩固这些成果还需要时间，面临的首要问题就是防止返贫，从 2020 年到 2025 年为过渡期，为此，我国将从五方面发力防止返贫。王正谱介绍，脱贫攻坚战全面胜利以后，将采取五个方面举措防止返贫。一是建立长效机制，即防止返贫的监测和帮扶机制。主要监测收入状况、"三保障"状况、饮水安全状况。在国家层面，将对各地工作进行定期调度，健全农村低收入人口的监测帮扶机制，分层分类做好救助工作，切实保障他们的基本生活。二是保持政策的连续和稳定。中央决定对脱贫县设立五年的过渡期，在这五年中，主要帮扶政策保持稳定并不断完善，要"扶上马、送一程"。对现有的帮扶政策，目前正

---

① 第七次全国人口普查结果公布！全国人口共 14.1178 亿人 [EB/OL]. [2023-07-20]. http://m.news.cctv.com/2021/05/11/ARTIGhuT8SfKgM79GUL5f6Kz210511.shtml.
② 农村宅基地、自建房、耕地，将迎来 4 大变化！[EB/OL]. (2023-03-30)[2023-07-21]. https://www.toutiao.com/article/7216166106279461433/.
③ 农村宅基地、自建房、耕地，将迎来 4 大变化！[EB/OL]. (2023-03-30)[2023-07-21]. https://www.toutiao.com/article/7216166106279461433/.
④ 《人类减贫的中国实践》白皮书（全文）[EB/OL]. (2021-04-06)[2023-07-21]. http://www.scio.gov.cn/zfbps/32832/Document/1701632/1701632.htm.
⑤ 我国 7.7 亿农村贫困人口摆脱贫困：兑现庄严承诺 创造人间奇迹 [EB/OL]. (2021/04/07)[2023-07-21]. [EB/OL]. https://m.gmw.cn/baijia/2021-04-07/1302215352.html.

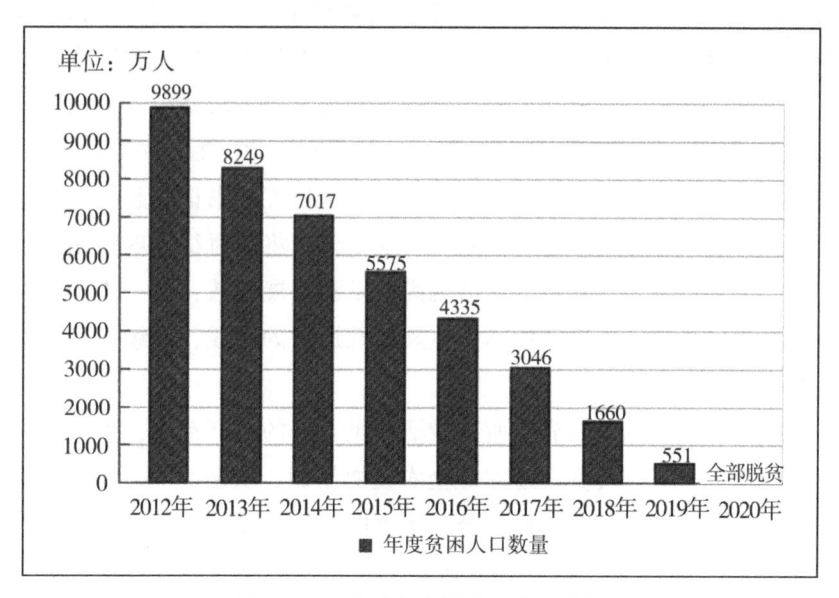

图1 9899万农村贫困人口全部脱贫

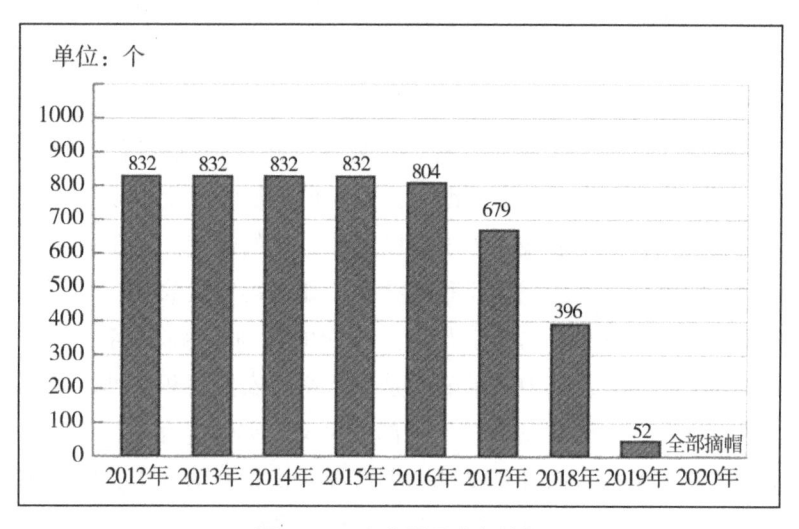

图2 832个贫困县全部摘帽

在进行梳理、调整、优化和完善,逐步由集中资源支持脱贫攻坚向全面推进乡村振兴平稳过渡,共确定了30多项配套政策,将陆续出台。三是强化帮扶。继续做好易地搬迁后续扶持工作,有针对性做好产业帮扶、就业帮扶,加强基础设施、公共服务建设。抓好重点帮扶县工作,中央决定在西部地区设立乡村振兴重点帮扶县，帮扶其顺利走上乡村全面振兴的道路。各省份也要选择一些重点县集中帮扶。四是汇聚各方力量。脱贫攻坚工作非常重要的一条经验，就是汇聚社会各方的力量集中攻坚。这些政策、措施要继续执行，比如东西部扶贫协作和对口支援、中央单位定点扶贫等。五是继续压实工作责任。在过渡期内，继续坚持五级书记一起抓，巩固拓展脱贫攻坚成果、全面推进乡村振兴各项工作。将适时组织巩固拓展脱贫攻坚成果的后评估工作，重点评估巩固质量和拓展成效，进一步压实各级党委和政府的责任，坚决守住不发生规模性返贫的底线，接续奋斗全面推进乡村振兴。[1]

然而，更重要的是依靠造血，激活农民自身的生产活力，引导广大农民从传统型向智慧型转变。建立健全农技协培训、认证、扶持体系，培养一大批具有科学生产理念、现代经营理念的智慧农民。针对农技协领办人和技术骨干实际需求，制定培训计划，开展多层次、多形式、系统化培训，全面提升农技协领办人和技术骨干经营管理能力和专业技术水平。开展农村实用人才职称评定，引领智慧农民队伍发展壮大。鼓励和支持具备条件的农技协领办人和技术骨干创新创业，探索农技协发展新亮点，汇聚农业农村发展新动能。[2]

智慧村落建设是一个系统工程。智慧村落建设是巩固脱贫攻坚成果，使农民彻底告别传统农业的主要助力，也是把传统农民变成现代农民优先考虑的主要途径。主要表现在传统农民生计方式的改变。这里最主要的问题是如何让传统农民掌握现代互联网技术，如何再定义农民，乃至随着技术的发展，现代农民身份的确定与生产技能的提高，这将是我国"三农"问题亟待解决的问题；其中最重要的是如何激发农民的积极性。随着现代农业技术的推广，一些"富余"下来的农民又该如何生存。因此，不仅要建设美丽的智慧乡村，而且要建设一个有灵魂，具有新乡土文明氛围，推进农民整体素质的全面发展，提高农村社会文明水平。

---

[1] 光明网. 我国7.7亿农村贫困人口摆脱贫困：兑现庄严承诺 创造人间奇迹（2021-04-07）[2023-07-21]. [EB/OL]. https://m.gmw.cn/baijia/2021-04/07/1302215352.html.

[2] 中国科协办公厅关于印发《中国科协关于促进农村专业技术协会转型升级的意见》的通知（2017-06-06）[2023-07-21]. https://www.pkulaw.com/chl/ece4526b1a34caa7bdfb.html.

（二）智慧农村

农村，也叫乡村，是相对于城市的称谓，指农民从事农业生产的区域与居住场所，具有特定的自然景观和社会经济条件，有集镇、村落，以农业产业为主，包括各种农田、农场、畜牧和水产养殖场、林场、园艺和蔬菜生产等。[①] 与人口集中的城镇比较，农村地区人口散落分布在各个自然村里。在进入工业化社会之前，社会中大部分的人口居住在农村。农村生活节奏慢，生活压力相对于城市较小。

但在我国古代，因"乡""村"两词的本意，"乡村"称谓居多，但近代以来，"农村"一词的使用更为普遍。如我国一直重视的"三农"问题，即为"农业、农村、农民"；行政机构的名称为"农业部""农业农村部"；表述产业经济时，常称为"农业经济"；地理学研究亦为"农业地理"等等。"农村"与"乡村"两词的混用，一方面是因为"乡村"一词为历史沿用，另一方面是我国为农业大国，农业是乡村地区的主导产业，从而"农村"就是"乡村"。但鉴于农业是产业概念，"农业"无法涵盖"农村"地区农业之外的林牧副渔等，且随着"农村"的发展，其产业更呈现多样化；同时我国历史上"乡"的范围为"城外之野"，具有"地域"含义，从词语结构和内涵看，"乡村"一词与"城市"的对应性更好；因此，相比"农村"，"乡村"一词更为科学，并与国际上普遍使用的"rural"意义更为接近。[②]

农村同城市相比有其特点：人口稀少，居民点分散在农业生产的环境之中，具有田园风光；家族聚居的现象较为明显；工业、商业、金融、文化、教育、卫生事业的发展水平正在改善。鸦片战争以前，中国农村处于封建社会末期。沿海地区已先后和数量不等地出现了资本主义萌芽，在农村中占统治地位的仍然是封建地主土地所有制和小农经营的自然经济。地方习俗文化较浓厚，多数农村有本地的一些约定俗成的习惯风俗。交通不发达，相对城市的交通来说，农村的道路多为泥泞的乡间小路。这些问题在1949年之后，有了很大的改观；实施改革开放以后，全国各族人民在中

---

① 乡村与农村的本质区别是什么，乡村振兴和乡村振兴战略有什么区别？[EB/OL].（2019-08-14）[2023-08-03]. http://www.shsee.com/yj/7998.html.

② 宁志中等. 中国乡村地理 [M]. 北京：中国建筑工业出版社，2019：29.

国共产党的领导下，赓续社会主义新农村的建设。

"社会主义新农村"这一概念，早在20世纪50年代就提出过。20世纪80年代初，中国提出"小康社会"概念，其中建设社会主义新农村就是小康社会的重要内容之一。胡锦涛总书记在2004年党的十六届四中全会上指出，纵观一些工业化国家发展的历程，在工业化初始阶段，农业支持工业、为工业提供积累是带有普遍性的趋向；但在工业化达到相当程度以后，工业反哺农业、城市支持农村，实现工业与农业、城市与农村协调发展，也是带有普遍性的趋向。2005年在党的十六届五中全会上再次提出建设"社会主义新农村"，则是在新的历史背景下，在全新理念指导下的一次农村综合变革的新起点。2015年中央一号文件要求，坚持不懈推进社会主义新农村建设，让农村成为农民安居乐业的美丽家园。

至此，我国农村开始发生翻天覆地的变化，开始了消除绝对贫困的攻坚战。到2020年年底，全国12.8万个贫困村全部出列，区域性整体贫困得到解决，完成消除绝对贫困的艰巨任务。在脱贫攻坚期间，虽然这些贫困村已经由政府兜底脱贫，但是在接下来的巩固脱贫攻坚成果的过渡时期，面临的接续乡村振兴的任务依然是十分艰巨的。

智慧村落建设是彻底改变农村面貌的重要路径之一。这涉及村落建设的软件与硬件建设。硬件包括道路的硬化、便捷的交通等基础设施；软件包括稳定的电力供应、网络的接入、数字平台建设、村落的治理等等。

凡事预则立，不预则废。从村落的规划来看，将每个村落变成智慧村落是不现实的，甚至会造成巨大的资源浪费。因为，根据发达国家的经验，村落变成城市，农村人变成城里人是社会发展的趋势，也是现代化建设的走向。所以，不能忽视一个讨论已久的问题，即，村落空心化。

智慧村落的建设要进行全局考量，智慧村落建设宜采取因地制宜、扬长避短、优势互补的建设思路。比如，西江千户苗寨可以以文化旅游民俗为主，临近的开觉村，可以从事旅游相关的配套产品，比如，果蔬、工艺品制造等；这方面还会涉及智慧村落合理规划的问题；是否有建立智慧村落群的必要性；以一个，或几个村落发展基础比较好的为中心，进行辐射式智慧村落群建设，并共有智慧平台。当然，无论是智慧乡村建设与否，都不能脱离乡村振兴战略20字方针总要求，即"治理有效、生活富裕"。产业兴旺是基石，生态宜居是保证，乡风文明是灵魂，治理有效是核心，生活富裕是目标。

(三) 智慧农业

农业是人类利用自然环境条件，依靠生物的生理活动机能，通过人类劳动来强化或控制生物体的生命活动过程，以取得所需要的物质产品的社会生产部门。① 换句话说，农业是指国民经济中的一个重要产业，包括种植业、林业、畜牧业、渔业、副业五种产业形式。狭义农业仅指种植业，包括生产粮食作物、经济作物、饲料作物和绿肥等农作物的生产活动等。

从农业生产过程可以看出，农业生产是三类基本因素共同作用的过程：一是生物有机体，包括植物、动物和微生物；二是自然环境，如土、水、光、热等；三是人类借助劳动手段进行的社会生产劳动。这三类因素相互联系，相互作用，使农业生产具有了自然再生产与经济再生产相交织的根本特点。自然再生产，是指生物的自然生长发育过程，即生物有机体同自然环境之间不断进行物质能量交换和转化的过程，植物吸收土壤中的水、肥和空气中的二氧化碳，利用太阳进行光合作用，制造出含有碳水化合物、蛋白质、脂肪等物质的植物产品。动物利用植物产品进行自身的生命活动，同时为人类提供肥料等有机物质，再加上微生物的活动，就形成了自然界的物质循环和万物繁衍过程。自然再生产通过生物自身的代谢活动而实现，是农业再生产的自然基础。所以经济再生产，是指在一定的生产方式中，人们通过有目的的活动，利用与改造动物的生理机能和自然环境条件所反复进行的社会生产过程，它是人类遵守自然规律，以生物体自身的代谢活动为基础，根据人类的需要，通过劳动对自然再生产进行作用与指导的过程。由于农业生产中的自然再生产和经济再生产相互交织且密不可分，由此而派生出农业不同于工业和其他物质生产部门的若干具体特点，② 主要是：季节性和周期性明显。农业生产在很大程度上是利用动物和植物的自然属性进行生产的活动，与动物和植物的周期性和季节性紧密相关。例如，在温带或者亚热带种植水稻需要考虑季节性。培育林木也须考虑其生长时节属性，地域性很强。另外，农业对气候条件依赖性也很

---

① 农业 [EB/OL]. [2023-08-04]. https://wiki.mbalib.com/wiki/农业.
② 陈文科，最广义农业：农业产业化与"农业基础论"的依据 [J]. 理论月刊. 1998 (04).

强，是直接以土地资源为生产对象的产业，不同的地方、不同的地形地貌，导致各地水土配合差异悬殊，农业生产活动也千差万别。例如，水稻种植，有的地方只能种植青稞，有的地方如海南一年几熟，有的地方如东北地区只能一年一熟。①

智慧农业是指现代科学技术与农业种植相结合，从而实现无人化、自动化、智能化的生产管理。具体来说，智慧农业是指在农场利用物联网（IoT）、传感器、定位系统、机器人和人工智能（AI）等技术从事农业生产，主要目标是通过补偿作物歉收的环境风险和提高农作物整体产量、质量来实现更大的粮食自给自足和提高收入；为了最大限度地提高生产效率和农作物产量，量身定制的物联网设备和人工智能解决方案是智慧农业生产的基础。② 因此，智慧农业生产与传统农业生产有着本质的区别，智慧农业对农业的生产主体，即农民，有着很高的技术知识要求，这也是社会进步发展的必然道路。

智慧农业需要以大数据作为依托。当今农业因气候变化的负面影响而面临巨大挑战，必须采用先进的数字技术加以应对。这些技术已产生了海量数据，即所谓的大数据，例如，田地和作物上的传感器提供了有关土壤条件的细粒度数据点，以及有关风力、肥料需求、水供应和虫害的详细信息。对物理环境的持续测量和监测为采用智慧农业提供了条件。智慧农业有助于实现自动化耕作，从田间收集数据，进行分析，这样农民就能对作物的最佳播种/种植时间、从播种开始施用杀虫剂和化肥的最佳时间以及收获作物的时间做出明智的决定，从而种植出高质量、高产量的作物。大数据的应用范围不仅限于农业生产，它还影响着整个食品供应链。要从产生的大量数据中提取信息，需要新一代的"大数据分析"实践。大数据如果能被智能地解锁和分析，就有可能在每个步骤中增加价值，简化食品加工价值链，从选择正确的农业投入、监测土壤湿度、跟踪市场价格、控制

---

① 农业［EB/OL］.（2021/06/13）［2023-07-23］. https://www.nongbaike.net/nongyebaike/71455.

② Avinton Japan K.K., Smart Agriculture: How AI Is Transforming the Farming Industry. [EB/OL]. [2023-08-04]. https://avinton.com/en/blog/2021/04/smart-agriculture-ai/.

灌溉、找到正确的销售点和获得正确的价格开始,[①] 使农民增收,提高他们的福祉。

智慧农业发展需要建设智慧平台。智慧农业就是把物联网技术运用到传统农业中去,运用传感器和软件通过移动平台或者电脑平台对农业生产进行控制,使传统农业更具有"智慧"。除了精准感知、控制与决策管理外,从广泛意义上讲,智慧农业还包括农业电子商务、食品溯源防伪、农业休闲旅游、农业信息服务等方面的内容,即充分应用现代信息技术成果,集成应用计算机与网络技术、物联网技术、音视频技术、3S技术[②]、无线通信技术及专家智慧与知识,实现农业可视化远程诊断、远程控制、灾变预警等智能管理。智慧农业是农业生产的高级阶段,是集新兴的互联网、移动互联网、云计算和物联网技术为一体,依托部署在农业生产现场的各种传感节点(环境温度湿度、土壤水分、二氧化碳、图像等)和无线通信网络实现农业生产环境的智能感知、智能预警、智能决策、智能分析、专家在线指导,为农业生产提供精准化种植、可视化管理、智能化决策。"智慧农业"与现代生物技术、种植技术等科学技术融合一体,对建设世界水平农业具有重要意义。[③]

除此之外,这些需要一个前置前提,那就是高标准农田建设。党的十九大提出了实施乡村振兴战略的重大历史任务,十九届五中全会要求全面推进乡村振兴、实施高标准农田建设工程。确保重要农产品特别是粮食供给,是实施乡村振兴战略、加快农业农村现代化的首要任务。建设高标准农田,是巩固和提高粮食生产能力、保障国家粮食安全的关键举措。大力推进高标准农田建设,加快补上农业基础设施短板,增强农田防灾抗灾减灾能力,有利于聚集现代生产要素,推动农业生产经营规模化专业化,促进农业农村现代化发展;有利于落实最严格的耕地保护制度,不断提升耕

---

① Nidhi (2020). Big Data for Smart Agriculture. In: Patnaik, S., Sen, S., Mahmoud, M. (eds) Smart Village Technology. Modeling and Optimization in Science and Technologies, vol 17. Springer, Cham. https://doi.org/10.1007/978-3-030-37794-6_9.

② 3S技术指的是遥感技术(Remote Sensing, RS)、全球定位系统(Global Positioning System, GPS)和地理信息系统(Geographic Information System, GIS),这三种技术在现代社会中发挥着越来越重要的作用。

③ 智慧农业[EB/OL]. (2023-05-21)[2023-08-05]. https://baike.baidu.com/item/智慧农业/726492? fr=ge_ala.

地质量和粮食产能，实现土地和水资源集约节约利用，推动形成绿色生产方式，促进农业可持续发展；有利于有效应对国际农产品贸易风险，确保国内农产品市场稳定。①

从某种意义上来讲，智慧农业颠覆了传统的农业。有人谓之以农业4.0，是要利用互联网更大限度实现市民广泛参与的"社会化生态农业"，而社会化生态农业本身又是中华文明传统之基本内涵。通过乡村的绿色创新吸引城里人到山区来。② 然而，当前在推进智慧农业进展中遇到的主要问题是农民文化水平有待提高；除东北、东部地区外农业生产规模化程度需要更新换代，尤其是我国西南地区的山地在建设高质量标准田地方面还面临技术攻坚难题；农业信息化技术应用水平普遍较低；除东北、华北地区外，综合化的机械水平也有待提高。

"三农"的智慧化是智慧村落建设的过程，也是农业现代化过程。坚持农业农村优先发展，按照产业兴旺、生态宜居、乡风文明、治理有效、生活富裕的总要求，建立健全城乡融合发展体制机制和政策体系，统筹推进农村经济建设、政治建设、文化建设、社会建设、生态文明建设和党的建设，加快推进乡村治理体系和治理能力现代化，加快推进农业农村现代化，③ 智慧村落建设是基础性工程。

二、智慧村落建设中关于技术与社会决定论的思考

智慧村落建设离开不了技术的支撑。人类在几千年文明史的漫长过程中，逐步形成了种种固定的社会制度、行为规范、思想模型与心态。然而近代社会和以往几千年的传统社会却大为不同，它是一个工业化的、技术的社会，而工业和技术是日新月异的；于是人类就不得不告别以往基本上

---

① 农业农村部，全国高标准农田建设规划（2021—2030 年）[EB/OL]，(2021-09-17)(2023-07-24) http://www.moa.cn/hd/zbft_news/qggbzntjsgh/xgxw_28866/202109/P020210916554589968975.pdf.

② 温铁军等，从农业1.0到农业4.0[M]．北京：东方出版社，2021：29．

③ 乡村振兴解决方案[EB/OL]．[2023-08-07] http://www.gcloudinfo.com/index.php/home/solution/solution_xq6?source=baidu&plan=xiangcunzhenxing-PC&unit=zhenxing-PC&keyword=zhihuinongye%20xiangcunzhenxing&e_creative=68493066191&e_keywordid=641828713311&e_keyword-id2=538100016565&sdclkid=bLopALFpbOgpA5AG&bd_vid=5857665552425023232.

是稳态的、常规的社会，而步入一个急剧变化着的社会。随之，人类以往备受尊敬的、习以为常的而且似乎是理所当然的种种制度、习俗、规范、思想、理论乃至感情和心态，也就被迫不断地要改变自己去面对这种日新月异的挑战。但是人类文化生活在这些方面的改变，却远远赶不上且适应不了工业技术的迅猛变化。现代人类文明社会的一切问题、一切矛盾和冲突，归根结底大都可以溯源于此。① 因此，才有凡伯伦（Thorstein Veblen）的技术决定论流派的产生。

所谓"技术决定论"，就是认为技术是推动人类社会发展的决定性力量的理论。这种理论认为技术可以解释或者解决人类社会发展中所遇到的一切问题。技术决定论有两个论点：（1）技术是一个独立因素或者一种自主力量；（2）技术变迁引起社会变迁。从技术发展前景的态度方面来看，可以将技术决定论分为技术乐观主义和技术悲观主义。两种技术悲观主义认为技术在本质上具有非人道的价值取向，现代技术会给人类社会及其文化带来灭顶之灾。技术决定论的关键问题是影响社会变迁的技术在多大程度上是自主的，如果认为技术是绝对自主的，并且声称技术变迁是社会变迁的最重要原因，这就构成了所谓硬技术决定论（hard technological determinism）；如果在认为技术可以影响社会历史的发展方向的同时，也承认技术是相对自主的，负荷着一定的社会、政治和伦理价值，且不是社会变迁的唯一因素，这种理论倾向可以称为软技术决定论（soft technological determinism）。② 任何一种理论的产生都离不开时代的土壤，无论哪一种"决定论"都反映了社会存在的一个侧面；我们说世界在呈加速度发展，很大程度上正是指的是科学技术的发展。的确人类的生活，或者所谓的"福祉"同人类的科学技术进步是密切相关的；同时，人类的精神或者心理变化也与技术的发展息息相关。智慧村落建设是现代科技应用于农业生产，无疑会对农民阶层的精神世界产生重大的影响。

与技术决定论相对应的是社会决定论（social determinism）。社会决定论假定技术和技术变迁是社会构成或者建构的产物，而非为某种自我发展

---

① 阿诺德·盖伦．技术时代的人类心灵：工业社会的社会心理问题［M］．上海：上海科技教育出版社，2008：11.
② 如何评价技术决定论［EB/OL］．［2023-08-06］．https://www.zhihu.com/question/23359962/answer/1923595336.

的路径决定。社会决定论主要关心技术的社会生成（建构）；社会决定论也有两个论点：一是社会是一种独立因素或者自主力量；二是社会变迁引起技术变迁；这里关键的问题是社会在多大自主程度上影响技术而不受技术影响，如果认为社会是绝对自主的不受技术影响，并且声称社会是技术变迁的最重要原因，这就是所谓强社会决定论（strong social determinism）；如果在认为社会属性或者人类价值影响技术历史的发展方向的同时，也承认技术对社会的宏观影响，并且社会不是技术变迁的唯一要素，这种理论倾向可以称为弱社会决定论（mild social determinism）。① 另外，还有技术与社会互动论（technology/society interactionism）；技术社会互动论只包含三个假定：一是技术与社会是分立的；二是技术构成社会，即技术对社会产生影响；三是社会构成技术，即社会对技术能够起到某种建构作用。这一种观点关注的是技术与社会之间的互动和交换；技术没有善恶，也并非中立（Melvin Kranzberg）。技术既不是好的也不是坏的，它也不是中性的。也就是说，技术与社会是一种互动关系：技术发展常常发生一些环境的、社会的和人类的后果，超越了技术设备和实际应用本身的直接目的，而同一技术在不同文化环境和社会条件下采用，可有完全不同的结果。如曼纽尔·卡斯特在《网络社会的崛起》中写道："技术并未决定社会，而是技术具体化了社会，社会也并未决定技术发明，而是社会利用技术。"②

马克思恩格斯向来重视科学技术在推动社会进步中发挥的作用，并且在多部经典著作中都明确强调科学技术是生产力，科技把人从繁重的体力劳动和脑力劳动中解放出来，获得了闲暇时间。科学技术推动着生产方式和生产关系的变革，是人类社会不断地由低级向高级运动的强有力的杠杆。未来的共产主义社会是建立在物质财富极大丰富的基础之上的，科学技术是人类由必然王国迈向自由王国的翅膀。在新的历史条件下，马克思主义的科技观依然没有过时，对现实具有重要的指导意义。我们要走依靠科技创新之路。③

---

① 如何评价技术决定论［EB/OL］.［2023-08-06］. https://www.zhihu.com/question/23359962/answer/1923595336.
② 如何评价技术决定论［EB/OL］.［2023-08-06］. https://www.zhihu.com/question/23359962/answer/1923595336.
③ 曾静. 论马克思主义经典著作中的科学技术观［J］. 长春工业大学学报（社会科学版），2012-01.

第七章 余 论

1988年9月5日，邓小平在会见来华访问的捷克斯洛伐克总统胡萨克时，提出了"科学技术是第一生产力"的重要论断。9月12日，邓小平在听取关于价格和工资改革初步方案汇报时再次明确指出，科学技术是第一生产力。1992年年初，邓小平在视察南方谈话时多次强调科学技术是第一生产力。邓小平关于"科学技术是第一生产力"的重要论断，极大地提升了科学技术在经济社会发展中的重要地位，对于大力发展教育和科学技术，提高全民族科学文化水平，推动我国改革开放和社会发展发挥了重要的指导作用。[1]

恩格斯曾谈道，马克思"把科学首先看成历史的有力的杠杆，看成最高意义的革命力量"。列宁在世的时候正是电力技术大发展的时代，他十分重视这一先进技术的历史作用，他在十月革命后谈道俄国的未来之时说，社会主义就是"苏维埃政权加全国电气化"。这正是马克思主义关于科学技术在社会历史发展中地位和作用的基本观点。之所以将科学和技术看成革命性力量，是因为科学和技术在渐变和突变的交替中发展，最终通过彼此相关联的三大革命——科学革命、技术革命、产业革命将社会经济推向前进。也正因为如此，邓小平提出："科学技术是生产力，而且是第一生产力。"科学技术对于经济发展的重要性在于它本身就是生产力的要素，而且是第一生产力。[2]

当今的西欧文化正在进入一个成熟期，即所谓的"文明化阶段"。发展到这个阶段，文化出现了未来主义、混合主义等新的文化特征，但同时如果从更加广阔的观点出发，也会得出另一种文化观点，即随着工业文化转向无机物，人类进入一个"绝对文化门槛"，如今的时代是一种对旧式文明时代与崭新时代之间互相干涉、互相渗透的作用的体现，即一种过渡时代，这种时代最大的特征即不确定性。技术时代的趋势：自动作用的追求，包括行为的格式化和专门化与教养。在工业时代，体力劳动的机械化和社会的官僚化、具体化共同造就着当代社会如此彻底理性化的面貌，思想和行为都格式化了，即每个人变得无个人特色、地位上可替换，但社会的关注点却正恰恰是这种格式化，这种现象则被称为具体化，人失去了对

---

[1] 中国中共党史学会编. 中国共产党历史系列辞典 [M]. 北京：中共党史出版社，2019.
[2] 嵇立群. 文明的支点：科技发展与世界现代化进程 [M]. 北京：首都师范大学出版社，2005：22.

自身价值的评价，并把这种权利转交给社会，这样人成为社会机器运转中的一个零部件，人的一切行为的出发点都是为了符合社会的需要和期望，人成为社会的"附庸"，这正是符合了技术时代对省力原则的追求，不仅在行为上，更在思想上，人们习惯于社会的既定规则而失去了反抗意识，而精英与一般大众的区别则在于是否意识到这种被格式化并反抗，可悲的是大部分人并不能意识到，因而进一步加固了前述的阶层分野，这正是工业时代的趋势：致力于这种工业化，通过这种功能化维持期望的社会秩序。同时，这种机械的逻辑也带入我们的心灵，使人们对真正心灵需求的关注减少，如工人被机器替代带来的失业问题，同时机械的高效解放了人类，工人更加关注工作之外的闲暇时间，因为这种消遣能带给他们工作中缺失的尊重和关注，人们长期沉溺于这种生活而不自知，为此韦伯意识到这一问题并提出了建议，如加大对高等文化的追求（告诉我们想要不自失，就要多读书获得理性思考能力），号召人们摆脱这种机械限定给我们的生活，保持自己独立从精神上解放自己。总之，技术时代是一个充满矛盾的时代，由此也带来人类意识改变所产生的种种矛盾，需要我们学会思考，学会自救。①

智慧村落建设会给农村社会带来彻底的变革，随着人工智能技术与生物技术的发展，会把人类从繁重的体力劳动中解放出来，人类将会有更多的闲暇时间。基于互联网技术而进行的系列农业生产技术革命，也会对农民群体的心灵及其文化产生影响。

三、智慧村落建设中文化的思考

从世界范围来看，乡村的变化是随着城市与技术发展的变化而变化的。如英国圈地运动促进了工业的发展，涌现了一批大诸如曼彻斯特、利物浦、格拉斯哥、伯明翰、利兹、普莱斯顿、诺丁汉、布拉德福德、纽卡斯尔等，这些地方迅速地从边缘形成了中心。

技术是一种认识自然、作用自然的手段，它本身并不单独给自己设定

---

① 技术时代的人类心灵［EB/OL］．（2021-12-13）［2023-07-23］．https://www.sohu.com/a/507835835_121124743.

目的和活动的方向，技术在政治上、伦理上和文化上是中性的，没有好坏、善恶、对错之分，即技术本身不包含任何价值判断，技术只具有方法论意义。①

(一) 一种新的文化门槛

从世界现代化进程来看，随着智慧村落建设的深入发展，在广袤的农村会出现一道对文化认知的门槛。过去，我们认为对"文化"有比较清醒的认识，我们好像知道我们是谁，也知道我们不是谁，但是，今天，人工智能、生物工程、区块链等技术的发展，忽然发现，我们无时无刻不是处在焦虑之中。随着智慧村落的发展，村落文化也好像遇到一个"门槛"。

随着工业文化，人类已经遇到了一个"绝对文化的门槛"，引发了一系列性质上独一无二的事件，它正以前所未有的步伐在前进着。人类的历史很少知道有哪些主要发展，其进程是不可逆转的；它们仿佛是把全部的人类历史放在一个新的水平上，并使其他一切的历史规律都服从它们的支配作用。文化史只知道有两次这类决定性的突破：自狩猎文化向定居与农业的史前期过渡（新石器革命）以及向工业主义的近代过渡。后来在《原始人与晚期文化》一书中我们又说道：我们的印象是，向工业文化的过渡对无机领域尤其对核能所取得的掌握权揭开了人类历史的新篇章。在过去的两百年，我们已经卷入了这一过程，而这一"文化门槛"具有的意义可以与新石器时代文化的开端相比拟，没有任何文化的领域，也没有任何人的神经，会始终不受到这种转变的影响，它将要持续到未来的许多世纪。但是不可能预言都有什么会在这场火焰中被焚毁，有什么会经历了它而发生变化，最后又有什么会承受住它，而相对地不变。②

智慧村落建设正在史无前例地重写农村的一切。人口结构、田地沟壑、水利设施、种子庄稼都将由不同的技术层次来完成。如庄稼的栽种、害虫的雾除将由无人机来完成；种子的选择与配置将由人工智能程序来操作，植物需要的湿度会有传感器来执行。如果完成了高质量标准田地的平整问题，那么原有村庄几十亩，甚至几百亩的土地几个人都可以完成。这

---

① 刘英杰. 作为意识形态的科学技术 [M]. 北京：商务印书馆，2011：09.
② 盖伦. 技术时代的人类心灵：工业社会的社会心理问题 [M]. 上海：上海科技教育出版社，2008：106-107.

样一来，会有更多的剩余劳动力在农村居住。

物质的贫穷能摧毁你一生的尊严，精神的贫穷能耗尽你几世的轮回。社会发展需要文化来提升品质，经济建设需要文化来增强实力。在脱贫攻坚之后，农村的现象是年轻人或者读书，或者在城里务工，现在农村的景象是"老小"结构；而老年人因为"老"的原因，只要生活能够过得去，其日常消遣方式就是"打麻将"。如何定义这种村落文化呢？在智慧村落建设及其后时代，农民群体是否会陷入一种身份焦虑？这是人文社科需要回答的问题。

（二）智慧村落建设时期的文化不确定性

生活在危险世界中的人类不得不寻求安全，它试图通过两种方法实现这一目标。一种开始是试图安抚那些围绕在它周围并决定它命运的力量，比如古代的巫术、祈祷与祭祀等；另一种是发明艺术，利用自然的力量，人类在威胁自己的环境和力量中建造一座堡垒①，比如建造房屋、各种科技发明，以之来"逃离危险"，这都是人类对"不确定性"的恐惧与抗争，对确定性的寻求行为。

认为原始时代生活的不确定性需要在真实存在的领域或通过魔法的操纵中寻找确定性。前者的知识被认为是优越的，而后者的实践被认为是次等的。这样，理论与实践之间的鸿沟就形成了，阻碍了人类的进步。哲学的发展源于对终极实在的追求，但却固化了知识与信仰、实践之间的分类和鸿沟。② 不确定性问题是人对我们生活的这个世界内在本质的哲学研究，因此，人类认知客观世界历来有着追求确定性的传统，科学技术的发展历史曾经是一部确定性寻求的历史。

如今农村社会的变化越来越大，正在创造一种前所未有的东西。我们是生活在这个社会的第一代人，我们还只能模糊地看到这个社会的轮廓。无论我们身在何处，它正在改变我们现有的生活方式。这不是——至少目前不是——由人类集体意志驱动的全球秩序。相反，它正以一种新潮、偶

---

① John Dewey. The Quest for Certainty: A Study of the Relation of Knowledge and Action. New York: Minton, Balch and Company, 1929: 03

② R. Scott Spurlock, Lecture: The Quest for Certainty [EB/OL]. [2023-07-27]. https://www.giffordlectures.org/lectures/quest-certainty.

然、时尚的方式出现,受到多种影响的推动,它还没有安定下来,也没有安全感,而是充满了焦虑,并因深刻的分歧而伤痕累累。我们中的许多人都感到自己被无力控制的力量所控制,它是我们生活环境的一种转变。这就是我们现在的生活方式。[1] 这也是科学技术的不确定性,对文化的不确定性的影响。我们需要重建已有的,或者创造新的。

实际上,对于科学技术的不同理解,从根本上来说是基于不同的哲学观。马克思主义哲学从总体上把科学技术理解为一种手段和工具,科技的功能主要是在生产力范畴得到阐释的。科学是潜在的生产力,技术是直接的现实生产力,而且科技是一种进步的革命的力量,这是众所周知的传统历史唯物主义的技术观;马克思明确地把科技划归于生产力范畴,指出科技是一种革命的解放力量,马克思指出,资产阶级在它的不到一百年的阶级统治中所创造的生产力,比过去一切时代创造的全部生产力还要多,还要大。但是,马克思同时也意识到了科技的异化现象,而在这种异化中就蕴含着科技发展成为意识形态的可能,尤其是在19纪中期,资本主义刚刚进入机械化大生产阶段,科技在生态文明方面的负效应尚未充分暴露的时候。马克思指出,在资本主义条件下,科技并未给人们带来真正的解放,"机器劳动极度地损害了神经系统,同时它又压抑肌肉的多方面运动,侵吞身体和精神上的一切自由活动。甚至减轻劳动也成了折磨人的手段,因为机器不是使工人摆脱劳动,而是使工人的劳动毫无内容。"他又说:在我们这个时代,每一种事物好像都包含有自己的反面。我们看到:机器具有减少人类劳动和使劳动更有成效的神奇力量,然而却引起了饥饿和过度的疲劳。新发现的财富的源泉,由于某种奇怪的、不可思议的魔力而变成贫困的根源。技术的胜利,似乎是以道德的败坏为代价换来的。随着人类愈益控制自然,个人却似乎愈益成为别人的奴隶或自己的卑劣行为的奴隶。甚至科学的纯洁光辉仿佛也只能在愚昧无知的黑暗背景上闪耀。我们的一切发现和进步,似乎结果是使物质力量具有理智生命,而人的生命则化为愚钝的物质力量。现代工业、科学与现代贫困、衰颓之间的这种对抗,我们时代的生产力与社会关系之间的这种对抗,是显而易见的、不可

---

[1] Anthony Giddens, Runaway World: How Globalization is Reshaping Our Lives, Routledge, 2000: 37

避免的和毋庸争辩的事实。[①]

然而，随着社会的进步和时代的发展，人们对客观世界认识的重点，正由确定性向不确定性转变。世界在因果律、规律性、确定性和必然性之外，正显现出更迷乱却更深刻、更普遍的相对性、无序性、或然性和不确定性。"当今世界唯一确定的就是不确定性"已渐成共识。[②] 人民总是愿意在预设的确定性前提下去试图与变迁的环境沟通，然而，不确定是必然，确定是偶然，不确定乃是常态。因之，这样就会造成种种焦虑。

智慧村落建设是中国式现代化的重要组成部分，中国式现代化孕育着稳定，而它的过程却会带来不确定性，经济发展扩展了人们的欲望，提升了其预期水平，同时出现了各种新的不确定性。而处于过渡期的社会满足这些欲望的能力却总是低于这些欲望的扩张，这种差距便引起了人们强烈的不满和社会挫折感，成为社会不稳定的诱因。

目前社会的不确定性主要体现在失业的不确定性、"三农"的不确定性、经济社会发展的不确定性、腐败的不确定性、贫富分化的不确定性、人口结构分层的不确定性、社会公共安全的不确定性、社会流动的不确定性[③]，以及国际环境的不确定性。因之会带来物态文化、制度文化、行为文化、心态文化发展方面的不确定性。

智慧村落建设是全面推进美丽中国建设的重要组成部分。为此，就要不折不扣贯彻落实党中央决策部署。持续深入打好污染防治攻坚战，要坚持精准治污、科学治污、依法治污，保持力度、延伸深度、拓展广度，深入推进蓝天、碧水、净土三大保卫战，持续改善生态环境质量。加快推动发展方式绿色低碳转型，要坚持把绿色低碳发展作为解决生态环境问题的治本之策，加快形成绿色生产方式和生活方式，厚植高质量发展的绿色底色。着力提升生态系统多样性、稳定性、持续性，要加大生态系统保护力度，切实加强生态保护修复监管，拓宽绿水青山转化金山银山的路径，为子孙后代留下山清水秀的生态空间。积极稳妥推进碳达峰碳中和，要坚持全国统筹、节约优先、双轮驱动、内外畅通、防范风险的原则，落实好碳

---

① 刘英杰. 作为意识形态的科学技术 [M]. 北京：商务印书馆，2011：11-12.
② 赵丰. 转型期社会不确定性的两面观，中国国际共运史学会 2012 年年会暨学术研讨会论文集 [C]. 2012：584.
③ 王林. 社会不确定性及其治理机制研究 [J]. 贵州社会科学. 2006 (01).

达峰碳中和"1+N"政策体系，构建清洁低碳安全高效的能源体系，加快构建新型电力系统，提升国家油气安全保障能力。守牢美丽中国建设安全底线，要贯彻总体国家安全观，积极有效应对各种风险挑战，切实维护生态安全、核与辐射安全等，保障我们赖以生存发展的自然环境和条件不受到威胁和破坏。健全美丽中国建设保障体系，要统筹各领域资源，汇聚各方面力量，强化法治保障，完善绿色低碳发展经济政策，推动有效市场和有为政府更好结合，加强科技支撑，打好法治、市场、科技、政策"组合拳"，为美丽中国建设提供基础支撑和有力保障。①

扎实推进智慧村落建设，助力中国式现代化。习近平总书记在党的十八大以后，围绕"建设什么样的社会主义现代化强国、怎样建设社会主义现代化强国"这一重大时代课题，提出一系列原创性的治国理政新理念新思想新战略。正是对现代化征途上不确定性的表述。中国式现代化，是中国共产党领导的社会主义现代化，既有各国现代化的共同特征，更有基于自己国情的中国特色。党的二十大之后，中国共产党的中心任务就是团结带领全国各族人民全面建成社会主义现代化强国、实现第二个百年奋斗目标，以中国式现代化全面推进中华民族伟大复兴。②

"文化是一个国家、一个民族的灵魂"是习近平总书记在党的十九大报告中对文化重要地位和作用的最新概括。智慧村落建设是一个系统工程，也是中华文化建设的有机组成部分。对传统文化去其糟粕、去伪存真，努力探索人类文明（哲学的、艺术的、经济的、技术的等等）危机，平稳越过新的文化门槛，修正人类文明坐标系的危机。

---

① 习近平：全面推进美丽中国建设 加快推进人与自然和谐共生的现代化［EB/OL］. (2023-07-19)［2023/07/23］. https://baijiahao.baidu.com/s? id=1771810687474185768&wfr=spider&for=pc.

② 习近平，高举中国特色社会主义伟大旗帜为全面建设社会主义现代化国家而团结奋斗——在中国共产党第二十次全国代表大会上的报告［M］. 北京：人民出版社，2022：21.

后　　记

无论怎么说，终于写后记了。

人的天性就是懒惰，我也绝不例外。如果不是为了获得职称的需要，以之来忽悠一下自己："俺是教授"了（好像这样子，自己的本事"biu"的一下跟着长进了）；或者满足一下我的一个研究生的"虚荣心"（本人指导的一个研究生曾私下商量着要把我这个副教授的"副"字给除掉时，这时才意识到在人的社会里"面子"还是需要的，有时还不亚于"里子"）——当然，这对我这个懒人来说，也是一种鞭策与激励；否则，估计本书（质量不谈）还是一个自欺欺人的美丽梦想：留在脑子里的某个角落。

我是一个大大的不务正业之徒。本人的爱好虽在海外民族问题研究方面，然而，这些年来，除了昧着良心忽悠自己的几个研究生写了几篇海外民族问题研究的硕士论文外，我自己却一样东西都没有呈现出来。

李天翼教授一直在鼓励我搞村落研究。他出自书香门第，父亲是大学教授，他只是偶尔在农村待待，觉得这旮旯好玩，那角落新鲜：在小河沟里看到一条小鱼小虾，会高兴半天。而我出生在农村，长在农村；天天与泥巴打交道，咋不知道村落长啥样呢。网络上的一个段子说得够明白了：奶奶说"在大山里住一个月那是风景，住一辈子是穷！"所以，一直迟迟未动。终于有一天我好像明白了什么：我就是一个农民的儿子，不搞村落，还想搞啥呢。

"智慧村落"是我们世代农民及其子女梦寐以求的。说农村"穷"，心里还是隐隐作痛的；因为毕竟是在山村里长大的，正因为她"穷"啊，所以，才有我等的"逃避"；但从内心深处是希望，不，是渴望农村能像城市一样的美好，也能让人向往，就如同我们农村孩子向往城市一样。现

后 记

在，偶尔回到老家，虽然她让我感到十分熟悉的陌生，但看到越来越"智慧"的故乡，心里开始由衷地欣慰。

本书断断续续地艰难地推进。因为"智慧村落"是个新东西，"智慧村落研究"更是一个新东西。每每伏案想继续推进的时候，就如一条狗见到一只华丽的刺猬一样而束手无策。一会儿是"智慧"，一会儿是"数字"，接着又是"云"，过几天又出来了个"数智""ChatGPT"……村落冠以"智慧"，不由得会让人联想到"智慧城市"。只能说它表达了决策者或者研究者对村落发展的一种美好的愿景；然而，作为在一个农村长大的，怎么可能不知道农村与城市之间的差别呢，否则，"三农"问题就不会成为一个问题。因此，本人觉得智慧村落建设是不能按照智慧城市的发展逻辑来进行的，必须寻找到村落"智慧"发展的内在逻辑。我想象中的智慧村落既具土地平旷，屋舍俨然，有良田美池、桑竹之景，又具阡陌交通，小桥流水，通商惠工，水墨画卷之象，诸如此类。

书中谬误之处，敬请同仁及同学批评指正，所有文责自负。

本书承蒙贵州民族大学民族学与历史学学院周永健教授、李天翼教授题鉴；中央民族大学出版社舒松主任；贵州民族大学民族学与历史学学院唐懈书记；贵州民族大学宣传部部长兼民族学与历史学学院院长董强教授、民族学与历史学学院副院长郭国庆教授；中央民族大学谢清松博士，贵州大学研究生陈丹同学，大连民族大学研究生罗茂琴同学；本人指导的研究生赵娜、韦云星、梁丽芳三位同学；民族学系陈黔云、吕宝青、刘晓庆三位同学等惠假资料通力支持，以及所援诸子之文，志于此为鸣谢忱。

李乔杨
2023 年 8 月
贵阳花溪
民大十里河滩校区

附录

Smart villages Concept, issues and prospects for EU rural areas
SUMMARY

Although there is no legal definition of a 'smart village' within EU legislation, there are a number of distinguishing features associated with the smart village concept, with the involvement of thelocal community and the use of digital tools being seen as core elements. The concept implies the participation of local people in improving their economic, social or environmental conditions, cooperation with other communities, social innovation and the development of smart village strategies. Digital technologies can be applied to many aspects of living and working in rural areas. The smart village concept also suggests the adoption of smart solutions in both the public and private sectors over a wide range of policy fields such as improving access to services, developing short food supply chains and developing renewable energy sources.

The smart village concept is gaining traction on the rural development agenda, coinciding withthe ongoing reform of the common agricultural policy (CAP). A key element of this reform will be a new delivery model based on each Member State developing a CAP strategic plan. In December 2020, the Commission published its recommendations for each Member State on the direction their plans need to take to achieve the CAP objectives and the European Green Deal targets. The Commission's analysis highlight the gaps Member States must address if the Green Deal target of 100% access to fast broadband internet in rural areas by 2025 is to be met. Much will depend on how Member States respond to these recommendations in drawing up their CAP strategic plans. The European Parliament has made a significant contribution to the smart village concept, taking part in a pilot project on smart eco-villages and supporting the European Commission's 2017 action plan for smarter villages. The European Committee of the Regions and the European Economic and Social Committee have meanwhile both indicated their support for the concept through events, opinions and communications.

IN THIS BRIEFING
Background-EU rural areas
Policy development and framework
Information on smart village networks and projects
Funding opportunities: current and future possibilities
European Parliament position
Advisory committees
Stakeholder views
Outlook

Background-EU rural areas

Rural regions in the European Union (EU) are diverse in terms of their nature, geographicalpatterns, development levels and socio-economic and demographic trends. Covering 44.6% of the EU and home to 93.1 million people (20.8% of the total EU population), the EU's rural regions are multifunctional spaces facing a range of challenges. These include: demographic ageing leading to a decline in the number of people of working age, a weak labour market and even depopulation of certain rural and remote areas. Other challenges facing rural areas when compared with urban ones include the lack of infrastructure and service provision, a poorly diversified economy, low incomes coupled with a higher poverty and social exclusion risk, farmland abandonment, a lack of education facilities, high numbers of early school leavers and a digital gap and divide (i.e. a lack of reliable internet connections limiting both individuals and businesses). These circumstances have been perceived as representing a 'vicious circle driving rural decline', (see also ESPON, 2020) as more people move to urban areas in search of better job prospects and provision of public services.

Despite these challenges, rural areas offer many opportunities. Their diversity is one of the EU's richest resources. They provide food and environmental resources and can contribute to thefight against climate change, providing alternatives to fossil fuels and developing the circular economy. Their role in ensuring a balanced territorial distribution of the population avoiding overpopulation of cities is crucial, while their quality of life is increasingly valued as is the contribution that the cultural heritage of rural areas makes to sustainable tourism. Furthermore, the Covid-19 crisis could potentially bring long-term changes in society, such as an increase in teleworking or greater valuing of green spaces, to the benefit of rural areas.

A survey carried out by ELARD (May-August 2020) showed that rural citizens feel that the vital importance of rural territories for society as a whole should berecognised and that per capita public investment in the development of rural areas should be equal to that devoted to urban areas. The survey confirmed support for expanding and extending the LEADER method as the multi-level governance tool it is. According to the Eurobarometer 'Europeans, Agriculture and the CAP' (October 2020) EU citizens recognise that achieving balanced territorial development in the EU is an important objective, as is developing digital solutions in the agri-food sector.

The Commission communication 'The future of rural society' (1988) marked a major steptowards the framing of a European rural development policy (since Agenda 2000 the second pillar of the common agricultural policy). It acknowledged the specific problems of rural society and underlined the need to try out new development approaches, involving rural communities in seeking appropriate solutions. The communication concluded that the management approach to policies relevant for the development of rural areas needed to be coordinated, integrated and multi-sectoral in its implementation. According to a paper presented to the Council of Europe's Congress of Local and Regional Authorities (2017), 'These key messages remain as relevant now as they were in 1988'. In addition to the CAP, EU cohesion policy plays an important role in rural regions.

附录 Smart villages Concept, issues and prospects for EU rural areas SUMMARY

While a range of responses exist to address these challenges, the smart village concept is seenas offering a way to future-proof rural communities and ensure their survival. It has developed from a concept to a series of concrete actions and in the process has moved up the rural development agenda. This coincides with the ongoing development of the new strategic plans that form part of the Commission's legislative proposals for the common agricultural policy beyond 2022. This briefing analyses the smart village concept from its definition to its application in practice, also examining the implications arising for the preparation of the CAP strategic plans by Member States.

Policy development and framework
Definitions and main features of
smart villages

In a global context, the beginnings of the smart village concept date back to the middle of the last decade, based on initiatives pursued in Africa, Central and South America and Asia. In the EU, the emergence of the notion of smart villages is closely associated with the 2016 Cork 2.0 Declaration for a Better Life in Rural Areas, which set out a 10-point manifesto to improve quality of life in rural areas. It highlighted the need to overcome the digital divide between rural and urban areas and to develop the potential offered by connectivity anddigitalisation in rural areas. The concept was given further impetus in 2017 by the European Commission's publication EU Action for Smart Villages.

> Smart villages are communities in rural areas that use innovative solutions to improve their resilience, building on local strengths and opportunities. They rely on a participatory approach to develop and implement their strategy to improve their economic, social and/or environmental conditions, in particular by mobilising solutions offered by digital technologies. Smart villages benefit from cooperation and alliances with other communities and actors in rural and urban areas. The initiation and the implementation of smart village strategies may build on existing initiatives and can be funded by a variety of public and private sources.
> Source: Pilot project: Smart eco-social

This set out several EU policy areas and funds actively promoting the concept, including planned measures, adopting a holistic and integrative approach towards those objectives. It defined smart villages as 'those (local communities) that use digital technologies and innovations in their daily life, thus improving its quality, improving the standard of public services and ensuring better use ofresources'. Following input from online consultations (August 2018) and further discussions in the 'smartecosocial villages' pilot project steering group, a working definition was sketched out in 2019. Involvement of the local community and the use of digital tools were seen as core elements, focusing on a number of key features:

A smart village strategy identifies challenges, needs, assets and opportunities. It is not a question of repeating existing strategies such as those under the LEADER approach, but of complementing them, where both strategies can coexist in the same territory.

Cooperation, involving partnerships and support of the local authorities is key. This includes cooperation and partnership between villages, and between villages and nearby urban areas. However, it is also possible to become a smart village as a single entity without cooperation.

Smart villages seek solutions rooted in the local territory that can generate value and benefits for the community.

Social and digital innovation are characteristic of smart villages (including broadband, training and the empowerment of rural communities).

Other definitions have been offered by those involved in rural development policy and practice, such as the 2020 ESPON cooperation project, which highlighted the importance of good governance, public involvement, and measures to build human capital, capacity and community.

Policy development

The timeline of the main developments in the smart village concept aresummarised in Box 1 below. The European Commission's EU Action for Smart Villages paper referred to a pilot project initiated by the European Parliament to explore the characteristics of eco-social villages and to identify best practices in order to inform future development strategies. Parliament allocated € 3.3 million to support the development of 10 smart villages. The concept was further reinforced

附录 Smart villages Concept, issues and prospects for EU rural areas SUMMARY

by the work of the European Network for Rural Development (ENRD) and in particular its thematic group (TG) on smart and competitive rural areas. Since September 2017 this group has increased the level of interest in and information available on smart villages, by means of briefings, case studies and practical advice on how to develop and implement the smart village concept, including a policy toolkit. Other notable developments include the Venhorst Declaration of 21 October 2017 which called on citizens and policymakers to assist in the creation of sustainable rural communities in a range of ways, including the approach outlined in the Commission's EU Action for Smart Villages paper. Reference was also made to the concept of 'smart growth' taking account of the role of small and medium sized enterprises (SMEs) in rural areas. The Commission's communication on the Future of Food and Farming published in November 2017 reiterated the Commission's commitment to reinforcing support for rural communities and local authorities that wish to develop smart villages through capacity building, investment, innovation support, networking and the provision of innovative financing tools for improving skills, services and infrastructure. A subsequent appraisal of this communication, carried out for the European Parliament's Committee on Agriculture and Rural Development, explained that success in rolling out the smart village concept would require much greater investment in improving digital connectivity in rural areas, and highlighted that the concept was premised on access tohigh speed internet in all rural areas. The Bled Declaration of 13 April 2018 called for further action todigitalise rural areas by means of smart villages. A key element in the declaration was the need to ensure all of Europe benefited equally from digital transformation. Broadband and connectivity was seen as a crucial step indigitalising rural areas.

Other key developments included the publication of the Commission's legislative proposals in June 2018. In May 2020, the final report on the 'smart eco-social villages' pilot project was published.

This identified 15 best practices as well as six villages that had expressed an interest in becoming a 'smart eco-social village'.

> Box 1-Chronology on the development of smart village concepts and policies in the EU
>
> 2014　EU rural development programmes (2014-2020)
> 2016　Cork Declaration 2.0
> 　　　ESPON 2020 cooperation programme
> 2017　EU Action for Smart Villages
> 　　　ENRD: Thematic working group / Smart Villages Portal
> 　　　European Parliament pilot project
> 　　　The Venhorst Declaration
> 　　　Communication on the Future of Food and farming
> 2018　Bled Declaration
> 　　　A 8 13月28日eclaration
> 　　　CAP Legislative proposals (COM (2018) 392).
> 2019　Final report: Pilot Project: smart eco-social villages
> 　　　Declaration of cooperation on a smart and sustainable digital future for European Agriculture and rural areas.
> 　　　Launch of SMART Rural 21 project (DG AGRI).
> 2020　European Green Deal: Farm to Fork Strategy /
> 　　　Biodiversity Strategy.
> 　　　Roadmap: Long-term vision for rural areas
> 　　　European Commission's recommendations to Member States for their CAP strategic plans.
>
> Source: Compiled by the authors.

In December 2019, following the outcome of a public tendering procedure, the European Parliament initiated a new phase for smart villages by launching a preparatory action on smart rural areas in the 21st century, with the European Commission as the contracting authority. This involved the selection and establishment of 21 smart villages to serve as examples of the application of the smart village concept. This project will identify a list of features and related actions considered essential for becoming a smart village. The project is scheduled to conclude in June 2022. Following the selection of 21 villages, a 'roadmap toolbox' setting out key stages in helping villages to develop and implement smart village strategies was developed with further practical tools to be added. A series of events and regional workshops are beingorganised throughout the course of the project.

附录 Smart villages Concept, issues and prospects for EU rural areas SUMMARY

A range of observers have examined the origins of the smart village concept, including its definition, relevance and application. Given the above-mentioned challenges facing rural areas, public service providers are often forced to examine innovative ways to address declining or sparsely populated areas, using digital technology. Table 1 illustrates ways in which smart villages can be enhanced by such approaches. Potential measures are not limited to basic social services but can extend to policy areas such as transport, training and power supply. In terms of public administration, opportunities exist to apply a range of solutions to improve service provision for rural areas. These can often involve the adoption of e-administration tools. Such smart solutions are not limited to the public sector but are equally applicable in the private sector, for instance with the adoption of precision farming techniques or the development of short food supply chains via online sales.

Table 1—Examples of smart measures in rural areas

Smart solution area	Public services	Public management	Private enterprises
Areas of intervention	power supply	e-administration	precision agriculture
	Safety and security (e.g. visual monitoring)	Waste management (e.g. container level sensors)	online trade (e.g. in local products)
	distance learning	town and country planning (e.g. digitalisation)	rural tourism based on smart solutions
	transport (e.g. telebuses) e-care e-health	Environmental monitoring (e.g. air quality sensors)	sharing (e.g. specialist equipment)

Source: Extracted from L. Komorowski and M. Stanny., 'Smart Villages: Where Can They Happen?', Land, Vol. 9 (151), May 2020.

The following points can be drawn from the range of sources available on smart villages:

Although the focus is often on the role played by digitalisation, this is not necessarily seen as a pre-condition for becoming a smart village, (a point made in the ESPON briefing quoted above). The final report of the pilot project explained that 'digitalisation is a tool, not a goal in itself' and that 'the usage of digital technologies is not what defines a smart village'.

A wide range of benefits are associated with the application of the smart village concept; these are illustrated by case studies but also in the ongoing work of Member States intheir preparations for the new CAP strategic plans. One example of the benefits was set out by Ireland's Department of Rural and Community Development at an ENRD seminar in June 2020. These aresummarised in Box 2, below.

Box 2-Benefits of implementing smart village strategies
Brings communities together to formulate agreed pathways for development and investment in their area
Gives communities ownership of the development of their area and builds their capacity to face challenges
Starting with small scale projects, can build up to larger more ambitious projects
Obliges communities to identify what is needed and not simply chase funding that is available
Lends greater coherence to rural development activities
Enables funding departments/agencies aware of proposed plans to provide opportunities for more targeted funding streams
Demonstrates the commitment of communities to development of the area with projects more likely to be delivered and maintained
Allows funding applications from communities with
agreed strategies to score higher in selection processes
Empowers established communities to mentor new communities, developing capacity and fostering links between areasSource: Adapted from D Harney 'Smart Villages-An Irish perspective: A vehicle for developing rural communities', Power-point presentation. June 2020, Department of Rural and Community Development, Ireland.

Findings from the pilot project as well as the work of the ENRD's thematic group highlight a range of 'good practices' associated with the successful implementation of the smart village concept. They include for example the involvement of local people; engagement with local municipalities and local mayors, cooperation between partners (including with the private sector) with the focus on a specific issue or theme. The value of an overall strategic plan or framework is also

附录 Smart villages Concept, issues and prospects for EU rural areas SUMMARY

noted along with the use and application of digital technology.

There is a recognition in the research literature that the smart villages concept and the LEADER approach share common features. The latter is an established community-led local development method that has been used for almost 30 years to engage local actors in the design and delivery of strategies for their local territories. (See Box 3 for its key features). Both adopt a place orareabased approach, with LEADER focusing on the wider territorial level while the smart villages concept focuses on a narrower territorial area involving either an individual village or groups of village communities. Both adopt an integrated approach to rural development. LEADER seeks to achieve synergies among the various sectors within its territory, while the smart village concept often focuses its attention on rural services and local social and digital innovation in the wider rural sector. LEADER is often seen as a tool to help implement the smart villages concept (ENRD, 2019). Research on LEADER suggests that it may be constrained by a number of factors, such as having to work within its existing regulatory framework of 'standard predefined measures in relevant EAFRD programmes' and budgetary constraints, including the variation in the budgets allocated to local action groups (LAGs) across the EU (Nieto andBrosei, 2019). This research suggests that LEADER may not give sufficient room to implement 'risky innovativeprojects'. The suggestion is made that in cases where LAG budgets are small, supporting activities such as administrative and management tasks take time away from developing and promoting innovative measures.

Box 3-Key features of the LEADER approach

LEADER (liaison entre actions de développement de l'économie rurale – links between actions for the development of the rural economy) has seven specific features: a bottom-up approach, an area-based approach, local public-private partnerships (local action groups), an integrated and multi-sectoral strategy, networking, innovation, and cooperation.

Information on smart village networks and projects

The ENRD website's smart villages portal provides access to case studies and publications on issues such as: digital and social innovation in rural services, revitalising rural services, the European Green Deal, rural digitalisation transformation, rural energy communities and rural mobility. A number of briefing papers target both policymakers and those involved in the implementation of smart village strategies. These sources illustrate the relevance of the smart village concept to a wide range of policy fields, ranging from improving access to services and enhancing business opportunities such as short food supply chain development, to renewable energies, climate change adaptation, preservation of biodiversity and boosting tourist appeal by promoting cultural heritage. The ability of the smart village concept to permeate many aspects of living and working in the EU's remote and sparsely populated rural areas can be illustrated by the following themes:

Ruraldigitalisation: In Lormes, Burgundy, France, a 'Digital Mission' association was established in 2003 to offer digital inclusion and education support to the community. A local digital hub opened in 2008 offering training and educational facilities. The mission serves 166 communes.

Renewable energy: InOberrosphe, Germany, the local community invested € 700 000 in a project to connect 120 houses to a wood chip-fired heating plant managed collectively by a cooperative, resulting in CO2 reductions. There is also is the example of bioenergy villages in Germany, where farmers were connected to cooperatives managing energy production and distribution.

Mobility: InYllas, Finland, a cooperation project formed by the municipality of Kolari and Yllas Travel Association, launched a mobility project to enable tourists to buy tickets from a range of public and private transport services.

Social innovation: The Iberian Ecovillage Network involves 13 eco-villages in Spain and Portugal.

These are living laboratories developing a new way of life with low environmental impact and CO2 emissions.

Health and social care: In Castellon Province, Valencia, Spain, in response to rural depopulation, the provincial government launched a rural taxi service for medical purposes initiative. It provides free transport for residents who do not have their own transport to access hospitals, medical and dentalcentres. This improves access to health care for older people of municipalities with under 5000 in-

附录 Smart villages Concept, issues and prospects for EU rural areas SUMMARY

habitants.

Culture: InPiscu village, Ilfov County, Romania, a project is raising awareness of cultural and local heritage among younger generations, operating from a potterycentre.

> Social innovation means developing new ideas, services and models to better address social issues. It invites input from public and private actors, including civil society, to improve social services.

Funding opportunities: Current and future possibilities

The EU Action for Smart Villages paper outlines how several EU policy areas and funds are actively supporting the development of smart villages. They include the CAP's rural development policy (through the European Agricultural Fund for Rural Development (EAFRD), the LEADER initiative, which has been extended in scope to support community-led local development (CLLD), the European Innovation Partnership for Agriculture (EIP - AGRI), EU cohesion policyprogrammes and specific instruments such as smartpecialization strategies, integrated territorial investment (ITI), the Connecting Europe Facility funds and the Horizon 2020programme (the EU's framework programme for research and innovation). The European Commission has launched a new € 30 million initiative focusing on boosting rural economies through cross-sector digital service platforms involving two large scale pilot projects. These will help smart villages and rural communities to improve their resilience. The EAFRD can support smart village initiatives through a mix of measures targeting business development and rural business start-ups, investment in smallscale local infrastructure and connectivity projects, village renewal, knowledge exchange and information, development, CAP networks, the installation of young farmers and basic services. Other funds such as innovative financial instruments and their combination with grants and financing from the European Investment Bank can also be leveraged, representing potential support for rural infrastructure.

The issue of future support for smart villages has been the subject of discussion in ENRD Thematic Group meetings. At a meeting on 11 April 2020, the

Polish managing authority outlined the range of challenges smart villages could address, indicating how each region is preparing proposals to address the needs of rural areas, including those to be supported by means of smart villages. These would be supported through the cooperation measure within the future CAP strategic plan as well as support from LEADER. Advisory services as well as local action groups (LAGs) could also play a role in preparing smart village plans. In June 2020, managing authorities from Austria, Ireland and Slovenia presented their ideas for supporting smart villages in their future CAP strategic plans. These included making use of three main types of CAP intervention, namely LEADER, investments in basic services, and regional innovation partnerships. Ireland indicated how smart villages could be one of the areas supported in future local development strategies if LAGs made this is a priority. Smart villages could leverage in further support from other national or EU funding sources. In Slovenia, the managing authority suggested that key interventions for supporting smart villages could be LEADER as well as the investments in basic services. It also indicated that coordination among EU funds would be improved through various governance structures such as the CLLD coordination committee. A presentation by the European Commission's DG REGIO to the same ENRD TG meeting highlighted how EU cohesion policy can complement the support offered to smart villages by the CAP. Cohesion policy can also support CLLD initiatives via cross-border cooperation and smart pecialization strategies.

Looking to the next programming period, the MFF Regulation and the Inter-institutional Agreement were approved by the European Parliament on 16 December 2020. Council adopted the MFF regulation on 17 December 2020.

European Parliament position

The European Parliament has been actively involved in promoting the smart villages concept as reflected in its support for the pilot project on smart eco-social villages, subsequently implemented by the European Commission's DG AGRI, its resolutions and its scrutiny role through parliamentary questions. The findings of the pilot project made a significant contribution to understanding how this concept can be applied in practice. In its resolution of 30 May 2018 on the future of food and farming, Parliament welcomed the Commission's commitment to promoting the concept of smart villages as this would address issues such as insufficient broadband connections, jobs and the provision of services in rural areas. It called on the Commission to set up measures to make smart villages a priority for the next rural development policy. In a subsequent resolution of 3 October 2018 on addressing the specific needs of rural, mountainous and remote areas, Parliament called for the establishment of a smartvillages pact, with a view to ensuring a more effective, integrated and coordinated approach to EU policies with an impact on rural areas, involving all levels of government in accordance with the principle of subsidiarity.

During the current parliamentary term, a new intergroup on Smart Villages for Rural Communities has been established. In October 2019, the name of this intergroup was changed to RUMRA & Smart Villages. Building on the activities of the 2014–2019 intergroup on Rural, Mountainous and Remote Areas–RUMRA, the new group is actively engaging with the European Commission on its roadmap for a long-term vision for rural areas. Parliament has also raised a question concerning the lack of internet availability in smaller towns and villages, impacting on the development of entrepreneurship and tourism. In its response, the Commission explained that one of the objectives of its digital single market strategy is to achieve gigabit connectivity by 2025 for all main socioeconomic drivers, such as schools, public services and digitally intensive enterprises. The Commission also highlighted how the EAFRD could support the roll-out of broadband with a view to fostering the development of smart villages and smart farming[1].

Advisory committees

Both the European Committee of the Regions (CoR) and the European Economic, Social Committee (EESC) have discussed the concept of smart villages. CoR adopted an opinion on the revitalisation of rural areas through smart villages

---

[1] Additional sources of support include the European Fund for Strategic Investments, the Connecting Europe Broadband Fund and the WiFi4EU initiative. The Commission's Rural Broadband Action Plan focuses on helping to speed-up the rollout of broadband to such areas through the consolidation of the network of Broadband Competence Offices.

on 1 December 2017. It also called for EU-funded training to improve 'the digital literacy' expected of older inhabitants and for targeted support for existing rural employers, with farmers as a priority group, and for initiatives to boost rural entrepreneurship.

Reference was also made to the role played by digital hubs in reducing the digital divide, revitalising villagecentres, providing jobs and acting as anchors for e-services, e-heath, e-learning, e-governance and e-commerce. Examples included the Ludgate Hub (IE) and the Hive (Leitrim (IE).

The CoR also held a debate on smart villages on 29 January 2019. This considered how smart villages could be promoted in all structural policies after 2020. On 27 November 2020, the CoR's Commission for Natural Resources (NAT) co-hosted a webinar with Parliament's RUMRA and Smart Villages intergroup, with the support of the international association Rurality-Environment-Development (RED) and the European Association of Mountain Areas-Euromontana, to examine the experience and lessons learned by rural areas during the Covid-19 pandemic. Examples of projects and initiatives launched by rural communities to cope with the pandemic were highlighted. (See also ENRD's database of rural responses to the Covid-19 crisis). The conclusions of the webinar pointed to the need to consider 'agriculture, cohesion, connectivity, green energy, mobility, educational services, digital platforms and health care as equally relevant' in reinvigorating rural Europe'.

The EESC declared its support for the Commission's smart villages initiative in an opinion adopted in October 2017. In a further opinion adopted in December 2019, the EESC expressed its support for Parliament's call to establish a smart village pact involving all levels of government, in accordance with the principle of subsidiarity.

Stakeholder views

A number of ruralorganisations have expressed their views on the potential of smart villages. COPACOGECA-representing farmers and agri-cooperatives-reiterated the importance of providing support for smart village strategies in its indicative guidelines for the development of CAP strategic plans (September 2019) and in its perspective on the long-term vision for rural areas (September 2020). The Smart Village Network - an independent, bottom-up network of villages, village groups and associations across Europe - adopted a declaration on the occasion of its first meeting, held in Finland in February 2019. Its members consider that smart village approaches could help communities and rural areas become more resilient. RED, meanwhile, committed as it is to the integrated development of rural territories as set out in its European rural agenda, considers that rural territories have a role to play as hubs for development, innovation and exchange between local actors and territories. It has stressed the importance of including measures to support smart villages, either at the level of villages or territories, as part of CLLD territorial development strategies.

At a July 2018 event, Euromontana explored how policy measures can support social innovation through initiatives such as smart villages, in association with the RUMRA parliamentary intergroup and the Horizon 2020 SIMRA project. In a subsequent communication, it explained the role of social innovation in helping rural areas to develop their full potential. In May 2020, Euromontana published initial reflections on its long-term vision for rural areas. It reaffirmed the need for aplacebased approach, including efforts to address the digital divide and the need to encourage digitalisation and social innovation in rural areas. Specific reference was made to the Interreg Alpine Space Smart Villages project (2018-2021), which illustrates the potential the smart village concept has for mountain areas.

Outlook

Looking to the future, a number of barriers and challenges to the take-up and implementation of smart village initiatives can be identified from existing research sources. These include:

digital literacy levels in rural communities;
existing levels of knowledge on the nature and utility of smart village approaches;
the attitude of municipalities to such initiatives, including the political will to adopt them;
the adequacy of existing levels of digital infrastructure in areas; and the challenges of

developing a fully integrated approach to development across a range of policy areas at regional and local levels within Member States

Evidence from an examination of the potential application of smart villageprogrammes in Poland highlights a number of implementation difficulties. These include a deficit of digital skills among older adults. Survey evidence of local mayors in Poland shows that they did not associate the need to develop a responsive and inclusive social policy with the use of technological solutions. The research pointed to only 15% of Polish municipalities (essentially the biggest cities) expressing an interest in adopting a smart and age-friendly community approach to local policy.

There will also be financial limitations arising from the MFF Regulation adopted by Council on 17 December 2020. Although this provides budget certainty for the EU's long-term budget for the period 2021 to 2027, the allocation of € 85.3 billion (in 2018 prices) to Pillar II (rural development) still needs to be co-financed by Member States. Much will depend on the extent to which Member States are prepared to co-finance measures in support of smart villages, which will have to compete with other measures contained within each of the Member States' CAP strategic plans. Much will therefore depend on the content and design of these plans, an issue considered below.

Although the CAP strategic plans have not yet been published, indications on how the issue of smart villagesis being addressed can be obtained from other sources. The European Parliament has put forward a number of amendments to the Commission's legislative proposals in relation to smart villages. Meanwhile, ARC2020 has published a policy analysis of the CAP reform process that references smart villages. In December 2020 the Commission published recommendations to Member States on the direction their plans were to take in order to achieve the CAP objectives and the EU's Green Deal targets. Together, they provide insight into the range of issues that impact on the future design and shape of the new CAP strategic plans and how they could impact on the development and implementation of smart villages across the EU.

The Commission's legislative proposal for the CAP strategic plans includes

附录 Smart villages Concept, issues and prospects for EU rural areas SUMMARY

references to smart villages in its recital 16 and annex I. The amendments to the proposal adopted by the European Parliament on 23 October 2020 include a new article (Article 68b), referring to the possibility for Member States to offer grants to help the installation of digital technologies to support, inter alia, precision farming, smart villages, rural enterprise and the development of information and communication infrastructure at farm level. A new Article 72 (b) is proposed in relation to the development of a 'smart villages strategy' in the CAP strategic plans. It is also stated that Member States may build their smart villages strategy into the integrated strategies of community-led local development. One proposed amendment includes a provision whereby Member States should include 'a description of the strategy for the development of digital technology in agriculture and rural development, smart villages and for the conditions of use of thesetechnologies'. Parliament's proposed amendmentsrecognise the significance of smart villages for rural areas, including their role indigitalising the rural economy.

ARC2020'qs policy analysis of the CAP strategic plan legislative proposal, published in December 2020, notes the absence of both a definition of a smart village in the legislative proposals and any description of smart village strategies. It notes that support granted to smart villages could also be used to support precision farming as described above. It considers this to be a case of 'channelling rural development interventions towards farmers'. Although Parliament's amendments allow for support for the development of smart village strategies as outlined above, the analysis suggests that the absence of any description of such strategies may lead to a lack of uniformity in the development of such strategies across the EU. ARC2020's critique calls for greater clarification on the governance of smart villages and synergies with LEADER/CLLD strategies, including coordination across EU funds. It considers more could be done to foster sustainable design, access and use of digital technologies in rural areas. It points to 'a lack of commitment to dedicate the CAP budget towards the full coverage ofhigh speed connectivity in rural areas'.

Further insight into how smart villagesare being considered in Member States' CAP strategic plans can be derived from the Commission's specific recommendations to Member States as regardstheir CAP strategic plans. In its communication dated 18 December 2020, the Commissionrecognises that knowledge and innovation have a key role to play in meeting the challenges facing agriculture and rural areas and that the availability of a fast and reliable internet connection in rural areas, accompanied by the development of digital skills, is crucial to enable the development of all future smart solutions for both agricultural and rural business and communities. In terms of the specific recommendations put forward by the Commission for each Member State, none of them make specific reference to smart villages (except for a few passing references in the case of Greece).

However, the Commission consistently makes reference to the need for CAP strategic plans to contribute to the EU Green Deal target of 100% access to fast broadband internet in rural areas by 2025, (measured by the share of rural households with next generation access (NGA) broadband).

Figure 1-Rural NGA broadband coverage / availability (as a % of households) 2019

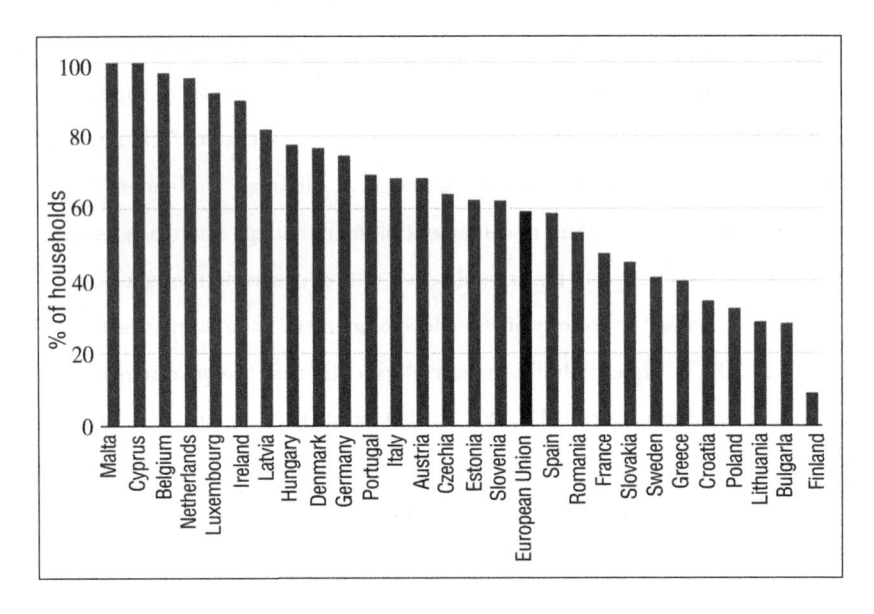

Source: European Commission, Digital Scoreboard.

Further commentary is provided for each Member State in relation to their ranking on the Digital Economy and Society Index (DESI). Their position for rural NGA broadband coverage / availability is summarised in Figure 1. The Commission's analysis provides insight into the variations between urban and rural areas compared with national and EU levels for measures on levels of connectivity, basic digital skills and broadband speeds. Lithuania has one of the biggest gaps in terms of digital skills between city dwellers and rural residents. In Poland, the Commission's analysis points out that the penetration of next generation access in villages with up to 100 inhabitants is 6%. Although Finland has a high coverage of mobile broadband subscriptions, NGA broadband coverage in rural areasremains a challenge reflecting the lack of incentives for market players to invest in sparsely populated rural areas. In France, while almost all French households are covered by a fixed network, more than half are not covered by any NGA technology. In Sweden, which is highlydigitalised with good broadband coverage, there is a need to roll out NGA broadband capacity to sparsely populated rural areas.

The experience of the smart village pilot projects and case studies highlighted in this briefing show the potential contribution smart villages can make across a range of policy issues, but much will depend on the outcome of the ongoing CAP strategic planning exercise and how Member States respond to the Commission's recommendations. Other variables that will determine the future success of smart villagesinclude the impact of key policy drivers – such as climate change – and the need to address a range of economic, social and environmental issues such as demographic ageing.

Lastly, certain additional factors will be also be decisive, such as the provision of adequate digital infrastructure and digital training, active citizenship at local level and a positive attitude on the part of key actors at national, regional and local levels.

MAIN REFERENCES

Leuba P., A better future for Europe's rural areas, Congress of Local and Regional Authorities, Council of Europe, 2017.

Nieto E. andBrosei P., 'The role of LEADER in Smart Villages: An opportunity to reconnect with rural communities', in Visvizi A., Lytras M. D. and Mudri G., Smart Villages in the EU and beyond, Emerald Publishing, 2019.

Wolski O. and Wojcik M., 'Smart villages revisited: Conceptual background and new challenges at the local level', in Visvizi A. et al., Smart villages in the EU and beyond, Emerald Publishing, 2019.

Visvizi A., Lytras M. D. and Mudri G., Smart villages in the EU and beyond, Emerald Publishing, 2019.